제대로 된 실전투자자를 위한 주식투자법

원칙대로 손절하고
차트대로 홀딩하라

· 조범동 지음 ·

미래지식

원칙대로 손절하고
차트대로 홀딩하라

1판 1쇄 발행 | 2012년 10월 15일
1판 5쇄 발행 | 2019년 9월 23일

지은이 | 조범동
펴낸곳 | 미래지식
펴낸이 | 박수길

주 소 | 경기도 고양시 덕양구 통일로 140 삼송테크노밸리 A동 3층 333호
전 화 | 02)389-0152
팩 스 | 02)389-0156
홈페이지 | www.miraejisig.co.kr
이메일 | miraejisig@naver.com
등록번호 | 제 313-2004-00067호

*이 책의 판권은 미래지식에 있습니다.
*값은 표지 뒷면에 표기되어 있습니다.
*잘못된 책은 구입하신 서점에서 바꾸어 드립니다.

ISBN 978-89-6584-023-7

국립중앙도서관 출판사도서목록(CIP)

원칙대로 손절하고 차트대로 홀딩하라 / 조범동 지음. — 서울 : 미래지식, 2012
p.276. ; cm

ISBN 978-89-6584-023-7 13320 : ₩19800

주식 투자[株式投資]

327.856-KDC5
332.6322-DDC21   CIP2012004364

미래지식은 좋은 원고와 책에 관한 빛나는 아이디어를 기다립니다.
이메일(miraejisig@naver.com)로 간단한 개요와 연락처 등을 보내주시면
정성으로 고견을 참고하겠습니다. 많은 응모바랍니다.

원칙대로 손절하고 차트대로 홀딩하라

실전 투자자를 위한 제대로 된 주식 투자법

조범동 지음

미래지식

들어가는 말

나쁜 점은 버리고 좋은 점을 취하는
사단취장舍短取長을 실현하라

  우리는 지난날 처음 주식을 접하면서 한 번쯤 생각해보았던 주식 대박의 꿈이 이루어지지 않았기 때문에 지금 이 책에서 만나고 있는지 모른다. 당신은 이 책을 드는 순간 무슨 생각을 했을까? "이 책을 보고 주식 투자를 하면 정말 도움이 될까?", "책 내용대로만 한다면 수익을 낼 수 있을까?"가 아닐까 한다. 필자는 그 질문에 대해 본문 내용으로 충분히 답을 줄 수 있도록 해야겠다는 의무감을 가지고 이 책을 집필하기 시작했다.

  이 책은 최소한 주식 투자를 해본 경험이 있고 자신이 쓰는 증권사의 HTS(Home Trading System: 홈트레이딩 시스템)를 조금은 다룰 줄 아는 독자가 읽으면 도움을 받을 수 있을 것이다. 물론 필자는 이 책에서 여러 가지 준비물과 다양한 세팅 방법을 제시한다. 그리고 행복하게 투자하면서 장기 투자 시에도 마음의 편안함을 줄 수 있는 방법도 알려준다. 한마디로 주식으로 안정적인 수익을 창출해낼 수 있는 올바른 투자자와 트레이더의 삶을 알려주고자 노력했다.

  주식·선물 옵션 전업 트레이더 및 증권방송 전문가로서 10여 년을 보내온 필자는 이 책에 개인 투자자들이 트렌드처럼 여기고 있는 성공적인 가치 투자 방법과 장기 투자 시 수익을 내는 방법 등의 정보를 담았다.

  또한, 전체적인 시장 자금의 흐름과 시장 방향성에 대해 쉽게 풀이하여 독자 스스

로 이해할 수 있도록 구성하였다. 증권 시장이라는 큰 바다에서 바람이 부는 반대 방향으로 키 방향을 잡을 줄 아는 현명한 선장이 되기 위한 필수 내용을 담고 있다.

　이 책은 거품이 없다. 대박과 같은 현란함으로 치장하기보다는 불필요한 내용을 줄이고 정작 투자에 필요한 내용으로만 구성되어 있으며 일반 개인 투자자들이 쉽게 공감할 수 있는 내용으로 눈높이를 맞추었다. 최대한 어렵지 않은 용어와 사례, 쉬운 투자유형별 풀이로 자신의 자금이나 매매성격에 맞게 투자 전략을 스스로 이해하여 자신만의 매매방법, 매매전략을 만들 수 있도록 했다.

　이 책의 내용을 지인과 공유하지 마라. 투자방법이 필요 이상의 많은 사람에게 노출되면 그 역시 역이용될 수 있음을 명심하라. 이 책을 제대로 읽고 실천한다면 최소한 책값의 수십 배에서 수백 배에 이르는 가치를 얻게 될 것임이 틀림없다. 이미 이 책을 손에 쥐는 순간 당신은 책값 이상의 훌륭한 수익률을 올리고 있는 것이다.

　《원칙대로 손절하고 차트대로 홀딩하라》를 읽고 주식 투자에 대한 상담을 원한다면 표지에 소개된 메일에 궁금한 내용을 보내주기 바란다. 언제든 열의를 다해 정보를 공유하고 문제 해결을 위해 상담할 의향이 있다.

조범동

차례

들어가는 말 4

|PART 1|
내가 경험한 주식 투자

01 전업 이후 공포의 시간들 12
02 바닥 밑엔 지하 100층까지 있었다 15
03 실패 후 얻은 깨달음 17
04 주식 투자, 혼자서는 힘들다 22

|PART 2|
개인 투자자들의 문제

01 개인 투자자들의 유형 및 문제점 26
02 잘못된 주식 투자 상식 52
03 지금 당신에게 매매 원칙이 필요 없는 이유 65
04 당신이 무엇을 원하는지 먼저 알 것 69
05 투자 전 준비해야 할 것들 76

|PART 3|
마인드 컨트롤의 중요성

01 왜, 기법·차트 세팅보다 마인드 컨트롤이 우선인가 84
02 프로와 아마추어의 차이 92

|PART 4|
매매 전, 투자 이후를 먼저 생각할 것

- 01 투자에 성공했을 때 · 100
- 02 투자에 실패했을 때 · 104
- 03 정말 당신이 원하는 것, 해야 하는 것 · · · · · · · · · · · · · 107

|PART 5|
주식, 기초부터 다시 배울 것

- 01 50%의 비밀 · 116
- 02 숲도 보고 나무도 보아라 · 118
- 03 주식에 대한 재해석이 필요하다 · · · · · · · · · · · · · · · · · 123
- 04 작전 주, 펀드의 진실 · 126

|PART 6|
실전 매매를 위한 기초 세팅

- 01 기업을 기술적으로 풀어라 · 140
- 02 실전 매매를 위한 지표 세팅 · 147

|PART 7|
국내 시장 방향 분석

01 실전에 쓰이는 해외 증시와 국내 증시의 연관 관계 · 158
02 주식보다 선행하는 지표, 파생 상품 파헤치기 · 166
03 들어가야 할 때, 쉬어야 할 때 · 173
04 수급, 강도 분석법 · 177

|PART 8|
실전 매매 투자 원칙 · 기술

01 조 선생의 투자 이론 · 186
02 투자 성향별 추천 매매 · 198

|PART 9|
실전 매매 전략과 종목 선택

01 종목 선택 팁 · 202
02 과열권, 과대 낙폭 주 · 208
03 W30 파동기법을 이용한 실전 매매 전략 · 216
04 실전 수익 사례 · 226
05 위기 대처법 · 232

| PART 10 |
수익을 제대로 관리하는 법

- **01** 수익보다 관리가 중요하다 · · · · · · · · · · · · · · · · 246
- **02** 국도와 고속도로의 차이를 닮은 주식 투자 · · · · · · 249
- **03** 다른 일을 하지 않는 이유 · · · · · · · · · · · · · · · · · 252
- **04** 분산으로 마침표를 찍다 · · · · · · · · · · · · · · · · · · 254
- **05** 놀러다니는 것도 투자다 · · · · · · · · · · · · · · · · · · 256
- **06** 초보-중수 투자자 질문 베스트 10 · · · · · · · · · · · 258
- **07** 안정적 투자를 위한 지름길 · · · · · · · · · · · · · · · · 274

맺음말 · 276

내가 경험한
주식투자

PART 1

"주식 전문가들은 매일 대박만 내면서 살겠죠? 돈 얼마나 벌어요?"라고 많은 사람이 묻는다. 나는 그때마다 "저는 트레이더가 직업이기 때문에 잃지 않고 꾸준히 버는 것에만 집중합니다. 대박 수익을 노리면 대박 손실도 있기 마련이죠. 당신이 만약 주식을 잘한다면 매일 대박을 노리면서 자신을 위험에 빠뜨릴 생각이신지요? 물론 현재는 평균적인 사람들보다 조금 더 많이, 더 편하게 벌긴 합니다"라고 대답하곤 한다. 처음 HTS를 켤 때의 가슴 벅차오름을 아직도 기억한다. 그리고 현재, 과연 남들에게 주식 투자를 추천할 수 있는지 생각한다. 나는 인생 다수를 책임질 순 없지만, 나의 투자 경험과 인내, 수양의 결과물인 이 책이 당신의 투자에 많은 도움이 될 것임을 믿는다.

전업 이후
공포의 시간들

　나는 단번에 큰 수익을 낼 자신이 있었다. 투자 원금을 날려도 자신을 스스로 합리화시킬 자신도 있었다. 하지만 현실은 그렇지 않았다. 처음 주식을 접하던 무렵 필자는 제법 잘 나가던 작은 웹에이전시(홈페이지 제작 및 IT 컨설팅 업체) 사장이었다. 당시 사업체는 호황기를 누리며 나름대로 순수익과 주변의 부러운 시선으로 그동안 고생한 것에 대한 보답을 받고 있었다.

　본업이 컴퓨터로 하는 일이라 남들보다 쉽게 주식을 접할 수 있었던 나는 '일을 하지 않고 돈을 벌 수 있는 세상'으로 처음 주식에 접근했다. 그리고 주식을 배운 첫 달은 회사 운영을 등한시한 채 지냈고, 주식을 배운 두 달 후부터는 출근을 하지 않았다. 처음 큰 수익을 낸 이후에는 폐업했다.

　그 직후 집에서 전업 투자를 시작했다. 당시 컴퓨터 2대에 모니터를 2대씩 연결하여 본체 2대, 모니터 4대로 투자를 시작했다. 하루에 4시간씩 잠을 자며 데이트레이딩을 했고, 오후 3시 이후에는 기법 연구를 하다 새벽녘에야 겨우 잠이 들었다.

처음에는 잃어도 재미있었다. 그냥 차트를 보는 나 자신이 스스로 대견스러웠고 또한 무한한 가능성과 빛나는 시너지가 눈앞에 보이는 것 같았기 때문에, 그 어떤 학문이나 기술보다도 가장 중요한 것이 주식 투자 기술이라고 생각했다. 그리고 그 꿈을 아직 놓지 않았다.

예전에는 여의도 근처에 돌아다니던 강아지도 주식으로 돈 번다는 시절이 있었다. 그리고 제대로 된 '호황기'를 맞본 사람도 많을 것이다. 이 책이 전달하고자 하는 메시지는 당신을 정말 성공하는 트레이더로 키우기 위한 것이다. 진실한 메시지 전달을 위해 우선 나의 경험담을 공개한다.

필자는 초기 자금 8,000만 원으로 주식을 시작했다. 당시 8,000만 원이면 조금은 큰돈이었다. 물론 당시에는 먹고 잘 집도, 타고 다닐 차도 있었고, 조금은 사치스러운 삶을 살았다. 그땐 주식도 사는 것마다 본전 혹은 약간 손실 정도였고, 수익 종목은 최소 30~100%의 수익률을 올렸다. 하지만 제대로 된 원칙과 기법, 경험이 없이 행운이 평생 유지되리라 생각한 것은 역시 큰 오산이었다.

초기 자본금 8,000만 원으로 약 1,000만 원의 수익을 본 이후, 그날 저녁 주변 친구들과 술도 한잔 걸치고 시계 등을 사면서 겉모습 치장하는 데 8~900만 원을 바로 썼던 것 같다. "또 벌면 되지 뭐." 하면서 스스로를 합리화했다. 그리고는 2~3일 후 새로운 종목을 찾아 헤맸는데, 종목을 찾다 보니 유흥비로 써버린 돈을 채우고 다시 시작하고 싶다는 욕망이 생겼다. 그래서 '거래량이 팡팡 터지는 종목', '주식을 많이 살 수 있는 동전 주', '테마 주', '단기간 급등 가능한 종목'을 찾아 헤매게 되었다. 그 종목을 찾는 것은 오래 걸리지 않았다. 하는 일마다 잘되는 편이라 이번에도 기대에 부응하여 원금 8,000만 원이 아닌, 새로운 원금 9,000만 원을 가지고 깔끔하게 원상복귀 하리라 믿으며 3,000만 원을 동전 주에 투자하고 지켜보았다. 테마성 주식이었다. 당일은 별 움직임이 없이 끝났고, 문제는 다음 날부터 발생했다. 이 테마성 주식이 장 시작 직전, 거짓 공시 발표로 밝혀지면서 약 500~550원을 횡보하던 주가는 장 시작 후 하한가로 출발했다. 이후 상당한 거래량을 보이던 주식은 하한가를 살짝 건드리며 당시 내가 좋아했던, 하한가 따라잡기 패턴이 나오기 시작했다. 그래서 당시 추가로 1,000만 원을 하한가 매수 대기로 매수하고 평균단가 이상으로 올라와서 10원이라도 수익 구간에 오면 미련 없이 정리하겠노라고 모니터만 뚫어지라 쳐다보고 있었다.

오후 3시, 하한가에 완전히 물렸다. 하한가 매도 잔량 500만 주를 넘어서며 처음으로 절망과 좌절을 맛본 하루였다. 장이 끝나자 머리가 아프고 몸에 힘이 빠졌다. 밥 생각도 없었다. 맥주 한 캔을 먹고 '어떻게 되겠지' 하며 자신을 스스로 조금이라도 편하게 해주자고 생각했지만 30분마다 '정정 공시가 나오지는 않나?', '주식이 다시 오를 기미는 없나?' 하며 밤늦게까지 해당 종목의 정보를 찾아 인터넷을 헤맸다.

02
바닥 밑에는 지하 100층까지 있었다

　예상한 대로, 그 다음 날도 점 하한가였다. 시작하자마자 수백만 주의 하한가 매도 잔량이 쌓이며 손실은 더 커져만 갔다. 30분을 멍하니 모니터만 쳐다보았다. 나도 팔자 싶어 매도 대기를 해보았지만 팔릴 턱이 없었다. 해보신 분들은 알겠지만 18주를 매도 대기했다, 취소했다 하며 나름대로 호가창에 분풀이도 하면서 시간을 보냈다. 밥은 먹지도 못했다. 입이 마르고 속이 쓰리며 햇빛이 싫었다.

　그날 역시 오후 3시까지 별 성과가 없었다. 어느새 자신을 스스로 합리화하고 있었다. '그래도 돈을 번 적이 있었는데…. 다른 종목 찾으면 되지'라고 생각했다. 문제는 지금 물린 자금의 회수였는데 이미 점 하한가에 500원대이던 주식이 300원대였다. '내일은 조금 풀리겠지' 하며 또 전일과 같이 인터넷으로 해당 종목의 정보를 찾아 헤맸다.

　다음 날 아침 개장을 했다. 주식이 전일 대비 -3%대로 시작했다. 어라? 조금 있으니 +1%대로 진입했다가 다시 -2%대로 진입했다. 출렁이는 매물 싸움이 시작되었다. 나는 확신했다. 이 주식은 다시 오를 것이라고. 그래서 남은 현금 모두를 다시 투자했다. 당시 해당 종목에 들어간 총원금은 8,200만 원 정도였다. 길지도 않았다. 약 1시간 30분 뒤, 이 망할 종목이 다시 하한가로 내려갔다. 또 매도 잔량이 늘어났다. 수백만 주가 매도 잔량으로 쌓이고 매수 거래는 전멸했다. 정말 많은 것을 배웠던 하루였다. 나 자신의 한계를 맛봐야 했고, 욕심의 대가를 스스로 자책해야 했고, '개장 6시간이 이리 긴 시간이었나' 라는 생각을 했다.

다음 날, 해당 종목은 매매 정지가 되어 있었다. 이미 투자 주의 종목이었는데, 그것을 생각 못했다. 에라…, 죽고 싶단 생각조차 들지 않았.

아직 희망은 있다고 생각했다. 그리고 매매가 재개될 날만을 기다렸다. 반폐인이 된 채로, 현금이 없어 맥줏값도 아끼자 싶어 방 안에서만 지냈다. 뜻밖의 공시가 나온 것은 며칠 뒤였다.

'감사 거부', '대표자 횡령·배임', '상장폐지 실질심사'

결국 이 종목은 정리 매매할 때 주당 15원에 전량 팔았고 남은 잔액은 약 340만 원 정도였다.

실패 후 얻은 깨달음

그 이후로 나는 모든 보조 지표와 기법을 지나간 차트에 적용해보며 검증에 나섰다. 이 작업만 일 년이 넘게 걸렸던 것 같다. 컴퓨터 프로그래밍을 다루는 것이 익숙한 나로서는 무언가 딱 맞는 기법을 찾아 하늘의 별자리까지 주식과 대조해보며 '100% 수익만 나는 최고의 기법'을 찾아 헤맸다. 자칭 주식 고수라는 사람에게 찾아가서 수백만 원을 주며 보조 지표를 배우기도 했고, 주식 투자자로서 감히 해볼 수 있는 검증을 해보며 기존 백지 투자의 잘못을 회피하려고 발버둥을 쳤다.

하지만 깨달음은 다른 곳에 있었다. 손절(loss-cut), 원칙 없는 매매, 무리한 물 타기, 물방 투자, 레버리지, 대박 노리기, 쪽박, 깡통…. 나는 이 모든 단어를 단 한 종목에 투자하며 뼈저리게 다 배웠다. 절대 다시 경험하고 싶지 않은 기억이다. 나 자신의 한계를 느꼈고, 앉아 있어도 뼈가 으스러지는 느낌, 비전을 잃고 사업을 접은 것에 대한 막연한 후회, 피가 역류하는 느낌 등을 받으며 약 1~2년을 허송처럼 살다 내린 결론은 '100% 승률은 없다'는 것이었다. 그리고 주식을 세상 만물에 비교하기 시작했다. 평생 한길만 걸어온 국가 대표 양궁 선수도 과녁에 100% 적중시키진 못한다. 밥 먹고 축구만 하는 선수도 골을 넣기 쉽지 않다. 백화점도 무너진다… 등 어르신들이 하던 말씀이 뇌리에 지나간다. 역시 세월이 동반된 경험은 그냥 얻어지는 것이 아닌가 싶고, 괜스레 그분들이 더 존경스러워진다. 또한, 당시 주식 투자에 더욱 파고들면서 주식에 대해 조금 더 알고 나니 더 높아진 성공 주식 투자의 담 높이가 너무 무서웠다.

나는 많은 돈을 쏟아 부으며 스스로 갈 길인지, 할 수는 있는지, 가능성은 얼마나 되는지 등을 타진해보기 시작했다. 주식에 투자한답시고 사업을 폐업한 지 2년 정도 되었을 때였다. 2년 동안 집에만 틀어박히고 인간관계를 멀리한 터라 터놓고 이야기할 사람도 없었다. 세상에 나 혼자였다. 머릿속에는 온통 그동안 찾았던 보조 지표의 승률과 소문으로 대박이 난 어떤 사람의 성공기, 그리고 성공 후 여담뿐이었다. 남들의 성공기에서 나도 다시 재기할 수 있다는 답을 찾고 싶었다. 80kg에 가깝던 몸무게도 어느덧 62kg까지 빠졌고 패배자 같다는 생각이 들었다. 피부는 상해 있었고 폐렴 증세 비슷한 헛기침에, 의자에서 일어서면 다리가 후들거릴 정도로 근육도 약해졌다. 탈모 증세와 시시각각 오는 위경련을 겪었다. 힘든 고통을 넘겨 본 분이라면 그런 상황을 잘 알 것이다.

요즘은 인터넷이 잘 보급되어 있고, 보조 지표 세팅이니 기법들이 다양하여 비교적 검증 작업이 쉬운 편이다. 하지만 예나 지금이나 공통으로 쉽게 찾을 수 없는 것은 '승률 높은 투자 기법'일 것이다. 주식 조금 해봤다는 사람들이 흔히 말하는 스토캐스틱(stochastic: 현재의 주가가 일정 기간 어느 수준에 있는지를 보여주는 지표), MACD(Moving Average Convergence Divergence: 단기 이동 평균값에서 장기 이동 평균값을 뺀 차이로 두 이동 평균 사이의 관계를 보여주는 지표), 이동 평균선(moving average: 일정 기간의 주가를 산술 평균한 값인 주가 이동 평균을 차례로 연결해 만든 선) 등 수천 개의 보조 지표를 다 검증해보았다. 이 모든 것을 가지고도 투자에 확실한 전기를 찾을 수는 없었다. 지금 생각해보면 단순히 종목 차트 안에서만 모든 것을 알아내려는 나의 무지함이 짧지 않은 소중한 시간을 뺏어갔고, 나의 돈을 훔쳐갔던 것이다. 처음부터 전체 시장의 흐름을 같이 공부했었다면 지금과 비교하여 엄청난 시간적, 금전적인 절약이 있었을 것이다.

이 책을 읽는 분 중 혹시 세계 흐름이나 국내 증시 흐름과는 별개로 단순히 개별 종목 차트에 보조 지표를 이용해 미래를 점치며 승률 100%의 확실한 투자 기법이 있다면 나에게 알려 달라. 수억 원을 주고서라도 그 기법을 배우겠다.

나는 밤낮을 가리지 않고 1~2년을 투자하여 연구한 보조 지표 검증 결과는 별로 좋지 않았다. 그리고 실전 매매로 검증해보면 손실은 날로 악화되고 있었다. 돌이켜 보면 그럴 수밖에 없었다. 종목 차트에 대고 보조 지표를 이용한 매매·분석은 지나간 차트에 대놓고 보면 분석이 얼추 맞는다. 그래서 많은 사람이 현혹되어 이곳저곳을 떠돌아다니기도 한다. 왜냐? 맞는 것 같기 때문이다. 하지만 종목 차트에 보조 지표를 이용하여 향후 지표를 예측하기란 쉽지 않다. 아니, 불가능하다. 그게 가능했다면 주식 투자가 '참여자 중 99%가 돈을 잃는 합법적인 도박'이라는 소리는 안 들을 것이다.

나는 이후 답을 문서에서 찾기로 결정하고, 재무제표 분석, 경제 지표 분석, 공시 분석을 다시금 공부했다. 재무제표는 분명 흐름에 관해서는 도움이 되는 것 같았다. 특히 주가 흐름의 끝에서 왜 이런 결과가 나왔는지는 어느 정도 분석이 된다. 하지만 투자 시 매수 타이밍을 결정짓는 데는 도움을 받을 수 없다는 결론에 다다랐다. ROE(Return On Equity : 자기자본이익률)가 어쩌고 주가 이익률이 어떻고…. 필자는 실전 매매에 있어 이 모든 것이 필요 없었다. 해당 종목의 경영 결과를 보면 뭘 하겠는가? 물론 어느 정도 참고를 할 수는 있다고 판단하였으나 더욱 중요한 것은 다음 분기의 경영 결과가 어떻게 나올지 정확히 분석할 수 있어야 한다고 판단했다.

경제 지표? 경제 지표는 그리 거론하고 싶지 않다. 개인들이 투자함에 있어 경제 지표라 함은 이미 전월 또는 지난날을 기준으로 한 지표들이 대부분이다. 향후에 투자를 근거 삼을 만한 예측 가능한 경제 지표는 없다. 예상 지표는 늘 달라지기 마련이다.

그래서 공시 분석에 돌입해보았다. 공시 내용을 파악해 향후 주가가 오를 호재인지 악재인지 먼저 구분을 해보았다. 약 500여 개의 종목을 일일이 특정 공시에 대해 올랐는지, 내렸는지부터, 악재가 나올 경우 평균 몇 프로나 떨어지는지 등 각종 변수에 대해 연구했다.

필자의 분석 결과 개인적인 소견이지만 공시는 그냥 공시일 뿐, 차라리 차트를 보는 기술과 경험이 더 필요하다고 결론지었다. 이후 혼자 검증해본 주식 기법만도 수천 가지가 넘는다. 아직도 물론 공부 중이다. 시장은 변하기 때문에 주식 투자를 하면서도 평생 공부를 해야 한다. 하지만 100% 승률은 없다. 하지만 점점 배워가고 깨달을수록 남는 기술은 '손절할 때'와 '목표가를 스스로 만들고 지킬 수 있다는 것' 등이다. 진입 시점을 모르더라도 행여 주식을 가지고 있는 이라면 더 내려갈 확률이 높은 것을 알면 손절하기가 쉬울 것이고 손절할 명분이 생긴다. 더 올라갈 확률이 높은 것을 알면 수익 구간에 길게 버틸 수 있게 되고, 보다 더 큰 수익을 내기가 쉬울 것이다. 하지만 이것을 대부분 사람들이 모른다.

'내가 최고수다', '수천 프로 수익률 보장!', '100% 승률 기법'…. 이런 글을 많이 보았을 것이다. 이 주식 판에서 내가 최고수니 수익률을 보장한다느니, 대박 주식, 100% 돈 번다느니 어쩌니 하는 것은 100% 장담하지만, 대부분이 사기꾼이다.

요즘에는 증권 정보지(일명 찌라시)로 주가 조작을 하기 위해 이용되는 경우도 있다. 주식 투자를 하는 사람 중 매년 1,000%의 수익을 올리고 있는, 어느 시골 한구석에 인터넷이 아닌 감 또는 시기에 맞춘 매매를 하는 농사꾼이 있을 수도 있고, 서울 강남에서 잘나가는 펀드를 운용하는 자산 운용가도 있을 것이다. 집에서 데이트레이딩으로 직접 매매를 하는 사람도 있을 것이다. 어디에서 누가 어떻게 얼마나 돈을 벌고 있는지도 모르면서 어찌 자신이 최고수라 할 수 있겠는가. 또한, 수천 프로 수익률을 보장한다면 자신의 가족부터 챙기지 왜 온라인상에 모르는 사람부터 챙기겠느냐고 말하고 싶다. 개인적으로 현혹하기 쉬운 말로써 많은 개인들을 더 빠져나오기 어려운 구렁텅이로 몰아넣는 일부 입만 살아있는 입담꾼들이 싫다. 그렇게 해서 주식판에 빠져든 사람들의 한과 원망을 살면서 다 갚을 수 있을까?

인생 다수는 결코 책임질 수 없다. 결론적으로 따져보자면 일반적인 내용을 가지고는 주식으로 성공할 수 없다. 그리고 만약 어떠한 기법이든 어떤 것이든, 그것만으로 돈을 벌 수 있다면, 주식 때문에 자살하는 일 따위는 없을 것이다. 펀드 매니저에서부터 개인 투자자까지 누구나 돈을 벌고 있어야 한다. 하지만 그렇지 않다. '성공의 비법은 있다. 하지만 100% 승률은 없다'는 게 전업 투자로 몇 년을 고생하고 터득한 결론이다.

주식 투자, 혼자서는 힘들다

　혼자서 이것저것 대조하고 연구하지 마라. 공개된 내용만으로, 주식 투자 성공을 꿈꾼다면 불가능하다고 콕 집어 이야기해주고 싶다. 불가능하다. 전체 시장의 흐름을 고려하지 않은 단순한 종목 차트에 보조 지표로 매매한다든지, 또는 소문을 듣고, 혹은 TV 뉴스를 보고, 나라 정책을 듣고 등등의 단순한 한두 가지의 기법만으로 연속적인 수익 창출은 절대 불가능하다.

　개인들이 접할 수 있는 정보라면 이미 몇 달 전에 세력들에 의해 작업이 완료된 소스들이고 개인들에게 뿌려질 때쯤이면 이미 털고 나가야 할 타이밍인 경우가 대다수이다. 또 한 종목을 움직이는 세력들은 개인들이 좋아하는 쌍바닥 패턴, 이동 평균선 크로스, 시그널 교차 등으로 차트를 만들어버린다. 개인들이 절대 혼자 당해낼 수 없다. 그래도 혼자서 몰두해보고 싶다면, 말리진 않겠지만 참으로 많은 시간과 인내, 그리고 찢어지는 아픔을 겪어야 할 것이다.

여기까지 너무 비관적인 이야기로 흘러왔다. 독자들도 느낄 것이다. 하지만 아픈 곳, 듣기 싫은 말, 현실성 있는 말을 제외한다면 일반적으로 시중에 많이 나도는, 맞지도, 되지도 않는 이상한 기법이나 독자를 현혹하기 위한 미사여구와 다름이 없다고 생각한다.

필자는 주식, 선물 옵션을 동시에 매매하면서 10여 년을 보내왔다. 앞서 적었던 과거 경험 사례는 빙산의 일각에 지나지 않는다. 무수히 많은 일과 경험이 단순히 컴퓨터 앞에서 이루어지고 또 없어지곤 했다. 나의 그 모든 시간과 열정을 이제 여러분께 공개하려 한다.

혼자서는 힘들지만, 분명 이 책을 참고하여 매매한다면 당신의 꿈은 멀지 않았다. 나는 지금에서야 이 경험들이 얼마나 중요하고 필요한 과정이었는지 느끼고 있고 더불어 후회도 없다.

개인 투자자들의 문제

PART 2

개인 투자자들만 매일 손실을 보는 이유는 무엇인가. 주식 투자에서 모든 결과의 분류는 두 가지로 함축된다. 돈을 버는 사람, 돈을 잃는 사람. 그리고 또다시 두 가지로 나뉜다. 재투자하는 사람, 주식을 그만두는 사람. 하지만 위 두 가지 분류 이전에 시작하는 단계에서부터 이미 성공할 수 있는가, 없는가가 갈리기도 한다. 이 장에서는 개인 투자자 여러분들이 반드시 알아야 하고 모르면 주식을 하지 말아야 할 이유와 그 사례들을 소개한다.

필자는 다년간 개인 투자자들을 위한 방송 및 주식 추천을 해왔다. 수천 번 상담을 거치면서 개인들이 돈을 못 버는 이유를 누구보다 더 잘 알고 있다. 모든 이야기를 들어보고 상담해보면 잃는 이유는 70~80%가 비슷하다. 그것만 고치면 성공할 가능성이 매우 높아질 것이다.

01
개인 투자자들의
유형 및 문제점

투자 시작의 이유, 당신에게 있어 주식 투자 목표가 무엇인지 먼저 묻고 싶다. 대부분 잃는 매매를 하는 개인 투자자들의 주식 투자 이야기는 다음과 같이 함축된다. 친구, 가족, 지인이 어떤 주식이 오를 거라고 추천해서, 뉴스에서 코스피가 오른다고 하기에, 하지 않으면 뒤처지는 것 같아서, 펀드에 들었다가 손해를 보고 직접 만회를 해보기 위해서, 누군가 주식 대박의 이야기를 듣고, 한 번에 큰돈을 벌기 위해….

주식 투자를 하는 개인은 직접, 간접 투자자들까지 포함해 수천만 명이다. 하지만 시작하는 이유는 열 가지 이내로 함축되는 경우가 많다. 만약 당신이 어떠한 사업을 하기 위해, 또는 장사하기 위해 준비를 한다 생각하자. 사업, 장사를 시작하면서 위의 많은 사람이 뛰어드는 투자 유형 타입으로 시작을 한다고 가정하자. 그 결과가 과연 어떻게 나오겠는가? 남녀노소 누구나 해보지 않아도 대충 점칠 수 있다. 결과는 사업이 잘 안 되거나 대박은커녕, 흐지

부지되어 가게를 파는 정도일 것이다. 옛날 어느 리서치 센터에서 내놓은 결과를 흥미롭게 본 적이 있다. 도박에 가장 빠져들기 쉽게 만드는 것은 '자신과 비슷한 위치, 나이대의 평범한 사람의 대박 경험담'이라고 한다. 그리고 그 대박 경험담이 자신도 가능할 것 같다는 생각이 들면 우리 뇌는 많은 관심을 둔다고 한다. 아무런 노력 없이 큰 대가를 꿈꾸는 인간의 본능적인 허영심에서 시작한다.

주식은 남들을 따라서, 또는 준비 없이 시작하면 안 된다. 이러한 이유로 준비 없이 시작한 99%의 개인 투자자들은 돈을 잃기 마련이다. 그리고는 자신이 주식으로 돈을 벌 수 없는 이유를 다른 데서 찾아 헤매기 시작한다. 또 자식들이나 주변에 "주식은 하면 안 되는 것"이라고 이야기한다.

최첨단 시대를 달리고 있는 요즘, 사람들은 확률적으로 모든 것을 대한다. 사람들은 물건 하나를 살 때도 소셜 커머스 또는 할인되는 제도, 카드 등을 이용해서 단 몇 퍼센트라도 저렴하게 구매하기 위해 노력한다. 버스비, 지하철 요금, 기름값을 몇백 원 아끼고 편리하게 사용하기 위해 정액 카드를 구입한다. 장기간 이용하면 일정 시간 이후에는 더 저렴하기 때문이다. 이같이 대부분의 사람이 합리적으로 살아간다. 그리고 여기에 익숙해져 있다.

하지만 주식 투자에서는 어떻게 하는가? 합리적인 투자는 고사하고 단순히 누군가 잘 알지도 못하는 사람이 오를 거라고 해서 수백만 원, 수천만 원을 덥석, "코스피가 최고점을 갱신하여…"라는 뉴스 한 구절에 주식을 덥석 산다. 너무 쉽고 안일하게 투자를 시작하는 것이 가장 큰 문제점이다. 그리고 현재 주가의 효율적인 분석은커녕 언제, 어떻게 팔지도 모른 채 기대감에 부풀어 '소식'만 가지고 주식을 마구 사기만 한다는 것이다. 그리고는 손해를 보기 시작하면 "언젠가 본전치기는 하겠지"라며 내버려 둔다. 돈 버는 세력들은 이것을 이용한다. 또한, 주식 고수들도 이러한 개인들이 몰리는 타이밍을 잘 이용한다. 즉 개인 투자자들의 잘못된 습성 중 하나가, 만약 손실 중이면 이번 투자는 장기 투자라고 스스로 합리화를 하고 본전 이상일 때까지 무식하게 기다린다. 만약 수익 중이면 적은 수익임에도 어찌할 줄 몰라 하며 긴 수익 구간을 자신의 것으로 만들지 못한다. 그리고 언제 팔아야 할지를 모른다. 즉 수익에 익숙하지 않다. 손실에 관대하고 수익에 옹졸하다.

개인들은 대부분 시간이 부족하고, 체력(돈)이 부족하며, 인내심이 없다. 그리고 대박을 좋아한다. '빠른 시간 안에 큰돈을 벌 수도 있다' 라는 조건만 맞추어주면 개인들은 소위 말해 개미떼처럼 몰려든다. 그리곤 몰살당한다. 작전 세력이라고 들어본 적이 있는가? 실제로도 존재하고 현재도 나타나는 많은 주가 조작의 대표 형태로 자리 잡고 있는 이 작전 세력의 필수 조건이 무엇인가? 바로 '개인 투자자를 쉽고 많이 유인할 것' 이다. 작전에 필요한 자금 등 기타 준비물은 어렵지 않다. 개인들을 현혹하는 게 가장 중요하다. 이유는 개인 투자자들에게 팔아치워야 하기 때문이다.

이처럼 개인 투자자들은 일명 '쓰레받기' 처럼 이용당하고 버림당하기 일쑤다. 그리고는 어디 가서 하소연할 데도 없다. 민주주의 사회는 제한 없는 개인 능력주의지만 잃을 때도 제한이 없고 혼자 감당해야 하는 개인 능력주의다. 개인 투자자들은 부디 '한 방', '대박' 같은 단어를 멀리 해야 할 것이다. 증권 전문가들 사이에는 '개인들이 들어오면 팔 때' 라는 말이 있다. 옛말에는 '소문에 사고, 뉴스에 팔아라' 라는 이상한 말이 떠돌았지만, 요즘은 '개인이 주식을 사면 팔아야 할 때' 라고 칭할 만큼 개인들이 많이 몰려 있는 주식은 올라가기가 어렵다(작전 세력과 개인이 주식을 사면 올라가기가 어려운 이유는 4장에서 설명할 것이다). 한번 생각해보자. 상대 편(개인 투자자 이외의 투자자)의 준비되어 있는 부분은 상세한 주주 명부, 회사 내부 사정, 대주주 간의 내부 소통, 전문가의 시장 분석, 증권사, 자금력, 백업 플랜 등이고 개인 투자자 소액 투자들은 뉴스, 공시, 소문, 차트에 의존한다. 개인 투자자 혼자서는 이길 수가 없다. 주가에 영향을 미칠 만큼 큰돈으로 움직이는 것도 아니며, 회사 내부 사정을 잘 알아 치고 빠져야 할 타이밍을 아는 것도 아니다. 이것이 정말 제대로 된 공시인지 파악하기도 어려우며 대주주들이 차익 실현을 해버리면 그냥 주식이 내리나 보다 하고 손가락을 빨아야 하는 무지까지 갖춰져 있다.

하지만 상대방은 그렇지 않다. 현재의 주가라는 것은 회사의 규모와 사업성, 수익성, 부채, 자산 등이 고려된 종합적인 현재 회사의 가격표이다. 하지만 이 가격이, 아니, 이 회사가 며칠 만에 몇 배씩 커질 수는 없다. 그래서 일반적으로 개인들이 호재를 잘못 인식하고 무리하게 주가를 끌어올릴 때 대주주나 세력들은 주식을 고가에 판다. 즉 주가는 이른 시일 내 원래의 가격대로 다시 되돌아가는 악순환이 반복된다. 고가에 매수한 개인 투자자들은 그 회사가 몇 년이고 그 주식 가격만큼 부피가 커졌을 때까지 기다리거나, 혹은 돌발 호재로 급등하지 않는 이상 매수했던 가격에서 수익은커녕 본전 이상에서 되팔기가 엄청나게 어렵다. 거의 '안 된다'고 보는 것이 맞다.

이 장에는 사례가 조금 많다. 매일 사건을 담당하는 대법원에서조차 과거 판례를 존중하고 있고, 그 사례와 비슷한 사건일 때 당시 판례와 비슷한 판결을 내는 것이 기본적일 만큼 과거의 사례는 매우 소중하다고 볼 수 있다. 개인들이 잘못 인지하는 뉴스나 호재를 하나 들면 다음과 같다.

얼마 전 자전거 테마가 한창일 때가 있었다. 국가 차원에서 에너지 절약을 명분으로 자전거 지원 정책이 나왔고, 그 때문에 뉴스를 본 개인 투자자들이 우르르 몰려 주식을 사들이자 모든 자전거 관련 주식들이 급등하기 시작했다. 자전거를 파는 회사는 물론, 부품 납품 업체에서부터 자전거 회사에 납품되지도 않지만, 자전거에 쓰일 수도 있는 자재 등을 생산해내는 회사들까지 주가가 급등한 사례가 있다. 납품되지도 않은 업체들은 갑자기 주가가 오르자 해명하기 바빴고 개인 투자자들에게 주가 급등 사유가 전혀 없다고 나서서 알리고 방송에도 나갔지만, 개인 투자자들은 귀를 기울이지 않았다.

이후 대주주들은 회사가 아무리 자전거를 많이 팔아도 현재의 주가가 되기 힘든 가격을 넘어서자 차익 실현을 시작했고, 뉴스에는 매일 '자전거 관련 주식 급등' 등을 집중해서 다루면서 더 많은 개인이 늦었다 싶어 앞뒤를 분간하지 않고 고가에 주식을 사들이기 시작했다. 그러고는 결과는 대폭락이었다. 실제로 자전거 판매가 개인 투자자들이 원하는 만큼 이루어지지도 않았을 뿐

■ 대신증권 HTS 로 본 삼천리 자전거 (024950) 일봉 차트

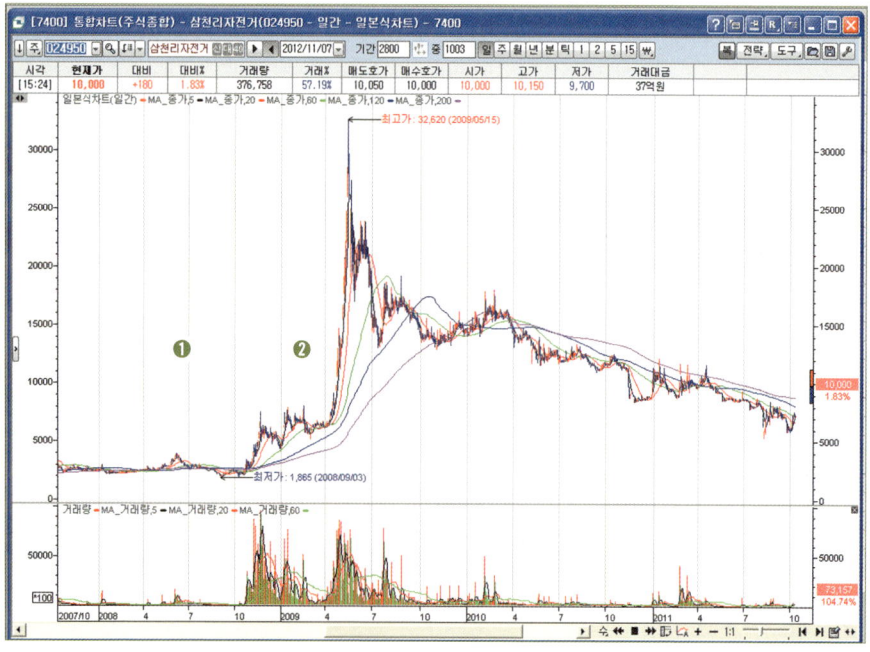

더러 대주주의 차익 실현 및 거품의 내용이 공개되자 너도나도 팔자 시세에 주가는 단기간에 원래의 가격대로 되돌아갔다.

차트의 예로 앞의 삼천리 자전거 과거 차트를 살펴보자. 2008년 연말부터 시작된 자전거 테마주 열풍의 중심에 있었던 삼천리 자전거는 자전거 관련 지원 정책이 발표된 시점(1번) 부근부터 관심이 시작되었다. 당시 주가는 2,250원 부근으로 적정 가격을 달리고 있었고 이후 현재 2012년 1월의 가격선인 9,000원대까지 올랐다(파란색). 여기까지가 자전거 시장 확대 시너지 및 판매 수익을 기대할 수 있는 가격 폭이었으나(2번), 직전에 나온 뉴스 덕분에 개인 투자자들이 이미 잔뜩 오른 주식을 이제 테마가 시작된 양 달라붙어 32,620원까지 끌어올렸다.

이후 25,000원이 넘어서면서 대주주들은 물론 삼천리 자전거를 들고 있던 모든 사람이 팔기 시작했다. 물론 25,000원이 넘어서면서 증권사들이나 전문가들이 오버 슈팅(적정 가격 이상으로 거래되고 있는 주식)이고 지나치게 주가가 올라 있다고 지적했고, 한 방송사의 다큐멘터리 프로그램도 이에 관해 테마 주 관련 취재를 하기도 했다. 2,200원 하던 주식이 32,600원이나 올랐으니, 단 몇 개월 만에 1,400%가 넘게 급등한 셈이다. 하지만 고점 부근 20,000원, 30,000원이 넘는 가격에 거래량이 활발했다. 거래량이라는 것은 누군가는 샀고, 누군가는 팔았다는 이야기다.

이후 적정 가격대로 비록 2,200원일 때보다 오른 9,200원 가격까지 올라서 현재까지 거래되고 있지만, 이 주식의 테마성 가치는 당시 테마가 시작되었을 때나 지금이나 같다는 이야기다. 당시 호재 공시 및 지원 정책을 등에 업고 매출을 늘려 회사가 커질 수 있는 부피가 9,000원대라는 말이다. 하지만 개인 투자자들은 이런 것을 고려하지 않는다. 현재 주가의 적정성을 따질 줄도 모를뿐더러 투기 성격이 매우 강해 이미 충분히 많이 올랐지만, 더 올라갈 것이라는 믿음만 가진 채 '매수', '매수'를 외친다. 30,000원 이상에서 이 주식을 샀던 사람들은 현재 9,000원대에 머물러 있어 얼핏 봐도 70% 이상 손실 중일 것이다. 고점에서 받아준 역할의 주체가 누굴까? 바로 개인 투자자들이다. 그 피해는 고스란히 개인 투자자들의 계좌에 반 토막도 아닌 삼분의 일 토막이 된 채로 남아 있거나 손해를 보며 팔았을 것이다.

공자는 "지나친 것은 미치지 못한 것과 같다(過猶不及)"라고 말했다. 지나친 욕심은 화를 부르고, 주식에서의 오기는 곧 큰 손실로 직결된다. 자전거 테마에 있어 다른 관련 업체의 당시 취재 장면이 기억난다. 당시 취재를 하는 카본 생산 업체 대표는 다음과 같이 말했다.

■ 한국 카본 (017960) 차트

"우리 회사는 자전거 회사에 납품하지도 않아요. 자동차 쪽에 카본 부품이나 기타 카본 생산을 할 뿐인데 사람들이 자전거에 카본 재질이 납품될 수도 있다고 우리 회사 주식을 막 사들였어요. 황당합니다."

한국 카본의 차트를 보면 자전거 테마가 시작된 2008년 연말부터 테마가 끝날 무렵까지 상승한 시기가 동일하다. 네모난 박스가 해당 구간이다. 이 주식은 당시에 자전거 관련 업체가 아니었는데도 납품이 될 수도 있다는 개인들의 무지한 생각 때문에 2,300원 부근이던 주가가 10,650원까지 400% 넘게 급등했다. 고점을 찍고 떨어지는 시기 또한 삼천리 자전거 및 다른 자전거 테마주들과 비슷하다.

이처럼 개인들의 몰지각한 행위는 어디에서 비롯되는 것일까. 예전 이야기이긴 하지만 여의도 근처에 돌아다니는 똥개도 주식을 하면 돈을 번다는 시절이 있었다. 나쁜 습관은 이때 즈음부터 시작되었다. 당시 IT 관련주들이 급등을 하기 시작하면서 코스피는 물론 코스닥 시장까지 '묻지 마' 상승 랠리를 한 적이 있었다. 지금 와서 분석해보면 당시 우리나라의 전체적인 주가가 상대적으로 낮은 편이라 외국인들이 지분 확보 및 돈을 묶어 두려는 심산으로 거대한 자금 매수세가 들어와서 초기 상승이 시작되었다. 이후 개인들이 더 몰려들면서 그 상승폭을 키운 사례였다.

그때 당시 웬만한 주식은 계속 상승 랠리를 타 큰 수익을 주었고, 그때까지만 해도 어떤 주식을 추천해도 최소한 본전치기는 하는, 증권가의 소문은 좋은 소식통이었다. 당시에 웬만한 주식을 콕 집기만 해도 주식이 올랐으니 주변 이야기를 듣고 산 사람들이 재미를 톡톡히 보자 그런 것들이 보편화하기 시작했다. 그때부터 시작되어 주변 사람 한 명에게 "이 주식이 좋아요!"라고 말하면, 그 사람이 몇 명의 사람에게 그 이야기를 하여 매수세가 더 높아지고, 또 그 이야기를 들은 사람들이 몇 명에게 전달하면 그 소문이 거미줄처럼 퍼져 나가서 전파가 쉽게 됐다. 다 과거에 한 번 재미를 보았거나, 재미를 못 보았지만, 재미를 본 사람을 알거나 그 소리를 들은 사람이 쉽게 현혹됐다. 실제로 작전 주(세력 주)의 경우에는 이런 소문을 개인이 들을 때쯤이면 이미 작전 진행률이 80%에 도달했다는 소리이기도 하다. 개인들을 유인하는 이유는 비싼 값에 주식을 팔아야 하기 때문이다. 이처럼 이상한 입소문은 전혀 관계없는 주식을 끌어올리기도 한다. 그러나 타이밍을 잘 모르고 기법이 없는 개인 투자자들이 수익을 과하게 낼 가능성은 희박하다.

주식을 하면서 제일 먼저 버려야 할 것이 '얇은 귀'다. 남의 이야기를 듣고 주식을 시작한다는 자체부터가 잘못되었다. 큰돈이 들어가는 일이고 충분한 타진을 먼저 해야 함에도, 학교 공부할 때처럼 자신이 점치거나, 생각해놓은 주식이 실제로 오를지 테스트 과정도 없이 바로 실전 투자에 들어가는 것도 굉장히 안 좋은 습관이다. 대부분 준비없이 주식 투자에 뛰어든 사람들이 당시에 HTS 사용법은 물론이며, 주식이 도대체 그 실체가 무엇인지, 주가 상승의 원인은 무엇인지, 그뿐만 아니라 기초적인 것에서부터 대처 방안까지도 전혀 생각하지 않고 단순히 투기적인 성향으로만 접근했다. 기초적인 부분도 제외한 채 요행을 바라는 대가는 대부분 엄청나게 큰 손실을 가져온다. 하지만 초보 개인 투자자들은 이 부분을 잘 알지 못한다.

주식을 매수하는 것은 쉬운 편에 속한다. 하지만 주식을 매도하는 것은 매우 어렵다. 주식을 매수할 때는 쉽게 돈만 있으면 매수가 가능하다. 물론 상한가에서 대기량이 많을 때 극히 드문 경우를 제외하곤 매수는 매도보다 쉽다. 매도가 왜 어렵냐고 묻는 사람이 있을 것이다. 2012년 1월 현재 발표되고 있는 씨앤케이인터 허위 공시 관련 주가 조작에서 급등과 급락을 반복하는

■ 씨앤케이인터 (039530) 2012년 1월 31일 호가창

주식 차트를 살펴보자.

　씨앤케이인터는 다이아몬드 관련 허위 공시를 내면서 정부 고위 관직에 있는 사람은 물론 정치인까지 합세해 시세 조작을 해온 사례라고 한다. 하지만 요즘 이와 같은 작전 세력들이 성공확률이 적어지고, 금융감독원의 발 빠른 대처 덕분에 개인 투자자들은 더 쉽게 깡통을 차게 되었다. 이유는 차트에서 보면 알 것이다. 금융감독원에서 손을 대면서 뉴스를 타면 주식은 하락하기 시작한다. 그러면서 이 테마에 투자했던 개인 투자자들은 손쓸 틈도 없이 죽음에 가까운 맛을 봐야 한다. 왜 매수보다 매도가 어려운가? 매수는 못 잡으면 본전치기라도 하지만 매도는 점 하한가로 내려올 때 정리 자체가 되지 않는다. 눈뜨고 지켜보면서 손실을 인내해야 한다.

앞의 차트상의 1번 이상 고점인 약 11,000~12,000원 사이에 매수를 가담했던 개인 투자자들은 날벼락 같은 뉴스에 너도나도 '팔자'를 하였을 것이다. 뉴스가 나간 다음 날인 1월 18일 장 시작부터 점 하한가로 시작하였고, 매도를 아무리 빨리해도 살 사람이 아무도 없어서 주식은 팔리지 않고 1월 26일까지 줄곧 내려가기만 했다.

차트를 보면 1월 18일부터 1월 25일까지는 거래량이 없다. 이 사이에는 아무도 매수를 하지 않았다는 뜻이고, 아울러 매도자 역시 아무도 팔지 못했다는 것이다. 뉴스가 나가기 전에 주식을 매수했던 사람들은 최소한 아무런 팔 기회도 못 잡은 채 뜬눈으로 최소 -60~-70%의 손해를 감수하고 1월 26일에 정리했을 것이다. 혹은 정리하지 않고 2,500원대인 현재까지 보유 중일 것이다. 그렇다면 -80~-90%의 손실을 기록 중일 것이다(현재 기준 2012년 1월 31일). 1월 31일 역시 이 씨앤케이인터 주식은 하한가를 맞고 있다. 간단하게 설명하기 위해 아래 그림을 살펴보자.

■ 씨앤케이인터 (039530) 2012년 1월31일 호가창

씨앤케이인터 종목은 1월 31일 현재 2,505원으로 하한가에 마감했다. 다들 알겠지만 하한가는 주식이 하루에 내릴 수 있는 제한폭까지 내리는 경우다. 앞의 그림을 살펴보면 붉은색의 383,332라는 숫자는 38만 3천 주에 가까운 주식을 누군가 팔려고 내놓았다는 의미다. 그 오른쪽 아래 하얀 여백은 매수 관련 안내창인데 매수는 아무도 없다. 그 위에 2,510원부터 2,550원까지 작게는 수천 주, 많게는 1만 주 정도의 매도 잔량이 쌓여 있는데, 현재 상태로는 거래될 리가 만무하다.

위의 그림 상태라면 누군가 얼빠진 사람이 약 38만 주를 2,505원에 사고 추가로 약 5만여 주를 시장가로 매수하지 않는 이상 -15% 하한가에서 벗어나지 못한다. 그리고 내일 장이 열리면 그 하락폭은 더 커질 것이다. 만약 씨앤케이인터의 소문을 듣고 산 개인들이 고점인 12,000원대에 사서 들고 있다면 그 사람의 현재 상태는 보지 않아도 불 보듯 뻔하다. 심리적으로 망가졌을 것이고 손절했다면 이른 시일 내 회복하려고 다시 대박 주를 찾아 나설 것이다. 혹은 이번을 계기로 주식에 몸을 담지 않겠지만 몇 년 안에 다시 찾아올 가능성도 적지 않다.

대부분 개인은 이런 악순환에서 투자 환경을 접하고 모멘텀을 급등주 형태로만 찾아 헤맨다. 이런 부분은 우리나라의 '무조건 빨리' 같은 성질 급한 국민적 정서가 문제다. 큰 손해를 보더라도 프로답게, 마음 넓은 선비 같이 다음 수를 기다리고 원인을 분석해야 함에도 그렇지 않다는 게 큰 문제이다. 빠르게 본전을 회복시켜 줄 다음 테마 주·세력 주를 찾아 나서니 말이다. 그러고는 악순환의 반복이다. 허황한 일확천금의 욕심을 버려야 현실성 있는, 제대로 된 주식 투자를 시작할 수 있다. 이 책을 읽는 분이라면 정말 주식이란 무엇인가에 대해 다시 한 번 공부하고, 제대로 알고 시작해야 한다. 평생 투기만

해서 살 것이라면 할 말 없지만, 결과는 뻔하다. 한 가지 간단한 사례를 통해 대박이 나더라도 얼마나 회생이 어려운지를 알려주겠다. 다음의 사례들은 필자가 방송 중 많이 상담했던 가장 평균적인 개인 투자자들의 실패담이다.

개인 투자자의 사례 1: '묻지 마' 투자로 손해를 본 직장인

회사원 A씨는 1년 동안 월급을 저축한 돈 1,000만 원을 가지고 있었다. 어느 날 같은 부서 B대리에게 주식 관련 정보를 들었다. 평소 B대리가 휴대폰이나 컴퓨터로 주가 확인하는 것을 보아왔던 A씨는 마음 한구석에 주식 투자를 하는 '똑똑한 것 같은 B대리'를 부러워하고 있었다. 같이 커피를 한잔하면서 B대리는 "C주식을 사놓으면 2~3주 안에 3배는 넘게 이익을 얻을 거에요"라고 말했다. 이에 혹한 A씨는 같은 동료인데 거짓말 하겠느냐며 자신을 합리화시키고 마침 사고 싶은 자동차의 값이 3천만 원이라는 사실에 이끌려 '묻지 마' 주식 투자를 시작했다.

가까운 증권사에 가서 계좌를 개설하면서 "C주식을 모두 사주세요"라고 간단하게 일을 처리했다. 벌써 차를 산다는 생각에 마음이 들떴다. 하지만 몇 주 뒤 허위 공시 및 대표자 배임 등의 이유로 주식은 폭락하기 시작했고 A씨는 증권사에 전화해 주식이 내리는 것 같으니 빨리 팔아달라고 재촉했다. 이틀 만에 겨우 팔린 주식의 원금은 약 300여만 원. A씨는 B대리에게 따져 물었지만 자신도 손해 중이라며 손실 중인 계좌를 보여주는데 같은 입장으로서 더는 뭐라고 하지도 못하고 전전긍긍하면서 손실 본 700여만 원이 머릿속에서 떠나질 않아 매일 퇴근 후 연거푸 술만 들이켰다.

한 달 뒤, A씨는 그전에는 주식에 관심이 없었지만, 이제는 본전 심리가 발동해 조금 더 좋은 정보를 찾아 헤매기 시작했다. 목표는 다시 '1,000만 원 만들기'였다. 하지만 300만 원이 1,000만 원이 되려면 330% 이상 수익이 나야 본전이다. 아무리 초보지만 330%의 수익은 어려우리라 판단했다. 그래서 카드론으로 700만 원을 대출받아 다시 1,000만 원을 투자하기로 마음먹고 돈을 준비했다. 그리고는 오랫동안 증권 업종에 몸담았던 친구 D씨에게 수년 동안 연락도 없이 지내다 불쑥 찾아갔다. D씨에게 수십만 원어치 술을 제공하면서 갖은 아부를 떨며 좋은 정보를 하나 달라고 부탁하고 부탁하여 우량주 F주식에 관한 정보를 얻었다. 하지만 증권 관련 업무에 오래 몸담았던 친구 D씨는 주식에는 100%라는 것이 없다며 관심만 두고 저금한다는 생각으로 소액만 장기 투자할 것을 권했다. 하지만 A씨는 그의 충고를 듣지 않았다.

다음 날, 남은 원금 300만 원에 카드론 700만 원을 합하여 1,000만 원으로 F주식을 샀다. F주식을 사놓고 매일 지켜보고 있자니 하루 1~2% 상승했다가 본전, 그 다음 날은 -1%대에 머물러 있다가 종가에 +1%였다. 이것을 계속 보고 있으니 갑갑해 죽을 지경이었다. 그런 어느 날 뉴스에서 '세계 금융위기'라면서 요란스레 떠들어댔다. 무슨 말인지도 모르고 별로 관심이 없던 A씨는 보고 싶던 드라마를 보다 맥주 한 캔을 마시고 잤다. 다음 날 F주식을 보고 있던 A씨는 -8%대의 하락을 보고 가슴이 철렁했지만, 본전에 이를 때까지는 버티자고 스스로 다짐하며 일에 열중했다.

오후 시간, 카드론 대출 자금을 입금해야 했다. 한 달이면 끝날 줄 알았지만 시간이 더 걸리겠다는 생각이 들었다. 추가로 모 캐피탈에서 대출을 받아 카드론 대출금을 메꿔 넣었다. 그날 저녁 미국, 유럽 등 외국 증시가 모두 대폭락세였다. 다음 날 아침 주식은 매수 평균 단가 대비 -15%를 향했고, 1,000만 원이던 주식의 가치는 850만 원으로 줄어들었다. A씨는 다시 오르겠지 하며 기다리기로 마음먹고 며칠을 보냈다. 한 달여 만에 코스피가 500포인트 폭락하며 웬만한 우량한 주식들도 반 토막이 났다. 자신의 주식은 고사하고 삼성전자도 반 토막이 난 상태였다. 결국, A씨는 주식을 -50% 손실을 본채 매도하고 나머지 500만 원으로 대출금 일부를 갚았다. 이후 몇 달 뒤, 증시가 회복되어 평년 수준으로 주가가 다시 올랐다. 이는 A씨가 주식을 모두 판 뒤였다.

A씨는 필자가 방송 중 상담했던 대부분의 개인 투자자들이 겪었던 고통 일부를 대변한다고 할 수 있다. A씨가 잘못한 점, 몰랐던 점이란 무엇일까?

1. 대표적으로 무지함이다. 급한 마음에 여기저기 알아보지도 않고 자신의 자산 비중 상 큰돈을 투자한 것이 가장 큰 잘못이다.
2. 분산 투자를 처음부터 했다면 큰 손실을 피하고 오히려 손실 종목 이외 다른 종목에서 일부 회복할 수 있는 기회였는데 이 기회를 잃었다.
3. 투기성 투자이다. 단기간 내 대박을 낼 수 있다는 것은 단기간 내 폭락이 올 수도 있다는 것이다. 좋은 면만 보고 실패했을 때를 대비한 백업 플랜과 정보 없이 진행한 것이 큰 화근이었다.
4. 오기성 본전 심리다. 잘 알지도 못하는 주식의 뜨거운 맛을 한 번 보았음에도 불구하고 본전 심리가 오기로 발동하여 대출금으로 본전을 회복하려는 무리수를 두어 더 큰 손실을 보았다.
5. 초보와 고수의 차이는 승률의 문제도 있지만, 기계적인 손절에서 차이가 난다. A씨는 손절이 아니라 최소 반 토막 이상 난 손실에는 관대하고 수익에는 옹졸한 타입이었던 것이 문제다.

A씨는 급작스럽게 궁핍해졌을 것이다. 평소 자주 했던 외식을 하기도 부담스러울 것이고, 돈 만 원이 아쉬울 것이다. 자신이 투자했던 총 1,700여만 원의 돈은 증발하고 오히려 빚이 천만 원 가까이 남은 매우 실패한 투자이다. 하지만 이 모습이 손실을 본 대부분 개인 투자자들의 참모습이 아닐까. 나는 그나마 이 이야기를 듣고 먼저 다행이라고 느꼈다. 주식 담보 대출로 추가 매수를 하지 않은 점이 말이다. 앞서 언급했지만, 주식은 지하 몇 층까지만 있는 것이 아니다. 사람에 따라, 하는 것에 따라 지하 백 층까지 있을 수도 있다.

개인 투자자의 사례 2: 주식 자금 대출까지 받아 실패한 주부

주부인 B씨는 20년 가까이 전업주부로 알뜰하게 남편의 월급을 모아 저축을 했다. 아주 잘살지는 않았지만 먹고사는 데는 지장이 없을 정도로 남편은 매달 안정적인 수입을 가져왔고 자녀도 중학교에 입학하여 잘 크고 있었다. 하지만 돈이라는 것은 조금 생기기 시작하면 더 큰 욕심을 불러오기 마련이다.

어느 날, 여느 때처럼 집에서 TV를 시청하던 B씨는 평소 친하게 지내던 이웃 C씨의 전화를 받았다. 평소처럼 전화기를 잡고 수다를 떨면서 이런저런 이야기를 하던 중, B씨 귀에 솔깃한 내용이 들렸다. C씨가 주식 투자를 해서 몇백만 원을 벌어 그 돈으로 아이들 학원비를 내고 쇼핑도 했다는 자랑을 늘어놓았던 것이다. 이 얘기에 솔깃한 B씨는 자신이 그동안 재테크에 너무 무지했나 생각했다. 실제로 돈을 벌었다는 경험담을 들으니 직접 자신도 해보고 싶다는 마음이 들었고 부럽다고 말했다. 평소 통화보다 빨리 전화를 끊고 얼른 통장 잔액을 확인해봤다. 약 5,000만 원 정도의 여윳돈이 있는 것을 확인한 그녀는 우선 1,000만 원만 투자를 하기로 마음먹었다. 돈 백만 원만 벌어도 그게 어디냐며 꿈에 부풀었고 남편에게 자랑할 말까지 생각해놓았다.

그녀는 C씨에게 맛있는 식사 대접을 하며 조언을 구했다. C씨가 사는 종목을 알려주고 B씨가 따라산 후 수익이 나서 돈을 벌면 거기에서 일정액 수수료를 수고비로 주겠다며 설득했다. 우쭐해진 C씨는 자신도 운 좋게 전체 시장의 상승세에 수익을 낸 것을 모른 채 자신 있게 해당 Z종목을 매수하고 B씨에게도 권했다. 주식 투자에 아무 지식이 없던 B씨는 덥석 Z종목을 천만 원어치 매수했다. 당시 코스닥 선거 관련 테마 주이던 Z종목은 한창 올라 이미 연중 저가 대비 300% 이상 고공 행진을 하던 터였다. 하지만 불과 단 며칠 만에 선거에 떨어진 관계자가 연류된 해당 Z종목은 하락하기 시작했고 고점에 물린 B씨는 천만 원 투자금 중 500만 원을 손실 보고 팔았다. 점 하한가로 내리는 통에 주식을 팔려고 해도 팔 수가 없었다. 이후 500만 원의 가치를 몸소 느끼며 정말 큰돈을 잘못 투자했다고 며칠간을 밤낮으로 후회와 우울증 비슷한 증세로 시간을 보냈다.

하지만 그녀는 우연히 증권 관련 TV 채널을 관심을 두고 지켜보다, 결국 전문가들이 나와서 가르치는 주식 공부를 하기 시작했다. 그러기를 한 달여 남짓, 그녀는 자신이 주식 초보에서 벗어난 듯했다. 갑자기 시장에 복수하는 마음이 들었다. 이동 평균선과 기타 보조 지표 등 TV와 책에서 대충 배운 얕은 지식이 생기자 '1+1=2' 같은 딱 맞아떨어지는 공식을 푼 느낌으로 다시 주식 투자를 하기 시작했다.

운이 좋았는지 500만 원으로 코스피 우량 주인 Y종목을 사놓은 지 보름 만에 약 10%의 이익을 거두었다. 투자 원금은 550만 원이 되었다. 이에 B씨는 손해 본 450만 원의 본전 심리와 더불어 자신감이 붙어 생활비에 보탬이 되고자 욕심을 부렸다. 5,000만 원을 자신이 직접 운용하기로 하고 적금을 해약하고 예금에서 주식 계좌로 이체했다. 그러고는 자신이 개설한 증권사에 전화하여 이것저것 상담하면서 더욱 자신감이 붙었다. 증권사에서도 주식 투자를 권하는 분위기였다.

이후 B씨는 나름대로 자신의 감과 억지가 섞인 분산 투자로 우량 주 코스피 종목 중 전기·전자 테마에 50%, 코스닥 종목 중 물류·유통 테마에 50%로 포트폴리오를 구성했다. 각 2,500만 원, 2,500만 원씩 5,000만 원을 시장가 매수했다. 이때 증권사와 조율 없이 일반 수수료 계좌를 개설했으므로 1.5%의 수수료와 세금이 더해져 760,000원이 지급되었다. 평균 매입 단가 대비 매수를 하자마자 -1.65%의 손실이 계좌에 나타났다. 이 돈마저도 아까웠으나 돈을 벌면 된다는 생각과 수수료가 비싸다는 개념 자체가 없던 B씨는 원래 그런가 보다 하고 넘어갔다. 큰돈이 들어간 만큼 B씨는 장중에 현재 시세를 계속 지켜보면서 기도만 하고 있던 찰나 두 종목 모두 -3% 이상 급작스러운 손실을 보게 되었다.

급락의 이유는 선물·옵션 쿼드러블 만기일(선물과 옵션이 동시에 만기가 되는 날)에 자주 있는, 큰 악재가 없어도 세력들이 선물·옵션 포지션 정리 및 시세를 내기 위해 폭락을 내기도 하는 때였기 때문이었다. 이 경우 코스피와 코스닥은 물론 선물, 옵션 등 개별 주식까지 영향을 받아 전체적인 장이 하락세로 돌아선다. 선물·옵션 만기일은 별 이유가 없이도 코스피가 -3~-5%까지 급락하는 현상이 자주 있다.

선물·옵션이 무엇인지, 파생 상품이 무엇인지 알 리가 없던 B씨는 조바심에 몸 둘 바를 몰랐고, 200만 원 가까이 손실을 보고 있는 계좌를 지켜보자니 안타깝기만 했다. 남편에게 이야기하자니 잘못했다간 이혼을 당하게 생겼고,

지금 팔자니 손실금이 더 커진 상태라 이러지도 저러지도 못했다. 다음 날 전일 하락폭만큼 내린 상태에서 장이 열렸다. 단타, 스윙 등 매매 패턴에 대한 개념 자체가 없던 B씨는 손실을 유지하고 있는 계좌를 보며 마음을 졸이고 있던 중 뜻밖의 주식 자금 대출 광고를 보았다. 현재 가지고 있는 주식 대비 300% 자금까지 거의 공짜로 대출해준다는 것이었다. 직업이 없어도 되고 전화 한 통으로 바로 처리가 된다는 말에 이미 주식에 빠져 몰두해 있던 터라 B씨는 여러 가지 상황을 타진해보지도 않은 채 대출을 받았다.

보유 금액 약 5,000만 원 대비 총 1억 5,000만 원의 주식 자금 대출을 받아 해당 종목들을 추가 매수했다. 당시 전화 담당자도 가격이 내린 상태에서 추가 매수를 하면 평균 단가가 낮아져 수익을 낼 확률이 높아지고, 수익이 나면 더 크게 난다는 말로 B씨를 유혹했다. 매수한 직후에는 평균 단가가 낮아져 마음이 편해졌다. -3% 이상 손실 중이던 잔액은 -1%대의 손실로 줄어 있었다. 하지만 -200만 원대의 수치는 변함이 없었다. 이전 투자에서 잃었던 500만 원과 현재 200만 원의 손실을 회복하고 적은 돈이지만 100~200만 원의 수익만 회복하면 전부 팔리라 생각하고 있었다. 생각해보면 별 손실도 아닌 손실에 본전 심리가 일찍 발동한 것이다.

당시 코스피는 고점을 찍고 쌍봉(고점을 2번 이상 돌파 시도를 하였으나 돌파하지 못하고 하락세로 전환되는 것을 뜻함) 형태에서 하락 추세로 바뀌던 시절이었다. 며칠 뒤, B씨는 뜻밖의 소식을 접했다. 뉴스를 보니 연평도라는, 가본 적도 없는 곳에 북한이 미사일을 쏘고 사람이 죽고 전쟁을 할 수도 있다는 것이었다. 모든 주식은 폭락하기 시작했고 A씨의 계좌도 손실을 더 키워갔다. -200만 원이던 손실은 뉴스 직후 단 몇 시간 만에 -1,800만 원대의 손실로 나타났고, 소문이 날까 주변에 말을 하지도 못하던 B씨는 혼자 발을 동동 구르며 하루를 보냈다. 침대에 누워 있으니 식은땀이 멈추지 않고, 잠이 오지도 않았다.

다음 날 개장 직후 손실 금액은 이미 -20%대가 넘어가고 있었다. 주식 대출을 받은 회사에서는 B씨가 보유하고 있는 주식의 원금 투자 금액이 현재 손실 보고 있는 금액보다 커지기 전에 정리하지 않고 추가 하락할 때 하한가 매도를 해서 자금을 회수하겠다고 했다.

총자금이 원금 5,000만 원과 300% 추가 주식 담보 대출을 받아 대략 2억 원 정도이던 B씨는 이미 손실액이 -2,500만 원이 넘어가자 별 달리할 수 있는 방법도 없고 다시 빨리 오르기만을 바라고 기도만 했다. 믿지도 않던 신령님부터 하나님, 부처님까지 찾으며 이번만 살려달라고 애걸복걸하며 기도를 올렸다. 하지만 시장은 냉정했다.

그 다음 날은 서킷 브레이커(종합 주가 지수가 전일에 비해 10% 이상 하락한 상태가 1분 이상 지속하는 경우 모든 주식 거래를 20분간 중단시킨다. 서킷 브레이커가 발동되면 30분 경과 후에 매매가 재개되는데 처음 20분 동안은 모든 종목의 호가 접수 및 매매 거래가 중단되고, 나머지 10분 동안은 새로 호가를 접수하여 단일 가격으로 처리한다)가 걸릴 만큼 하락폭이 더 벌어졌고 손실액은 이미 걷잡을 수 없이 커졌다.

서킷 브레이커가 끝난 이후 주식 계좌를 살펴보니 주식은 온 데 간데 없었고, 보유 평가액은 0원으로 표시되었다. 당황한 A씨는 증권사에 전화를 해보았지만 대출 업체에 문의를 해보라는 이야기를 들었다. 담당 업체에 문의한 결과 이미 보유했던 주식의 가치보다 더 내린 상황이라 자동 손절매가 나갔고 시장이 크게 하락하여 A씨가 보유했던 원금 금액보다 손실 폭이 더 커져 손실 원금 변제를 해달라고 했다. 더는 현금이 없던 B씨는 이러지도 저러지도 못 하고 끙끙대다 남편에게 알렸고 남편은 이혼까지 고려하게 되었다.

이처럼 주식 투자에서 미수(신용 매수) 대출이란 아주 날카로운 칼로 밥을 떠먹는 것과 같고 주유소에서 불장난하는 것과 비슷하다. 그만큼 시작은 매우 쉽고 간편하지만 자기 생각과 역행했을 때는 감당할 수 없을 만큼의 큰 재앙이 순식간에 들이닥치기 마련이다. 위의 사례에서 B씨가 잘못하고, 몰랐던 점은 다음과 같다.

1. 전체 시장의 장세를 전혀 생각하지 않았다.
2. 무리한 자금 대출로 리스크를 키웠다.
3. 증권 관련 업체 모두가 자신의 편이라고 생각했다.
4. 작은 수익을 내고 자신의 기법이 들어맞을 것이라는 요행을 바랐다.
5. 처음 손실은 투자금 대비 작은 손실이었지만 조급한 마음에 너무 빠른 타이밍에 물타기를 했다.

사례 2에서 B씨는 '정석적인 주식'을 해서는 안 될 사람이다. 급한 마음에, 주변 이야기를 듣고 혹은 조금 수익을 보아 자신이 생긴 사람은 하이 리스크, 하이 리턴(높은 위험의 투자 방식이지만, 성공할 때 높은 이익을 얻을 수 있다는 뜻) 형태의 투자로 쉽게 빠져버린다. 2011년, 모 증권 회사의 개인 투자자 승률 통계를 살펴보면 주식은 90%가 돈을 잃었다고 한다. 그 승률은 하이 리스크, 하이 리턴 방식을 고집하던 개인 투자자들 스스로 만들어낸다. 개인 투자자들은 대부분 주식을 사면 항상 오르기만 할 것으로 생각한다.

위의 두 가지 사례는 모두 우리나라 전체 시장의 악재 및 기타 리스크에 관해서는 전혀 생각지도 못했고 그래서 대비하지도 못했다는 점이 더 큰 악재를 불러왔다. 제대로 주식을 하려면 본능적인 감각과 대내외적인 일들, 그리고 해당 기업의 영향도, 이슈화된 뉴스거리에 관련된 주식 정도는 기본적으로 알고 있거나 빠른 대처를 위해 화면에 세팅해놓아야 한다. 절대 주식 투자를 쉽게 생각하지 말아야 할 것이다.

돈의 소중함은 모니터 앞을 떠나서 지갑을 열어볼 때 그 가치가 비로소 제대로 느껴진다. 필자는 주식·선물 옵션 매매를 할 때 현금 몇백만 원을 책상 위에 반드시 올려놓는다. 단지 숫자로 보일 때와 눈앞에 뭉치 덩이로 있는 돈을 볼 때와는 확연히 느낌이 다르고, 더욱 손실에 민감하게 대응하기 때문이다. 사업이든 주식이든 큰돈을 벌 수 있는 인자는 바로 돈을 어떻게 관리하느냐가 아닐까.

개인 투자자의 사례 3: 1~2주 스윙 매매의 원칙을 어겨 실패한 투자자

평소에 자신은 남들보다 똑똑하다고 늘 생각하던 P씨. P씨는 매일 주식을 하면 손실을 볼 확률이 높다는 것을 알고 스스로 절제를 잘하던 사람이었다. 하지만 이 P씨의 이상한 투자 발동은 꼭 큰 뉴스가 날 때 걸렸다. 평소에 주식을 하지 않던 P씨는 단기적인 호재에 유독 관심을 보였다. 예를 들어 남북 관계를 냉각시키는 뉴스가 나거나 남북 교전 소식이 들려올 때, 전쟁 관련 무기를 개발하는 곳이나 무기를 만드는 방위 산업 테마 주식을 샀다. 또 미국에 경제 위기가 났다 하면 달러를 사 모으는 등 평소에는 투자하지 않다가 역발상으로 호재, 악재에 대한 단기 반짝 수혜 주들을 투자해왔다. 매일 무슨 뉴스가 터지면 인터넷에 관련 테마 주들을 찾아내기 바쁜 P씨였다. P씨의 투자 스타일은 스윙 형태로 약 1~2주일 테마 성에 힘입어 단기간 빠른 상승세를 보이는 종목에 투자하는 스타일로 일 년에 3~4번 정도 투자를 하는 간접형 스타일이었다.

결과는 대부분 괜찮은 편이었다. 자신감에 차 있던 P씨는 늘 스스로 주식은 이럴 때만 하는 것이라고 주변에 자랑을 늘어놓았다. 이런 P씨의 입을 막은 것은 삼성테크윈(012450)종목이었다. P씨가 이 종목에 관심을 둔 것은 2010년 11월 23일, 북한이 연평도를 포격하면서 난리가 났던 그 시절이었다. 삼성테크윈은 방위 산업체다. 즉 전쟁 관련 테마 주에 속한다. 전쟁이 날지도 모른다는 소식에 부랴부랴 인터넷을 검색하여 삼성테크윈이 방위 관련 테마라는 것을 확인하고 11월 23일 수중에 있던 현금 6,000만 원을 모두 투자했다. 당시 매입 가격은 주당 11만 원대. 전쟁이 나든 안 나든 며칠은 이 긴장감이 지속할 것이고 뉴스에서 떠들어주면 나보다 늦은 개미 군단들이 주식을 올려줄 때 팔고 도망간다는 전략이었다. 기술적인 분석보다는 누구보다 빠르게 해야 한다는 일념 하에 6,000만 원을 시장가 매수했다.

P씨는 투자 이후 아무리 상식적으로 생각해도 사람이 수십 명이 죽고 다친 시기에 이 주식은 반드시 오를 것으로 생각했다. P씨의 계좌는 23일 투자 이후 큰 변동성 없이 3~4%의 수익률을 올렸다. 그리고 25일부터 뉴스에 '특징 주, 전쟁 수혜 주' 등이 나가면서 하루에 추가 2% 정도의 상승이 있었다. 당시 남북 간의 긴장감이 지속하고 우리는 추가 도발에 대해 준비를 하고 있던 터라 P씨는 이번에 한몫 잡겠다며 버티고 있던 찰나였다.

문제는 여기서부터 시작되었다. 당시 삼성테크윈이 개발하여 나라에 납품했던 자주포 K-9의 포 6문 중 2문이 고장이 나서 발포를 못 했다는 사실이 부각되면서 주가는 큰 상승 흐름을 이어가지 못했다. 별다른 소소한 뉴스에는 관심이 없었던 P씨는 매일 차트를 보며 왜 올라가지 않는지, 오히려 왜 더 떨어지는지 매일매일 걱정스러운 눈으로 쳐다보았다. 하지만 본업이 있던 터라 그 역시 점심시간에만 체크했다. 어느덧 시간이 지나고 3~4%의 수익률을 보이던 주가가 하락하기 시작했다. 왜 내리는지도 모르는 채 하락하다 올랐다 하는, 횡보장의 연속이었다. 평소 주식에 대해 공부를 하지 않았던 P씨는 오르고 내리고 할 때 당시 수익 중이던 3~4% 이상만 수익이 나면 정리하려고 마음먹고 기다렸다.

약 두 달여 남짓, 2011년 남들이 새해를 맞이하면서 기쁜 날들을 보내고 있을 신년에 P씨의 표정은 암울해졌다. 바로 삼성테크윈 주가가 지속 하락을 했기 때문이다. 주가가 내리고 있을 때 P씨는 본전 심리가 발동된 상태였다. 단기로 1~2주만 투자를 하기로 했던 스스로 약속을 버린 채 6,000만 원 본

■ 삼성테크윈 (012450) 일봉 차트

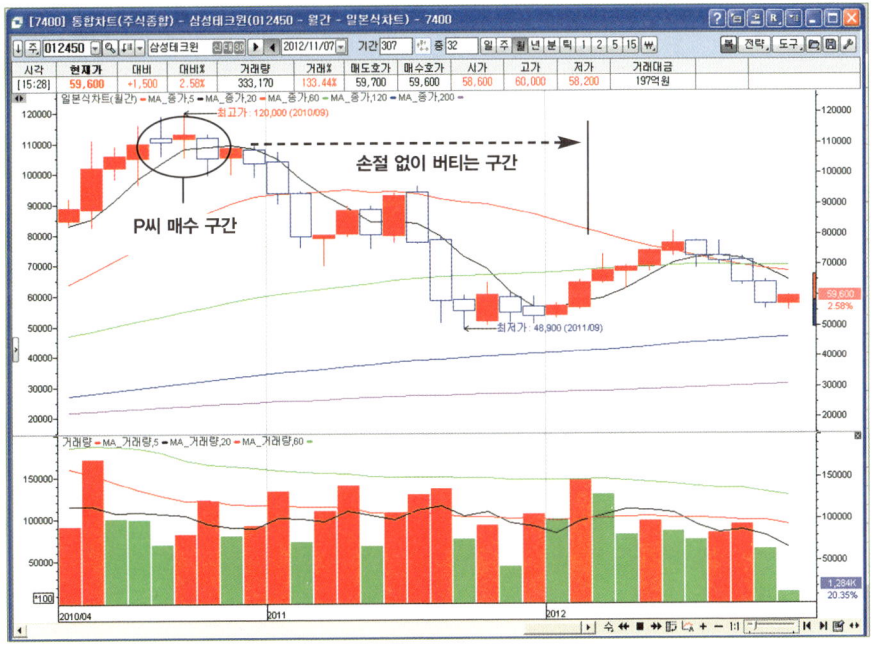

전 생각만 계속하면서 올라오기만을 기다렸다. 그렇게 주식을 산 지 언 8~9개월이 지나자 주가는 더욱 내렸고, 보유 주식은 반 토막이 났다.

처음 전략이었던 1~2주 스윙 매매의 원칙을 깨뜨린 결과는 참패했다. 필자에게 이 주식을 어떻게 해야 하느냐고 물어오는데 쉽게 답을 할 수가 없었다. 이미 상담을 받았을 때는 주식을 매수한 지 약 1여 년이 지난 뒤였기 때문이다. 손절을 하라고 해도 안 할 심리인 것을 뻔히 알고 있기 때문에 주가의 흐름만을 이야기해주고 상담을 주고받았다.

P씨는 2010년에 매수한 이 종목을 2012년 현재도 가지고 있다. 전형적인 본전 심리와 더불어 물리면 장기 투자 형태의 개인 투자자들이 많이 가지고 있는, 나쁜 습관의 좋은 예이다. 5~10%가 하락할 때 눈치채고 손절을 했더라면 얼마나 좋았을까 하는 생각이 2011년 3월 즈음에 들었다고 실토했다. 그다음부터 이 주식은 아주 마음에 안 드는, 미운 사람 같이 보인다고, 요즘은 주식 계좌도 열어 보지 않고 주가 흐름도 보지 않는다며 한탄했다.

여기서 P씨의 잘못은 무엇일까?

1. 자신이 어떤 투자를 하는지, 악재, 호재에만 대응하는 매매 방법이 리스크가 큰 투기 투자 매매법임을 몰랐다.
2. 본전 심리가 발동해 11만 원대로 다시 올라오면 팔 것이라는 무지함이 약 1~2년 동안 6,000만 원 자금이 묶인 채 큰 손실을 보고 있다.
3. 손절이라는 대비책을 전략에 포함시키지 않았다.
4. 자신감에서 오기로, 잘못된 전략을 스스로 '나는 남들과 다르다'라고 합리화시켜 더 큰 손실을 불러왔다.

5. 주식 공부를 하지 않고 큰돈을 투자했다.

등으로 나눌 수 있다. P씨는 이후 다른 종목에 투자할 돈도, 기력도 남지 않았다고 필자에게 털어놓았다. 하지만 자다가도 문득 꿈에 나올 정도로 수년을 모은 돈이 묶인 채 발버둥치고 있다고 말하는 P씨의 모습이 안타깝기만 하다. 필자는 P씨에게 단호하게 주식 투자를 하지 말라고 조언해준 바 있다. 그렇게 말한 이유는 P씨는 '물리면 장기 투자' 스타일로 그 버릇을 고치기가 어렵기 때문이다. 그리고 1~2년의 손실 속에서 홀딩 중 배운 것이 없고, 자기 스스로 변명할 수 있는 것에 익숙해져 있을 것이 틀림없다. 오랜 기간 손실 중에 버티고 있는 대부분의 사람은 자기 합리화를 수십 번, 수백 번 한 사람들이 많음을 필자는 알고 있다.

시장에서는 어제보다 더 많이 내리는데 머리 한구석에서는 '지금이라도 팔아라'라고 말한다. 하지만 마음 한구석에선 항상 수익을 내고 싶은, 손실은 보기도 싫고 인정하기 싫은, 그런 양 갈래의 심리 싸움에서 수십 번, 수백 번 후자가 승리했다는 말이기도 하기 때문이다. 자신의 감에만 의존한 매매를 시작하면서 뉴스만 따라다니는 매매가 습관이 된 사람은 종목 차트에만 찌든 사람보다 더 심리적인 회생이 힘든 경우가 많다.

02
잘못된 주식 투자 상식

　일반 사람들은 주식을 경제학처럼 산수 공부라고 생각하기도 하고 신문만 잘 봐도 된다고도 말하는데 이는 틀린 말도 아니고 맞는 말도 아니다. 즉, 주식 투자에는 정답이 없다. 무조건 내가 매수하여 수익을 주는 종목이 우량 주이고, 좋은 주식이다. 아래 사례는 보통 개인 투자자들이 크게 손실을 보는 사례 중 가장 많은 경우다.

잘못된 주식 투자 상식 사례

　한 회사가 종이를 만드는 제조업을 하고 있다. 국가 지원 차원에서 종이 관련 사업 부양 정책을 펼치면서 개인 투자자들이 몰려 해당 회사의 주가는 급격하게 올라갔다. 단지 부양 정책에 힘입어 몇 년 뒤 사업 성과를 이루었을 때 나타나야 할 주가의 상승 흐름이 뉴스 발표 때문에 적정 주가보다 고평가되어 있는 경우가 많다. 그러고는 개인 투자자들의 고가 매수 희생 이후 주가는 원래대로 흘러간다.

여기서 문제는 개인 투자자들이 단순히 기업의 운영 형태 자체를 생각하지 않고 기대감에 따라 주식 투기를 즐긴다는 것이다. 국가에서 부양 정책을 펼친다 해도 해당 회사에서 그 부양 정책에 맞는 사업 계획과 검토를 해야 할 것이고 주주들의 동의가 있어야 한다. 회사가 현재 부양 정책 때문에 실질적으로 득이 될지 독이 될지를 최고 경영자조차 판단할 시간도 주지 않은 채 그냥 주식을 매수해버리는 경향이 있다. 그 과정에 기업이 성장하기 위해서는 수많은 요소의 리스크가 있고 하나의 결과물로 만들어내기 위해 얼마나 많은 시간이 소요되는지는 관심이 없다. 그리고 거품의 끝에서 매수한 개인들의 계좌는 늘 마이너스를 면치 못한다.

기업은 나무와 비슷한 성격이 있다. 나무는 물을 아무리 많이 줘도 하루아침에 몇십 센티씩 자라지 않는다. 기업도 마찬가지다. 며칠 만에 갑작스럽게 성장하지는 않는다. 최소한 큰 손실도 없고, 몇백 배의 대박도 없지만 꾸준한 수익을 내기 위해서는 잘못된 상식을 먼저 버려야 할 것이다. 만약 어떠한 호재성 공시가 발표되어 해당 주식에 관심이 간다면 주식을 매수하기 전에 몇 가지 먼저 체크해야 할 것이 있다.

1. 호재성 공시가 실제로 맞는지 알아본다.
2. 이 공시로 인해 회사가 언제, 얼마나 이익이 날 수 있는지 최소부터 최대까지 검토한다.
3. 실패 가능성은 없는지 검토한다.
4. 회사 이름을 들어본 적은 있는지, 내실은 있는 회사인지를 고려한다.

최소한 이러한 것들을 따져보고 최소한 매수를 해야 할 것이다. 특히 코스닥 종목은 단순히 개인들을 몰리게 하여 주가를 높여 고가에 팔아먹는 세력 주인지도 판단을 잘해야 할 것이고, 실제 회사의 값어치가 당장 발표된 호재성 공시에 따른 이익 구조와 그 이익이 발생하기 시작하는 시점을 정확히 알아야 할 것이다. 그 시점을 모르고 단순히 공시 발표에만 의존하여 시도 때도 없이 매수한다면 투자가 아닌 투기로 봐야 할 것이다.

예를 들어 당장 당신이 만약 백수 생활을 하다 대기업에 취직되었다 해서 하루아침에 수억 원이 생기는 것이 아니다. 몇 년 동안 고생스럽게 일을 하고 진급을 하여 연봉이 조금씩 오르면서 생활비보다 더 많은 돈을 저축할 수 있는 그 시점이 취직한 후 당신의 값어치가 상승하기 시작하는 구간이다. 대기업에 취직했다 하여 첫 출근도 하기 전에 신용 카드를 한도 초과까지 써버리고 수억 원어치의 자동차를 빚내어 살 시점이 아니라는 말이다.

리스크는 회사가 만들기보다 투자하는 사람들에 의해 만들어지는 경우가 더 많다. 증권 시장은 밀림이다. 밀림에서 살아남으려면 자신에게 맞는 먹잇감을 잘 알아야 한다. 우리는 자동차를 살 때도 연비와 후에 재산 가치가 높은 자동차를 선택하려 한다. 같은 값이라면 남들이 봐도 멋지고 품위 있는 차, 연비와 내구성이 좋고 편리성도 좋은 차를 선택하기 위해 많은 노력을 한다. 요즘 말로 가성비(가격 대 성능 비율)를 잘 찾아내고 효율적으로 판단한다.

직장을 구하더라도 마찬가지다. 내가 사는 집에서 멀지는 않은지, 복리 후생은 좋은지, 월급은 많은지, 망하지는 않을 회사인지 꼼꼼히 살펴보고 면접을 본다. 하지만 주식을 살 때도 위와 같이 제대로 생각해보거나 계산을 해본 적이 있는가? 내가 보유하고 있고 돈을 벌어다 줄 주식에 대해 너무 무지하게 접근하지는 않았는지 먼저 자신에게 질문해보자. 그리고 조금이라도 마음

한구석에서 반성하는 느낌이 온다면, 지금부터는 주식 투자에 대해 머릿속을 백지로 만들고 누구나 알고 있는 기본적인 세상의 이치에 맞게 투자를 시작해야 할 것이다.

하루아침에 되는 것은 아무것도 없다. 지금 여러분이 가지고 있는 투자 상식 또는 주식 투자의 이유를 묻고 싶다. 그리고 주식에 대한 '안목(사물을 보고 분별하는 견식)'이 있는지도 궁금하다. 이 글을 쓰고 있는 필자 역시 수년간 나 자신의 안목을 찾아 헤맸다. 그리고 그 안목을 믿고 승률이 높아졌기 때문에 감히 꾸준한 수익을 낼 수 있다고 자부한다. 안목이 있어야 결과가 따라오는 것이다.

그 어떤 것이 나에게 맞는지, 내 것으로 만들 수 있는지, 감당이 되는 수준인지, 가치만큼 현실화가 되는지를 아는 것을 안목이라고 부르기도 한다. 어떤 것을 선택할 때 모든 상황을 고려하여 효율적인 선택 하는 것도 안목이라고도 부를 수 있다. 한 가지 예로 다음 질문에 답해보라.

- 여러분은 오토바이를 탈 줄 아는가?
- 만약 탈 줄 모른다면 처음 오토바이를 사서 타자마자 잘 탈 수 있을 것이라고 생각하는가?
- 자신에게 맞는 오토바이는 어떤 종류라고 생각하는가?
- 넘어지거나 사고가 났을 때 손해를 보는 일이나 다치거나 그로 인해 오는 여러 가지 금전적인 손해를 고려해 보았는가?

위에서 언급한 오토바이가 주식이라고 생각한다면 많은 사람들이 너무 성급하고 계산 없이 주식 투자에 뛰어들었다고 말할 수 있다. 통계를 내보지 않아도 많은 사람이 공감할 것이다. 일반적으로 오토바이는 타기 어렵고 위험하다는 상식이 일반적이다. 두 바퀴로 지탱하는 만큼 사람마다 다르겠지만 운동 신경이 필요하고 균형 감각과 도로 상황에 익숙한 사람이 아니고서는 빨리 오토바이를 자유자재로 타기는 어려울 것이다. 그리고 수천 가지의 오토바이 종류 중 자신에게 맞는 오토바이가 무엇인지 알 리도 만무하다. 오토바이라면 넘어지거나 다치는 상상을 문득 떠올릴 것이다. 대부분의 사람들은 "내가 그걸 어떻게 타?"라고 반문할 것이 뻔하다. 반문한 사람들은 대부분 오토바이에 대한 '안목'이 있다.

하지만 대부분의 개인 투자자들은 주식 투자에서 이만큼 깊은 생각을 하지 않고 계산도 하지 않은 채 그저 큰 욕심에 이끌려 아무것도 모른 채 주식 투자를 시작한다. 정작 더 작은 일에는 엄청나게 많은 신경을 쓰고 몸을 사리면서 주식에는 과감하다 못해 무식한 자신감과 호기심으로 여기까지 온 개인 투자자들이 많을 것이다.

주식이 오토바이와 같다면 이리 쉽게, 준비 없이 접근했을 것 같은가? 개인 투자자들은 성급함과 동시에 나쁜 습관을 모두 가지고 주식 투자에 임한다. 따라서 승률이 높을 가능성이 낮다. 그렇다면 왜 주식 투자를 하는 사람들은 성격이 급할까?

먼저 증권 업계 자체에 문제가 있다. 증권 업계가 전체적인 분위기를 조성한다. 늘 좋은 책이나 투자 조언, 전문가를 찾아가 만나보면 주식 투자는 장기 투자가 최고라는 소리를 많이 들었을 것이다. 하지만 뒤에서 늘 부각 시키는 것은 '짧은 시간 안에 큰 수익을 올린 사례' 등이다.

예를 들어 투자 대회는 절대 긴 시간 대회를 주최하지 않고 길어야 한 달에서 석 달, 어떤 사이트는 1주일 간격으로 대회를 열었다 마감한다. 짧은 기간 안에 승부를 봐야 하는 구조로 승부를 가름한다. 이러한 대회들은 처음 투자

하거나 자신의 실력을 비교해보고 싶은 투자자들의 성격을 급하게 만든다. 증권 업계가 내세우는 여러 가지 전략 중 대부분이 주식 투자 사이클 줄이기 캠페인이라고 필자는 생각한다.

이 캠페인들은 대부분 투자자들로 하여금 주식을 자주 샀다 팔았다 하게끔 만드는 요소들로 예를 들면 다음과 같다.

1. 스마트폰 혹은 노트북을 무료로(할부금 지원) 줄 테니 한 달에 얼마 이상, 몇 회 이상 거래를 하라고 권유한다.
2. 기간 안에 투자 대회 상위 입상을 하면 상금을 준다.

등이 있다. 단지 수수료가 경쟁 업체보다 많이 나오도록 하려는 심산이다. 실제로 고수가 되기 위해서는 이런 계속 이어져 가는 '단타 성향 부추기기'의 영향에서 벗어나고 그것에 맞게 투자 방법을 먼저 바꾸어야 한다.

이런 가시적으로 적혀 있지 않지만 이미 많은 영향을 받아버린 '짧은 기간 안에 큰 수익을 내려는 욕망'을 바꾸지 않는 이상 큰 승률을 바라기 어렵다. 매일 초단타만 쳐서 몇십 년 동안 꾸준히 큰 성공을 거둔 사례는 찾아보기가 어렵기 때문이다.

워런 버핏이 초단타 승부로 갑부가 되었는가? 기타 모든 세계 갑부들이 공통적으로 말하는 성공적인 투자의 핵심은 '장기 투자, 미래 투자'이다. 세상의 갑부들이 "단타 치세요. 돈 많이 법니다"라는 소리는 하지 않을 것이다. 안목에 따른 장기 투자, 미래 가치 투자는 기본 중의 기본이지만 요즘 투자 분위기에 휩쓸려 짧은 기간 안에 대박 수익만을 노리고 추종하는 사람들이 늘어나면서 이득 보는 것은 일부 세력들과 증권사들뿐임을 알아야 한다. 조급함이 있으면 수익 구간에서의 홀딩도 힘들기만 하다. 조급함을 가지고 있으면 겁주기 형태의 눌림목에서(개인들 털어내기) 당하기에 십상이고 내가 가지고 있는 종목에서 끝을 보려고 하는 오기가 나오고 그 자체가 리스크를 만든다. 조급한 마음으로 주식 매매를 하면 손해를 볼 확률이 높아지는 이유는 수십 가지가 존재할 것이다. 이에 조급함을 없애고 먼저 시장을 대면하는 것이 개인 투자자들이 가져야 할 필생의 규칙이다.

흔히 착각을 많이 하는 것 중 하나가 바로 외국 증시와의 연관성이다. 시장을 주도하는 메이저급 큰손들은 미국 증시를 기준으로 전 세계 증시를 컨트롤하고 있다. 그 메이저들은 과학적이고 높은 수준의 공부를 한 사람들마저 현재 추세가 상승 추세인지 하락 추세인지도 구분할 수 없게 교묘하게 핸들링을 한다. 그 핸들링은 개별 종목 시세까지 큰 영향을 미치기 마련이다.

하지만 개인 투자자들은 대부분 해당 종목의 뉴스나 공시, 소문에만 집중하여 결단을 내리는 투자를 많이 한다. 물론 어떤 종목의 개인적인 호재 거리나 그 여파들로 종목 자체가 움직이는 경향이 많지만, 평균적인 우량 주들의 종목 상승세를 이끄는 것은 메이저들이다. 그 메이저들이 투자하는 테마의 우선주가 오르면서 나머지 상장 회사들도 영향을 받아 실적 호재 기대에 오르기도 하고 테마 우선주에 따라 내리고 오르는 경향이 많다.

그러나 보통 개인들은 이러한 부분보다는 당시 투자하는 회사 자체만의 현황이나 그 회사가 만들어내는 물건의 원자재, 수급, 유통, 비전 등은 깊이 생각하지 않는다. 이에 평균적으로 개인 투자자들은 매일 손실, 메이저들은 매일 수익인 형태가 된다. 이처럼 주식으로 돈을 번다는 것이 땅에서 돈이 샘솟거나 어느 단체나 기관에서 당신의 수익을 지급해주는 것이 아니다. 바로 또 다른 투자자가 투자를 해서 이익을 얻을 수 있고 누군가 잃어주기 때문에 누군가는 돈을 벌 수 있다. 이 상식을 반드시 명심하고 주식 투자에 임해야 한다. 증권 시장을 자동으로 움직이는 롤러코스터처럼 느끼고 있다면 제로섬 게임의 법칙을 먼저 알고 주식은 심리 게임이라는 것에 대한 상식을 깨우쳐야 한다.

이러한 이론에 앞서 잘못된 상식 중 하나가 바로 '주식은 오를 때만 돈을 벌 수 있는 구조'라고 잘못 생각하고 있는 것이다. 주식은 매수하여 주식 가치가 오르면 수익을 내는 방법이 있지만 주식이 내릴 것을 고려하여 미리 팔아놓는 '공매도(주식이나 채권을 가지고 있지 않은 상태에서 행사하는 매도 주문)'라는 제도가 있다는 것도 알아야 한다.

만약 어떤 주식이 몇 달째 연이은 하락세를 보인다고 치자. 그러면 대부분의 사람들은 회사 재정 상태가 안 좋아서 샀던 사람들이 다 팔아서 시세가 하락한다고 생각하고 만다. 하지만 돈이 많은 세력, 메이저들은 주식 1주 하나 없어도 이 주식을 공매도할 수 있다. 해당 종목을 컨트롤할 때 악재성 공시를 내놓고 개인들의 매도세가 이어지기 전에 공매도해놓음으로써 내려갈 때 시세 차익을 얻고 해당 회사의 주가를 저렴하게 살 수 있는 일거양득 구조로 투자하고 있다. 이러한 구조와 얇은 상식 덕분에 세력들은 늘 돈을 벌고 개인들은 늘 고점에 물리고 저점에 주식을 헐값에 빼앗기는 현상이 발생한다.

이처럼 증권 시장은 누군가 컨트롤하는 세력이 반드시 존재하고 개인들이 손해를 보면 누군가는 큰돈을 벌어 간다는 상식은 가지고 있어야 한다. 그리고 주가의 하락이 무조건 회사 경영이나 매출이 낮아져서 오는 것이 아니라는 점도 알아야 한다. 일반적인 회사 주가가 내릴 때 해당 회사의 실적이나 재정 상태가 불량하여 투자자들이 투자금을 회수(매도)하면서 내리는 경우가 있지만 그러한 경우를 제외하고 아래와 같은 이유로도 주가가 내릴 수 있다는 것쯤은 상식으로 알아두자.

1. 증여세 탈피를 위한 하락이다.

　돈이 많은 회사 운영자들은 자신의 지분을 자식들에게 물려주길 희망한다. 하지만 적법한 절차로 지분을 증여하게 되면 많은 세금을 내야 하기 때문에 세금을 피하고자 하락세를 만들곤 한다. 하락세를 만드는 이유는 낮은 가격으로 주가를 만들어놓고 증여를 받을 사람이 장 내에서 매수를 하면 세금을 낼 필요가 없는 점을 악용하는 것이다.

　회사 경영자가 악재성 공시를 내놓고 대량의 지분을 매도하면 주식 하락세는 더욱 빨라지고 쉬워지는 것을 이용하기도 한다. 그리고 낮아진 상태의 주가의 주식을 증여받는 사람이 대량으로 매수하면 원래 상태의 주가로 대부분 회복된다. 여기서 개인들은 비싸게 산 주식을 이유도 모른 채 싼 가격에 팔아야 하는 고통을 겪는다.

2. 급등 주를 만들기 위한 하락이다.

　일반적으로 작전 주라고 불리는 급등 주들은 비슷한 형태를 보이고 있다. 일정 가격선에서 오르지도 않고 지속해서 내리면서 개인들의 유통 물량을 회수하려고 시도한다.

　일반적으로 상승도 하지 않고 지속해서 조금씩 내리는 주식을 개인들은 이유도 모른 채 계속 움켜쥐고 있기가 어렵다. 그래서 싼 가격에 다 되팔고 나면 세력들은 해당 주식을 싼 가격에 매입하여 평균 단가를 낮추면서 수익률을 더 높이기 위한 작업을 많이 한다. 그리고 어느새 높은 가격으로 주가를 올려놓으면 개인 투자자들이 받아주길 바라면서 호재성 공시를 내놓고 다시 팔아 시세 차익을 남긴다.

3. 비공개형 M&A이다.

회사 인수 합병(M&A)의 방법에는 여러 가지가 있다. 특히 이 방법은 다소 불법적이지만 공격적으로 M&A를 진행하는 회사들을 보면 간혹 나타나는 사례다.

우선 회사를 인수하려는 단체나 사람, 기업이 인수 대상 기업을 상대로 해당 주식을 미리 조금씩 사놓았다가 때가 되면 사놓은 주식을 한꺼번에 매도하고 공매도를 하면서 악재성 루머를 뿌린다. 그러면 회사의 주가가 단기적으로 급락하기 때문에 하락 추세가 더 이어질 가능성이 높다는 점을 이용해서 주가 하락을 지속해서 부추긴다. 그리고 자신의 자금 대비 지분율을 맞출 수 있는 만큼 가격이 낮아지면 다시 매입해서 해당 회사를 인수할 수 있는 조건을 맞추기도 한다.

4. 대주주 차익 실현이다.

상장 회사의 주식을 많이 보유하고 있는 일명 대주주들은 주식을 1년 365일 보유만 하고 있지는 않다. 어느 정도 오르면 높은 가격에 팔기도 하고, 싼 가격이 오면 조금 더 사기도 하고 그런 형태로 경영권을 방어한 상태에서 나머지 지분으로 사고팔고 하며 시세 차익을 얻기도 한다.

경영권을 방어하기 조금 불안한 수준의 지분을 가지고 있으면 대량 차익을 실현하고 낮아진 가격으로 매입하여 지분율을 늘리기도 한다.

5. 만기일이다.

선물·옵션이라는 것은 코스피200 자산을 기준으로 만든 파생 상품이다. 여기에서 파생이라는 것은 원래 어떠한 것에 붙어서 만들어진 옵션 같은 상품이다. 이 때문에 코스피에 등록된 상장 회사들은 선물·옵션 만기일마다 평소보다 높은 등락폭을 보이기 마련이다. 이유는 선물·옵션 등 파생 상품은 레버리지가 매우 높고 코스피 지수와 연관되어 움직이기 때문에 자금이 많이 필요한 선물·옵션보다 미리 가지고 있던 주식으로 지수를 움직여 만기일 방향 시세와 결제 수익률을 높이려고 당일 등락폭을 크게 움직이는 경우가 많다.

보통 만기일에 큰 수익이 나오는 경우는 대부분 풋옵션(put option: 선물 지수가 내릴 것으로 예측하여 투자하는 파생 상품)에서 나오는 경우가 있는데, 이때 메이저들이 장 마감 직전 또는 당일 관련 주식들을 대거 매도하면서 선물 지수의 하락을 일으켜 풋옵션에서 큰 이익을 얻는 경우가 있다.

하지만 개인 투자자들은 대부분 이러한 영향을 잘 모르는 게 일반적이다. 그 외 일반적인 회사 경영상의 악재 이외에도 주식이 하락할 수 있는 경우는 많다. 위의 내용은 암기 정도까지는 아니더라도 기억해두면 좋을 것이다. 다음은 주식이 정상적으로 상승한 것을 제외한 나머지 이유에서 상승세에 대한 상식 중 알아두면 좋은 내용이다.

1. 적대적 공개 M&A

일명 지분 싸움이라고 일컫는다. 적대적으로 공표해놓고 해당 회사를 인수하겠다는 의지를 밝히는 경우 보통 적대적 M&A라고 부른다. 이럴 경우 회사를 경영할 수 있는 권리는 총 지분의 50% 넘게 가지고 있는 쪽이 경영할 수 있기 때문에 경영권을 방어하거나 취득하기 위해 주식을 무한정 매입하기도 한다. 이런 때 주식이 테마 주나 작전 주처럼 급등하기도 한다. 장 내에서 유통되는 주식들을 매입해서 지분율을 이른 시일 안에 늘려야 하기 때문이다.

2. 연말 실적

일반적으로 펀드들이나 기타 자산 운용사, 기관 등에서는 연말에 실적을 공개한다. 그래서 일반적인 장세보다 매수를 많이 하는 편인데 회사의 경영 상태와는 관계없이 주식을 많이 매입함으로 인해서 자신들의 운용 결과를 조금 더 좋게 만들기도 한다. 이를 보통 '산타 랠리'라고 부른다. 매년 연말쯤 되면 실적 평가를 좋게 내놓고 다음 해에 그 실적을 가지고 더 많은 자금을 융통 받을 수 있게 하려고 하는 경우다.

3. 스톡 옵션, ELW, ELS

ELW(Equity Linked Warrant: 주식 워런트 증권. 개별 유가 증권 종목 또는 주가지수와 연계하여 미리 매매 시점과 행사 가격을 정한 후 정해진 방법에 따라 해당 주식을 사고팔 수 있는 권리를 준 증권)의 경우 한 종목이 앞으로 오를 것인지 내릴 것인지를 판단하여 투자하는 하이 리스크, 하이 리턴 주식 투자 방식이다. 옵션과도 같다.

요즘은 ELW를 활용한 펀드 같은 운용 상품이 많다. 예를 들어 해당 주식 종목 ELW 만기일에 주식이 정해놓은 가격보다 높으면 추가 수익을, 낮으면 손실을 보는 운용 상품에서부터 헤지 전략으로도 쓰는 경우도 많다. 특히 ELS(Equity Linked Securities: 주가 연계 증권. 주가나 지수의 변동에 따라 일정 조건을 충족했을 때 만기 시 제시한 수익률을 지급하는 금융 상품) 상품에서 이러한 단기 시세 조종이 많이 나온다. 만약 이 상품에 가입한 사람 중 한쪽에 치우쳐서 베팅을 많이 하여 상승 하락 마감하면 회사가 큰 손실을 보는 입장일 경우 만기 당일 종가에 단기적인 큰 자금을 쏟아 부으며, 그 반대 방향으로 시세 조작을 하여 보상을 적게 해주려는 심산으로 단기적인 상승 혹은 하락이 오는 경우가 있다. 그 기준 자체가 주식 종목이 되는 경우도 있기 때문에 이때 만약 해당 금융상품 가입자들이 하락 쪽으로 많이 베팅을 해놓는다면 단기 급등 형태로 시세 조작을 하는 경우도 더러 있다.

  이처럼 일반적으로 개인 투자자들이 알고 있는, 알고 싶어 하는 주식의 상승 하락 원리와 이유는 상당히 많다. 예를 들어, 선물·옵션 만기일에는 투자를 삼가거나 혹은 보유 중이더라도 보유 종목이 코스피 종목이라면 그 시세 등락의 이유를 선물·옵션에서 찾아보면 알 수 있다. 역시 남들보다 조금 더 해박하고 많이 알고 있으면 대응이 빠른 투자자로서 살아남기가 쉽다.

그동안 이유 없이 주식이 왜 이리 급등하는 것인지, 혹은 아무 일도 없는데 주식이 내리는 이유는 무엇인지 궁금했던 것에서 조금 벗어날 수 있을 것이다.

03 지금 당신에게 매매 원칙이 필요 없는 이유

카지노에 가보았는가? 혹은 도박을 해보았는가? 복권에 자주 응모하는가? 돈으로 돈을 버는 모든 것은 비슷한 원리를 가지고 있다. 누군가는 잃어야 누군가가 벌 수 있는 구조이다. 카지노 시스템은 주식과 매우 흡사한 구조를 가지고 있지만, 승률은 주식보다 더 낮다. 도박은 이길 수 있는 단기적인 승률은 주식보다 높지만, 지속적인 수입 창출은 힘들다.

하지만 카지노나 도박, 복권 등 아주 희미한 확률에도 빛나는 프로들이 존재한다. 카지노에서는 블랙 리스트를 일주일마다 갱신한다고 한다. 카지노에 오면 쓴 돈보다 더 많은 돈을 챙겨가는 프로 도박사들이 주 대상이다. 프로 도박사는 불법적인 요소 없이 확률적인 접근으로 51% 이상의 승률이 나올 수 있는 구조에만 계산적으로 접근한다.

타짜라고 들어보았는가? 타짜는 도박판에서 손기술이나 기타 불법적인 요소 등을 가리지 않고 이기는 기술을 가지고 게임에 임하는 사람들을 칭한다.

복권에서도 마찬가지다. 늘 되는 사람은 되고, 안 되는 사람은 안 되는 이치다. 카지노, 도박, 복권은 공통점이 있다. 이길 수 있는 확률이 매우 낮음에도 불구하고 그 세계에 몇 존재하지 않는 고수들이 있다는 것이다. 그들이 바로 프로 도박사, 타짜, 복권 전문가들이다.

평균적인 일반 사람들의 승률 대비 1% 미만인 그들은 공통점이 있다. 바로 그 세계 안에서 한 바퀴를 돈 사람들이라는 것이다. 여기서 말하는 한 바퀴는 희로애락(喜怒哀樂)을 그 세계 안에서 모두 느껴본 것으로, 시계로 치면 12시가 두 번 이상 돌아간 상태를 뜻한다. 그 세계 안의 즐거움과 노여움, 슬픔과 결과의 행복함을 다 느껴본 사람들이 반드시 있다. 예를 들어 카지노에서도 평균적으로 돈을 따가는 고수들을 '프로 도박사'라고 칭한다. 보통 이들은 정해진 금액 안에서 일정 수익이나 시간 등 자신의 원칙을 가지고 입장, 또 원칙에 의해서 퇴장한다. 그것이 수익이든 손실이든 이것은 그들에게 중요하지 않다. 단지 원칙을 지켰느냐에 따라 자신의 수양 됨됨이를 스스로 평가한다.

도박판에서의 타짜들도 마찬가지다. 늘 호구(사기를 칠 대상)를 정하고 정해진 시나리오 내에서 판을 조절한다. 그리고 무리수를 두지 않고 정해진 시나리오대로만 움직인다. 그 시나리오에는 백업 플랜이 세 가지 이상 있다. 복권에도 마찬가지다. 복권을 늘 분석하고 나오는 패턴을 10여 년간 연구해온 사람도 있다.

이렇듯 모든 것을 버리고 어떤 세계 안에서 한 바퀴를 돌아본 사람들은 결과에 가서야 남들에게 박수를 받고 남들이 우러러보는 위치에 서겠지만 한 우물을 파기 직전 선택의 기로에서는 아무도 그를 호응해주지 않았을 것이다. 그래서 그들은 대한민국 1%의 전문가들이다. 그 결과물이 어렵다기보다 선택하기 위한 마음의 결단력, 그리고 해낼 수 있다는 자신감, 지속적인 수입 창출의 확신이 없고서야 어찌 몇 년, 몇십 년을 99%가 안 된다는 희박한 확률 속에서 시작할 수 있었겠는가. 그 사람들은 고수에 이르기까지 수없이 많은 난관과 생활고에 시달렸을 것이다. 그렇다고 필자가 도박을 부추기는 것은 절대 아니다. 하지만 끝까지 포기하지 않았고, 반드시 승률을 높일 수 있는 기법이 있을 것이라 확신하고 그것을 믿고 끝까지 달렸기 때문에 한 바퀴를 돌 수 있었다고 생각한다. 그렇다면 왜 대부분의 개인 투자자들에게 매매 원칙이 필요가 없는가?

지금 시장에는 많은 것들이 넘쳐난다. 자칭 고수에서부터 수없이 개발된 보조 지표, 기법 등 참 많은 것들이 널려 있고 또한 누구나 쉽게 접할 수 있다. 하지만 정보 공유가 이렇게 잘 되어 있음에도 연속적이고 안정적인 수입을 주식 시장에서 쉽게 창출하기란 그리 쉽지가 않다. 즉, 지금 일반적으로 알고 있는 그 모든 것들은 실패하기에 딱 좋은 매매 원칙들이라는 말이다. 100% 중 99%가 그렇다. 주식 시장에서는 몇 달 수익을 내는 사람이 자랑하며 다니다 또 몇 달 뒤에는 소리 없이 사라지곤 한다.

평생 직업으로 꾸준하고 안정적인 수입원을 줄 수 있는 기법과 매매 원칙은 한 우물을 미친 듯이 파내지 않고서는 쉽게 얻어낼 수가 없다. 지금 알고 있는 매매 원칙과 기법은 머릿속에서 지워라. 그래야 살아남는다. 여기까지 글을 읽은 독자 중 "내 기법이 그래도 아직 승률도 높고 수익을 낼 만한데…"라고 생각한다면 직장이고 차고 집이고 다 팔아버리고 사채까지 써서 전업 투자로 시작하라. 하지만 그 기법의 정의를 내릴 수가 없고 정형화해서 기계처럼 적용할 수 없다면 쉽게 시작할 수 없을 것이다. 또한, 그 비법에 대한 자신의 확고한 의지가 없고서야 인생을 모두 건 게임을 쉽사리 할 수 없지 않을까?

대부분의 개인 투자자들이 기존에 보든 습관이나 보통 보아온 차트에 익숙해 머릿속에서 생각하지는 않지만 늘 맴돌고 있는 본성을 100% 쉽게 지우지는 못한다. 하지만 그보다 더 좋은 것을 찾으면 그 이전에 안 되는 모든 것들은 쉽게 잊어버리기 마련이다.

일반적으로 수억 원, 수십억 원을 가지고 노는 세력들과는 다르게, 메이저급들은 수천억 원, 수조 원을 가지고 투자를 하는 사람들을 일컫는다. 메이저급들은 전 세계 시장을 핸들링하며 시장에 대해 학습하고 심리전을 펼쳐 개인 투자자들과 반대로 시장을 움직이면서 수금을 해간다. 그 메이저들의 핸들링은 학습을 하기 위한 일정 패턴이 나오기 마련인데 그 짧은 기간 일정 패턴에 맞춘 기법이나 매매 원칙 따위는 사계절 중 한두 계절밖에 맞지도 않을 뿐 더러, 그것도 영원하지가 않다.

시장은 변한다. 이유인즉, 시장에 투자되는 자금의 성격이 늘 달라지기 마련이기 때문이다. 이 자금에 대해 나중에 언급하겠지만, 이 자금들은 상황에 따라 다르고 세계 증시에 투자하는 메이저들도 언젠가는 병들고 죽기 때문이라는 말이다. 즉 투자자는 언젠가 다른 사람으로 교체된다. 그래서 핸들링하는 방법도 달라지며 심리전도 갈수록 교묘해지고 업그레이드된다. 이 예측할 수 없는 변화를 어찌 단 몇 개의 기법만으로 맞춰낼 수가 있겠는가? 불가능하다. 즉, 지금은 매매 원칙이 필요가 없다. 시장을 제대로 배우고 이해를 하지 않는 이상 그 어떠한 원칙이나 법칙도 당신을 평생 안전하게 지켜주지는 못한다는 말이다.

당신이 무엇을 원하는지
먼저 알 것

　당신의 형편에 맞게 투자의 목표를 재수정하라. 연봉 몇십만 원, 몇백만 원 더 받으려고 십수 년을 투자하고 공부하고 학원 다니며 스펙을 쌓고 자격증을 따고 면접을 보러 다니지 않았는가? 그러면서 주식 투자에는 그 어렵고 오랜 기간 소중하게 모은 돈을 펑펑 쓰는 이유는 무엇인가. 자신의 재무 상황에 맞는 목표와 세팅을 통해서만이 당신이 원하는 제대로 된 재테크가 가능해진다. 먼저 자신의 투자 형태를 알아보자.

〈간접 투자형〉
- 총 증권에 투자할 금액이 자산 중 현금 보유 대비 10% 미만이다.
- 현재 직장에 다니거나 일을 하고 있고, 주식 차트를 볼 시간이 하루 1시간 미만이다.
- 주식 투자를 배워본 적은 없으나 재미삼아 소액만 투자한다.
- 주식 투자로만 먹고 살려고 생각한 적이 없다.

간접 투자 형태의 초기 투자 상태는 투자 금액이 적고 주식 투자에 의존도가 없으며 잃으나 버나 큰 타격 등이 없다. 하지만 그만큼 큰 수익도 없는 편이다. 하지만 대부분의 투자자는 시간이 지나고 익숙해질수록 더 큰 금액이나 주식 의존도가 높아지기 마련이다. 간접 투자형의 투자자들도 주식에 대해 미리 많이 알아두고 천천히 배워가는 것이 좋다.

〈직접 투자형〉
- 총 증권에 투자한 금액이 자산 중 현금 보유 대비 30% 이상이다.
- 직장을 가지고 있고 일을 함에도 불구하고 스마트폰이나 시간을 내어 매매한다.
- 주식 투자로 자산을 잃거나 벌어본 경험이 20차례가 넘는다.
- 다른 사람에게 주식 투자를 한다고 말하거나 권한 적이 있다.
- 주식 투자로 큰 수익을 창출해서 가계 살림에 보탬이 되길 희망한다.

직접 투자 형태는 간접 투자 형태에서 조금 더 적극적인 타입으로 정말 이 책을 읽고 주식을 제대로 배워 투자해야 하는 단계다. 금액이 점점 커지고 의존도가 높아져 금전적 손실은 물론 정신적 손실도 입을 수 있어 즐거워야 할 투자가 스트레스로 작용할 수도 있기 때문이다.

〈전업 투자형〉
- 현금 자산의 50% 이상을 주식에 투자하고 있다.
- 직장이나 따로 하는 일이 없고 집에서 HTS로 거래하며 증권 수입으로 생활한다.
- 매일 밤마다 세계 경제 관련 뉴스에 집중한다.
- 파생 상품 거래를 한다.

전업 투자자는 이미 반 고수 대열에 오른 사람들이 많다. 하지만 성공한 사람이라면 무림으로 잘 나오지 않고 은둔하여 혼자 즐겁게 살아가려는 사람들이 많아 찾아내기가 어려운 경우가 많다. 전업 투자 형태에서 수년간 희로애락을 느끼다 고수 대열에 오르거나 낙오하는 단계다.

앞에서 간접 투자형, 직접 투자형, 전업 투자형 등 세 가지 형태로 나누어 보았다. 여기서 먼저 당신이 속하는 그룹은 어디인지 파악해야 할 것이다. 그리고 그에 따라서 목표로 해야 하는 현실적인 가능성에 대해 타진해야 한다.

먼저 간접 투자형은 소액 투자로 재미삼아 하는 경우가 많다. 조금 따면 그걸로 소주 한 잔 먹고 잃으면 "역시 주식은 안 돼" 하며 혀를 한두 번 차면 끝인 정도의 수준이다. 전체 인생에서 수백만 원은 그리 중요하지 않다. 하지만 이미 갈림길에 들어선 간접 투자 형태는 직접 투자 형태나 전업 투자 형태로 바뀔 가능성이 매우 높다. 이 형태는 자신의 수입이 일정하다면 매달 일정 금액만을 추가하여 운용하는 것이 오히려 좋을 수도 있다.

펀드에 가입하라는 사람도 있겠지만, 필자는 아니라고 생각한다. 2011년 통계로 90%의 펀드가 손실 마감했다. 절반 이상 손실이 나는데 굳이 투자하라고 하는 사람은 바보가 아닐까? 예를 들어 간접 투자 형태이고, 본인의 월급이 200만 원이라면 기본 생활비와 저축, 금융 비용 등 160~180만 원을 생활하는 데 쓰고 나머지 40~20만 원을 매달 주식에 편입시키는 편이 좋다. 또 매매 형태는 공격적인 코스닥 주식이나 테마 주에는 접근하지 말고 저평가되거나 낙폭 과대 우량 주를 찾아 지속적인 매입을 하는 것이 좋다. 그리고 투자 자금 회수는 1년, 3년, 5년 단위로 길게 설정하여 세팅해야 한다. 투자의 예로, 2000년도부터 2012년까지 12년간 매달 20만 원을 우량 주에 투자한다는 가정하에 비교해보자.

20만 원 x 12달 x 12년 = 2,880만 원

이 투자 원금 2,880만 원으로 3%대의 은행 이자를 받고 12년간 은행에 모셔두었을 경우 수익은 어림잡아 수십만 원선 또는 좋은 상품에 가입했다 해도 100~200만 원선일 것이다. 하지만 예를 들어 삼성전자에 매달 20만 원을 투자한 경우 2000년도 당시 20~30만 원대이던 삼성전자 주식이 2012년에는 주당 130만 원 이상으로 올라 600%의 성장률을 고려하면 어림잡아 그 수익률이 최소 100%는 넘을 것이다.

2,880만 원을 투자해서 몇십만 원을 건질 것인가, 수천만 원의 수익을 건질 것인가는 선택하기에 달렸다. 이처럼 우량 주 장기 투자는 시장의 성장과 기

■ 삼성전자 (005930) 10년간 주가 흐름 차트

업의 성장에 맞춰 크고 안전한 수익을 창출할 수 있는 것이 특징이다. 몇 년 단위의 투자를 계획하고 소액으로 접근하기 때문에 주식 투자로 말미암은 가정의 리스크도 없고 조금씩 모아놓은 돈이, 어느새 큰 목돈이 되어 있어 오히려 도움을 받는 경우도 많다. 간접 투자 형태는 이처럼 일정 수익의 10~20%를 복리 형태로 투자하여 나중에 소개될 투자 기술을 참고 해서 지속적인 투자를 할 경우 '질 수 없는 게임'을 할 수 있다. 단 중간에 심적 변화 탓에 투자 금액을 늘리거나 목표 기간을 짧게 잡는 경우 투자 실패를 가져온다.

직접 투자형은 주식 투자로 재미를 좀 보아야 하는 사람들이다. 금액이 무시할 수는 없을 정도로 비중이 조금 있기 때문에 투자 자금 대비 수익성을 고려하여 간접 투자 형태처럼 길지는 않지만, 너무 짧지도 않도록 중장기 형태의 매매를 지향하는 것이 좋다.

중장기 매매는 스윙 매매(며칠 정도 보유)보다 길며 회사의 실적 발표를 기대하거나 성장을 기대하고 투자하는 몇 개월 단위의 매매를 뜻한다. 또 분산 투자를 해야 한다.

많은 사람이 '계란은 한 바구니에 담지 말라'고 한다. 필자는 이 문구가 조금 잘못되었다고 생각한다. 계란을 한 바구니에 담아놓고 흔들려 깨진다면 맞부딪친 계란 두 개 모두가 깨질까? 그렇지 않다. 물론 다 떨어뜨리거나 엉덩이로 깔아뭉개지 않는 이상 말이다. 그래서 옳지 않은 말이라고 본다.

분산 투자는 계절에 따른 옷 구매에 비유할 수 있다. 즉 봄옷, 여름옷, 가을옷, 겨울옷과 같다. 봄옷만 계속 사도 겨울에 못 입고, 겨울옷만 계속 사도 여름에는 못 입는다. 이처럼 골고루 나에게 맞고 내가 필요한 부분에 투자해야 한다. 특히 직접 투자형은 큰 수익을 바라기 때문에 귀가 얇아지는 경우가 많다. 가장 중요하게 준비해야 할 것은 '귀를 닫고 나를 먼저 아는 것'이다. 그리고 자신의 심리를 다스릴 줄 알아야 하며 수익과 손실에 대해 오랜 시간 도를 닦은 스님처럼 자신을 수양해야 한다. 남의 말에 따라가지 않으며 중립적인 마인드를 늘 지킬 줄 알아야 하는 단계다. 조금 수익을 냈다고 자만했다가는 어느새 전업 투자도 아니면서 큰 손실을 보는 단기 몰락형으로 바뀔 수도 있음을 반드시 기억해야 한다.

전업 투자형은 긴 이야기가 필요 없다. 전업 투자 형태는 자신이 이미 반고수이기 때문에 아무리 이야기해도 매매 스타일이 쉽사리 바뀌지 않는 것이 현실이다. 심법과 기법을 갈고닦아 완전한 내공과 외공을 두루 가진 고수가 되는 것을 목표로 해야 한다. 하지만 중간에 입이 가볍거나 혹은 자만함이 있다면 본의 아니게 주변에 피해를 주거나 반 사기꾼으로 전락할 수도 있다는 것을 알아야 한다.

본성이 주식 투자와 잘 맞지 않는 사람은 주식 종목 손절이 아니라 증권 투자 자체를 손절해야 할 것 같은 경우도 더러 있다. 한 해 한 해 발전이 있는가, 없는가를 가지고 자신을 판단해야 한다. 하지만 우물 안 개구리라고, '지금은 계속 안 되지만 언젠가 한 방에 완벽한 기법이 나타나겠지'라고 생각하면 큰 오산이라고 조언해주고 싶다.

전업 투자형은 성공담과 실패담을 주의 깊게 듣고 배워야 하는 단계다. 하지만 흘려버리기에 십상이다. 이미 대부분은 알고 있지만 자신의 결단력이나 의지력, 정해놓은 것을 지키지 못해 손실이 지속해서 이어지는 경우가 많다. 이 경우 멘토(스승)가 있어 꾸지람을 듣고 옆에서 지적해줘야 고쳐진다. 혼자서 하는 경우 자신의 잘못을 알고 뉘우치기란 쉽지가 않다. 그러한 환경을 바꾸는 것이 가장 중요하다.

한 가지 팁을 주자면 필자는 전업 투자를 하면서 같이 배우고, 웃고, 울던

동료가 있었다. 매일 만나지는 못했지만 메신저로 이야기하고 전화를 주고받고 가족처럼 이야기했다. 장 중 자신의 잘못을 이야기하면서 다음에는 부끄러운 이야기를 하고 싶지 않아 내심 원칙을 지키기도 했다. 그러한 영향이 커서 스스로 절제를 더욱 쉽게 할 수 있었다. 이처럼 자신의 투자 스타일을 알고 그에 맞는 투자를 하고 목표를 설정해야 완전히 과녁을 엇나가지 않는 숯을 쏠 수 있다. 기본적인 준비가 되었다는 이야기다.

투자 전
준비해야 할 것들

이제 진짜 제대로 된 투자를 하기 위해 준비를 해보자. 필자는 일반 모니터 12대와 노트북 모니터 2대 등 모니터 총 14대를 사용한다. 24인치 모니터 4대, 22인치 모니터 2대, 17인치 모니터 6대, 노트북 14인치 모니터 2대다. 컴퓨터는 본체 한 개에 모니터 네 개를 달 수 있도록 세팅하였고 컴퓨터 본체는 총 3대다. 이렇게나 많이 필요하냐고 물어본다면 최소한 세 개는 필요하다고 대답한다. 모니터가 최소한 세 개가 필요한 이유는 다음과 같다.

1. 주문창을 항상 열어두기 위해서 필요하다.
2. 관심 종목과 시세 급변 확인을 위해 관련 차트는 항상 최상위로 띄워놓는다.
3. 종목 관련 뉴스나 금리, 환율, 원자재 등 모든 정보를 한 번에 보기 위해서 필요하다.

많은 사람이 컴퓨터 다루기를 무서워한다. 그런데 그렇게 무서워서 어떻게

■ 필자의 컴퓨터 세팅 모습

컴퓨터로 돈을 벌려고 하는 것인가? 모니터는 요즘 LCD 최고급으로 해도 20만 원이면 충분히 산다. 3대라 봐야 60만 원 돈이다. 큰 투자도 아니니 주식을 제대로 하려면 최소한의 준비는 해야 할 것이다. 모니터 투자에 돈이 아까운 분들은 기존 모니터 한두 대로 매매하면서 창을 올렸다 내렸다 한다. 그러고도 모자라 나중에 화면이 부족해 내려놓은 사이에 시세가 급변해서 수익을 못 내거나 손실을 본 경험을 해보아야 정신을 차린다.

필자는 많은 것을 보아야 하고 방송 및 매매를 해야 해서 일반인보다는 볼 것도 많고 필요한 모니터 수도 많은 편이다. 주식 투자는 알면 알수록 더 배워야 하는 것도, 더 봐야 하는 것도 많아지기 마련이니 반드시 참고해야 한다.

기본적인 컴퓨터 준비가 끝났으면 다음은 계좌 준비다. '증권사 선택은 자유! 수수료는 싸게'가 모토다. 증권사에 찾아가서 계좌 개설을 하는 경우 수수료가 비싸게 책정된다. 이유는 직접 찾아가서 계좌 개설을 하는 고객은 해당 지점에서 상담 등의 업무를 해줘야 하는 경우가 많고 초보자일 경우가 많아 그 정도 수수료는 받아야 한다는 게 업계의 이야기다. 그래서 은행을 연계하거나 아는 사람을 통해 저렴한 수수료로 계좌 개설을 하지 않는 이상 최소 2배에서 10배가 넘는 수수료를 내야 한다. 0.015%와 0.15%는 10배 차이다. 주식 수수료의 중요함은 매매해본 분들이라면 더욱 잘 알 것이다.

필자는 협의 수수료를 통해 최저 수수료로 매매하고 있다. 하지만 매매를 자주 하고 여러 종류로 투자하기 때문에 수수료가 많이 나오는 편이다. 주식과 선물 옵션을 병행하여 데이트레이딩에 집중할 때는 한 달 500만 원 이상을 수수료로 낸다. 아마 일반 계좌 수수료였으면 1,000만 원은 훌쩍 넘었을 것이다.

주식을 적게 한다고 해도 매매를 조금 하는 전업 투자자라면 월평균 몇십만 원 수수료는 보통 나오기 마련인데 이것을 일 년으로 따져보면 수백만 원이 된다. 이러한 이유로 수수료는 무조건 싼 것이 좋다. 적지만 모이면 큰돈이 되는 이 수수료를 모아 재투자하라. 그것이 투자하기 전 당신이 먼저 벌어놓는 돈이라고 생각하고 신경을 써야 할 것이다(증권 계좌 수수료를 저렴하게 개설하려면 이메일 stock@live.co.kr로 문의 바람). 이 문제를 해결하려면 요즘은 연계 상품이 많아 수수료는 비교적 저렴한 편이지만 아래의 기준은 지켜서 계좌를 준비하는 것이 좋다.

주식 : 0.015%

선물 : 0.0023%

옵션 : 0.1%

HTS는 기호에 맞는 증권사로 여러 개 준비하라. 증권사마다 특화된 기능이 있기 마련이다. 어떤 증권사에서는 주문이 편리하고 어떤 증권사는 차트 기능이 막강한 곳도 있다. 어떤 것을 선택해야 하는지 고민할 필요가 없다. 주문이 편리한 증권사의 주문창만 열어두고(독립 실행) 차트 기능이 좋은 증권사 HTS를 기반으로 매매하면 된다. 차트만 열어보는 증권사 계좌에 돈을 안 넣어도 되느냐고 묻는다면 대답은 "예"이다. 계좌 개설만 해놓아도 아무 문제없이 모든 기능을 평생 다 사용할 수 있다. 굳이 어떤 증권사에 주문을 넣는다고 해서 해당 증권사의 모든 차트와 주문 기능을 같이 쓸 필요가 없다. 특히 요즘은 컴퓨터 기본 사양이 대부분 높아서 다른 증권사 HTS를 여러 개 띄워놓아도 전혀 매매에 문제가 없다.

필자는 한 컴퓨터에 네 종류의 증권사 HTS를 쓰는 편이고 몇 년을 사용해도 큰 불편함 없이 잘 이용하고 있다. 여기서 전업 투자자라면, 그리고 증권에 올인한 투자자라면 반드시 컴퓨터는 2대로 세팅하고 인터넷 회선은 2개선 이상을 놓을 것을 권장한다.

필자의 여담이지만 예전 파생 상품 데이트레이딩 중 포지션을 가지고 있었는데 인터넷이 갑자기 끊겨 한 시간 동안 매매가 불가능할 때 엄청나게 큰 손실을 본 적이 있다. 원래 파생 상품은 급변이 심하지만, 인터넷이 끊기면 일반적으로 컴퓨터가 잠시 고장 났나 확인부터 하고 인터넷 회사에 전화해서 물어보고 하는 시간이 보통 10분 이상은 걸린다. 데이트레이딩을 하는 사람이 포지션을 가지고 있는 상태에서 인터넷이 끊긴 채 10분 이상 아무것도 할 수 없다면 정말 죽음과도 같다.

이러한 이유에서 전업 투자에 제대로 투자를 해보고자 하는 사람이라면 컴퓨터를 2대 이상으로 세팅하여 인터넷 회선은 각각 다른 회사의 것으로 신청(케이블, 랜선 방식으로 각각 다르게)하여 만약의 사태에 대비하는 것이 좋다. 공인

인증서는 USB에 복사하여 상황에 따라 옆의 컴퓨터에서 매매할 수 있도록 늘 준비하는 것이 만약의 사태에 대비한 트레이더의 기본자세라 할 수 있다.

이 중 가장 중요한 준비물은 '조급함이 없는 상태를 유지하는 것'이다. 돈이 급해도 안 되고 마음이 급해도 안 되며 성격이 급해도 안 되는 곳이 주식시장이다. 이번 달에 얼마의 돈이 필요해서 투자해도 안 되고 돈을 벌 길이 없어 마지막 자금으로 투자해도 안 된다. 돈을 빌려서 투자를 한다면 더욱 안 되고 잃으면 안 되는 돈으로 투자해서도 안 된다.

이유는 돈이 문제가 아니라 마음을 스스로 졸이는 행위이기 때문에 풀 수 없는 수갑을 스스로 채우는 것과 같은 행위이기 때문이다. 반쯤 수양이 된 스님처럼 만물의 욕심 없이 매매해도 모자란 판에, 쫓기듯 한 매매 환경을 만들면 이미 반은 지고 들어간다고 봐도 과언이 아니다. 모든 것은 사람이 만들어 냈고 사람이 만드는 것, 마음이 편해야 돈을 벌 수 있다.

만약 위의 예 중 해당하는 사항이 있다면 몇 달 뒤, 몇 년 뒤에도 주식 시장은 매일 열리니 조급함 대신 안정을 찾고 오는 것이 바람직하다. 잃을 것을 알고 덤벼들 이유는 단 하나도 없다. 그리고 우연하게 안 좋은 상황에서 투자를 해서 이익을 얻었다고 해도 한두 번 손실을 보면 거기에서 전액 100%를 다 잃는다. 이유는 욕심이 과하기 때문에, 투자 비중이 늘 100%인 심리 상태이기 때문이다.

이처럼 주식을 내 것으로 만들기 위해서는 수억 원, 수십억 원이 필요한 것이 아니라 그보다 더 만들기 어렵다면 어려운 심리 상태 조절의 성공 여부에 달려 있다. 심리 상태 조절이 어렵다면 심리 상태가 좋아지는 환경이 만들어질 때까지 기다리는 것이 그 방법의 하나다. 그리고 또 하나 중요한 것이 주식에 대한 포괄적인 정보다.

대체로 주식을 하는 사람들은 주식 종목 이외에 여러 가지 다른 요소를 모른다. 증권 투자는 주식 투자도 있지만, 그 외 선물·옵션(파생 상품), ELW, 각 나라의 환율, 금, 돼지, 원자재 등 모든 것에 직접 투자를 할 수 있다. 우리가 환율에 투자한다고 하면 일반적으로 은행에 가서 달러를 원화로 바꿔서 달러 가치가 올랐을 때 되파는 차익을 노리는데 이것이 주식 투자처럼 가능하다는 이야기다.

마인드
컨트롤의
중요성

PART 3

우리는 지금까지 주식 투자와 관련해 자신에게 많은 질문을 던졌고 내가 어떤 투자를 해왔는지 가슴이 시리고 아플 만큼 현실성 있게 확인했다. 전쟁에서 자신을 알고 적을 알면 백전백승이라고 했거늘 이제 높은 승률을 향한 마인드 컨트롤부터 시작해보자.

01
왜, 기법 · 차트 세팅보다
마인드 컨트롤이 우선인가

주식 투자에 대해 '그저 싸게 사서 비싸게 파는 것'이라는 느낌이 드는 분도 있을 테지만 엄청나게 거대한 먹구름 같은 느낌을 받는 분들도 많을 것이다. 하지만 증권이나 주식, 선물·옵션 그 모든 것들은 사람이 만들어낸 것이다.

차트는 예전 쌀과 같은 곡식을 대량으로 도매하던 사람들이 수년간 장사를 해오다 오늘의 거래 가격을 종이에 적은 것이 그 시발점이 되었다. 1980년대부터 주식 시장이 활성화되기 시작하면서 전 세계 천재들이 주식 투자에 뛰어든 사례가 있다. 그 중 전 세계 최고의 엘리트들을 모아놓은 미국 NASA 출신 천재 과학자가 주식, 파생 상품 투자에 대한 알고리즘을 만들고 그것을 바탕으로 투자하게 한 사례가 있다.

결과는 참패였다. 물론 확률적인 대응 방법 등 기초적인 룰과 바운드는 잘 만들었지만, 주식 투자는 항상 수학적 계산처럼 딱 맞아떨어지는 것이 절대 아니므로 실패했다고 할 수 있다. 천재라고 불리는 뉴턴도 주식에 투자하여 실패한 사례가 있다. 그는 주식에 실패하면서 "천체의 움직임은 센티 미터 단위까지 측정할 수가 있는데, 주식 시장에서 인간들의 광기는 도저히 예상할 수가 없었다"라고 말했다. 그만큼 누구에게나 어렵고, 힘든 것이 주식 시장이다.

그럼 주식이란 정확히 무엇인가? 한 기업의 현재 상태를 표현해주는 간단한 가격표이기도 하고 사람들 심리 상태의 결과이기도 하며 투기와 도박이 오가는 냉혹한 시장이기도 하다. 요즘 시장을 움직이는 세계 최고의 메이저들은 주식 투자를 위한 구인에서 애널리스트나 과학자들보다 심리 연구가를 선택한다고도 한다. 이유는 어떠한 세계적인 호재나 악재를 만났을 때 현재 국민의 대중적인 형편과 심리 상태, 국가적인 움직임 등을 보고, 나올 수 있는 확률에 근거하여 투자한다는 속설 때문이라는 것이다. 어떻게 보면 이것이 정답일지 모른다. 아쉽게도 개인들은 그러한 정보력이나 시장을 움직일 수 있는 큰 자금이 없다. 그러나 비록 개인이지만 그 높고 매몰차게 다가오는 파도 속에서도 수익을 낼 수는 있다. 답은 심리 조절(Mind Control)이다.

보통 이 계통에서는 '심법'을 '심리'와 관련지어 부르는 경향이 많다. 우리는 심법이라는 단어를 듣기는 많이 들었지만 실제로 깊이 이해하고 잘 활용하는 사례는 들어 보기가 어렵다. 이유는 신기술로 무장된 현대에 걸맞지 않는 느낌의 단어이기 때문이다. 심법이라고 하면 마치 스님이 오랜 기간 수양하며 고된 길을 가는 것 같은 느낌도 들고 내공으로 장풍을 쏘고 기공을 이용해 공중을 획획 날아다니는 모습이 연상되기 때문이다.

심법을 확실한 결과로 만들기는 어렵겠지만 기초는 생각보다 쉽고 그리 어렵지 않다. 심법이란 '마음의 법'을 뜻한다. 주식 투자에서 반드시 필요한 심법 중 제일 첫 번째는 바로 '과욕 삼가'이다. 모든 일이 그렇지만 무리한 욕심은 화를 불러오기 마련이다. 이 욕심은 들어가야 하지 말아야 할 타이밍에

도 손가락을 움직이게 하고 손절매를 해야 할 타이밍에도 욕심➡탐욕➡오기
➡요행이 순서대로 생겨 철저하게 투자자를 망친다. 앞서 말한 것과 같이 심
법은 곧 심리이다. 심리를 잘 컨트롤해야 이 세계에서 살아남고 부자가 될 수
있다.

  자신 있게 말하지만 공개된 모든 지표와 알려진 기법은 대부분 검증을 해
보았다. 하지만 지속해서 수익에 연결해 쓸 수 있는 것은 없었고 모두 자신의
심리에만 도움이 조금 되는 수준의 신호였다. 나는 개인 매매면 보조 지표의
활용은 거의 하지 않는 편이다. 차트 보조 지표 세팅은 별것이 없고 단지 시
장의 수급을 체크하며 기타 개인적으로 보는 도구를 이용해 매매하는 것이
대부분이다. 주식에서 살아남는 방법을 준비물 등 몇 가지로 함축해서 알아
보고자 한다.

1. 잃어도 생활에 큰 문제가 없는 범위 내의 자금력을 활용할 것

  빌려서 하거나 잃으면 안 되는 마지막 돈으로 매매하면 심리가 꼬이기 마
련이다. 비유하자면 기름이 얼마 남지 않은 차로 멀리 장거리 주행을 가려고
하는 것과 같고 위험한 나뭇가지에 올라가는 것과 마찬가지로 심리적으로 힘
든 상태를 자처하게 된다. 굳이 지금이 아니라도 나중에 조금이라도 여유가
될 때 그 여유 안에서 해야 이길 확률이 높아진다. "이 돈을 잃으면 안 되는
데…" 하면서 손절이 늦어지고 로스컷으로 결과가 나오고 수익선에서 짧게
잘라 적은 수익에 만족하는 습관이 몸에 베기 십상이다. 주식 투자는 은퇴가
없는 평생직장 개념으로 이해하고 금융 창업을 했다고 생각하라. 이 점을 인

지하고 조급함을 버리고 해야 한다.

2. 작더라도 꾸준한 수익으로 자신감을 키우고 지속적인 계좌 부풀림을 이룰 것

흔히 '주식 귀신'이 있다고 한다. 자신이 해봤던 과거의 기억만을 떠올리며 무리한 매매를 한다든지, 기술적 분석이나 이해 없이 느낌만으로 매매를 하는 분들을 가리키는 말이다. 업계에서는 주식 귀신이 붙었다고 표현한다. 하지만 증권 귀신은 3시 5분, 장이 끝나면 바로 사라진다. 그리고 계좌가 수익인지 손실인지를 그때야 몸소 느끼기 시작한다.

손절 없이 견딜 땐 내가 이것보다 더 번 적도 있다는 생각이 들거나 혹은 예전에 한두 번 원상태로 돌아왔던 기억 때문에 견딘다든지 그런 오기가 장 중에는 발동하지만, 장이 끝나면 바로 현실을 인지하면서 후회가 밀려온다. 그럴 필요가 없다. 혼자서 제어가 힘드신 분들은 주변 사람들의 실패담을 읽거나 전문가의 도움을 받아 심리를 치료하면서 매매 제어를 해야 한다.

결국, 장 마감에 단돈 만 원이라도 건지느냐, 아니냐에 따라 앞으로 비전을 가지고, 못 가지고 차이다. 이 차이는 그 크기를 떠나서 적지만 꾸준히 수익을 본 사람은 미래가 보이며 희망을 품을 것이고 작든 크든 손실로 마감하는 경우에는 미래가 불투명하고 비전이 보이지 않아 매일 아침 장을 만나기가 두려울 것이다. 이런 최첨단 시대에 과거의 데이터나 높은 승률로 가는 방법이 있다면 반드시 지켜야 한다. 하지만 마음속에 '한 방'이라는 단어를 먼저 삭제하고 매매를 하는 것이 옳다. 특히 주식 시장에는 90%가 손실을 보고 만회를 하려고 다시 들어온 사람들이 대다수다. 하지만 이 대다수가 본전 심리에 의해 무리한 매매를 자처하거나 레버리지 사용을 무리하게 해서 더 승률이 낮아지는 것이다.

3. 손실이 나더라도 심리를 회복시키는 능력을 키울 것

증권 시장은 100%가 없다. 그래서 손실이 날 때도 있다. 하지만 이 슬럼프를 이겨내는 능력이 트레이더의 여생을 바꾼다. 손실이 난후 심리가 회복이 되지 않으면 지속해서 무리한 매매를 일삼기가 쉽고 기법보다 뇌동 매매를 하기가 십상이다. 적은 수익에도 만족하지 않고 모든 파동을 이해하려 하는 무지함을 보이기도 하며 지나가 놓친 파동이 자신의 돈으로 보이는 매우 위험한 상태에 놓인다. 반대로 손실이 나더라도 비전을 가지고 2번을 꾸준히 실행한다면 내일, 모레, 그다음 주에 대한 큰 두려움이 없으니 차근차근 갈 수 있는 마인드를 가지기 쉽다. 이것은 바로 성공할 수 있는가, 못하는가의 차이다. 누구나 비슷한 말을 한다. 대박을 노리지 말라, 손절을 두려워하지 말라. 하지만 그 이전에 선행되어야 하는 것들이 위의 1, 2, 3이 아닐까 한다. 대박이 나올 땐 대박을 즐겨야 한다. 하지만 수익을 즐기기 위한 최소한의 그릇은 스스로 만들어놓고 준비를 해야 하지 않을까.

천만 가지의 얼굴을 가지고 있고 매일 변하는 주식 시장은 스스로 또 다른 시장을 만들 만큼 크다. 그 큰 바다 같은 시장에 각오와 준비 없이 뛰어든다는 것 자체가 문제이니 자신의 심리를 회복하고 성공할 수 있다는 강한 마인드와 함께 뛰어들길 바란다. 하지만 더욱 중요한 것이 경험이다. 손실 본 경험이 있고 크게 잘되었다가 안 되고 하는 기복이 있는 분은 증권 투자에서 더 성공할 가능성이 높아진다. 오히려 처음 입문했는데 운 좋게 주야장천 잘되기 시작하면 쏨쏨이나 마음만 혼탁해지고 꾸준한 수익 유지를 못 하고 철새가 되어버리기 일쑤다. 한 바퀴 돌아본 분들이 오히려 평생직장으로 안착하면서 놀라운 승률과 복리 수익을 챙기는 경우가 많다.

자신의 기법이나 차트를 보는 기술이 아무리 좋아도 심리가 무너지면 아무 소용이 없다. 예를 들어 어떤 주식을 가지고 있는데 욕심이 많은 사람, 대박, 한 방이라는 단어를 가슴에 늘 쥐고 있는 사람은 평균 승률이 높지 못하다. 왜냐하면, 팔아야 할 타이밍에서도 만족하지 못하고 늘 한 번의 투자로 인생 역전을 꿈꾸거나 그동안의 손실을 한 번에 회복하려는 무지함 때문에 정리가 쉽게 되질 않는다. 이 사람들은 1%의 기적을 전혀 모른다. 1%의 기적은 복리로 2주 간격으로 원금 대비 1%씩 수익을 내면 불과 2~3년 뒤 큰 수익으로 되돌아오는 것을 뜻한다. 그런데 대부분 개인 투자자들이 복리 수익의 쏠쏠함을 모른다. 그리고 마음속에 늘 이길 자신이 없어서 이번 한 번에 모든 것을 만회하려는 요행을 바라는 것이다.

기법은 참 많다. 요즘은 기법이라는 것들이 넘쳐나서 엄청난 정보의 홍수 속에 진실을 찾기가 어려울 정도다. 하지만 그 모든 기법, 즉 수익을 내기 위한 기법 이전에 반드시 필요한 것이 있다. 그것은 손절이다. 손절이 있어야 다음 투자가 가능하다. 손절해야 손절하지 않고 쥐고 있었을 때보다 손실이 적을 가능성도 많고 시간이 단축된다. 그리고 무엇보다 수익을 줄 수 있는 다음 종목에 투자할 수 있는 계기가 된다. 이처럼 비록 손실을 보고 손절을 했지만 손절을 했으므로 재투자할 수 있어지고 수익 실현을 할 기회를 다시 잡을 수 있다. 하지만 개인 투자자들은 대부분 한 번 손실을 보기 시작하고 물리면 손을 놓고 본전 이상 올라오기만을 바라거나 무리하게 추가 매수를 통해서 빠른 회복을 하려 한다. 손절이 쉽지 않은 이유는 무엇인가? 바로 심법, 심리 상태에서 비롯된다.

"개인 투자자들은 10번 이겨도 1번만 지면 깡통이에요"라는 주식 관련 영화의 대사가 있다. 늘 마음속에 과욕을 버리지 못하고 몰방 베팅을 하고 더 나아가 대출까지 서슴지 않는 개인 투자자들이 아무리 수십 번 잘해봐야 한 번 손실 날 때 모두 다시 뱉어버리기 때문이다. 이를 막을 수 있는 것은 간단하다. 늘 투자 원칙을 지키는 것이다. 하지만 이 원칙은 누가 옆에서 몽둥이를 들고 때려가면서 지키라고 하지 않는다. 증권사에서 전화가 와서 "매도를 왜 안 하세요?"라고 물어보지도 않는다. 철저히 본인의 주관적인 판단 아래 모든 것을 얻고, 책임져야 한다. 거기에서 가장 중요한 것이 판단을 내리는 정신 상태인데 대부분의 개인 투자자들은 내면에 상처가 있다. 이 상처들은 억울함과 연속적인 투자 손실에서 온다. '피해 의식'이라고 칭하기도 한다. 개인 투자자들 대부분은 '손실'에 익숙해져 있다. 오히려 수익을 보고 있을 때는 가슴이 조마조마하고 손실을 보면 오히려 마음이 안정되는 사람도 있다. 이것을 바꾸어야 한다. 마음을 가슴에서 꺼내서 바꿀 순 없지만, 컴퓨터를 포맷하듯 예전 것은 지우고 '이길 수 있는 요지'들만 가슴에 새겨야 한다.

위 내용을 한 복싱 선수와 한번 비교해보자. 하루하루 경기로 먹고 살아가야 하는 전업 복서가 있다. 그 복서가 경기를 매일매일 반드시 이겨야 하는 압박감과 스트레스 속에서 치른다고 생각해보자. 과연 그 복서가 경기를 잘 치를 수 있을까, 승률이 높을 수가 있을까. 답은 굳이 확인해보지 않아도 이미 대부분 알고 있을 것이다.

이 복서가 우연하게 부전승 등의 경우로 상금이 크게 걸린 결승에 나간다고 치자. 경험해보지 못했던 스포트라이트와 관중석, 그리고 큰 상금이 걸린 경기라 심리적으로 준비가 안 된 선수와 심리가 준비된 선수는 이미 경기 시작 전부터 확연한 차이가 난다. '이 경기가 마지막이다, 이 경기에서 이기지 못하면 가족들이 굶어 죽을 것이다' 혹은 '이 경기에서 지면 집에 돌아갈 차비가 없는데…' 등으로 스스로 심리를 압박한다면 평소 실력이 제대로 나올 리가 없다. 그리고 기회를 놓칠 가능성도 매우 높다. 하지만 생각하는 것에 따라 상황은 크게 달라질 수 있을 것이다.

만약 이 복서가 '이번에 지더라도 다음에 도전하면 되지'라는 생각과 지더라도 지치지 않는 열정이 있다면, 다시 재기할 자신감만 있다면 '경기를 치루기 매우 적합한' 심리 상태로 경기를 맞이할 수 있다. 그리고 경기에 목숨을 걸지도 않을 것이다. 다음 경기를 생각하는 복서들은 '질 것 같은 현실적인 판단이 들면 추가 부상을 당하지 않고 더 이른 시일 내 재도전을 할 수 있도록 몸을 사린다. 큰 부상을 피하려고 복서들도 경기 손절을 한다. 그리고 다음에 더욱 훈련을 열심히 해 재도전하기도 한다.

가장 편안한 심리를 만들기 위해서는 위에서 언급한 자신의 환경을 컨트롤하고, 심리 상태가 안정적일 때 매매를 하는 것이 첫 번째 원칙이다. 두 번째는 과욕을 부리지 않는 것이 승률 높은 기법을 배우는 것보다 더 중요하다고 할 수 있다. 현재 스스로 마인드 컨트롤이 잘되고 있는가, 아닌가를 판단하여 주식 시장에 뛰어들어야 할 것이다. 매번 이번이 마지막이라는 생각을 버리고 늘 다음 수를 생각할 수 있는 현명한 투자자의 마인드를 가슴 깊이 새겨야 한다.

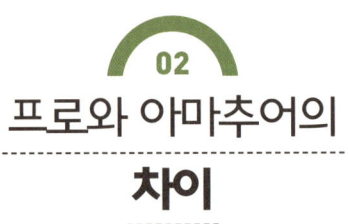

프로와 아마추어의 차이

　각 분야에서 프로들은 프로가 된 이유가 있다. 다들 다른 것 같지만 중요한 맥을 짚어보면 대부분 비슷하다. 이 길을 가기 위해 엄청난 희생을 했고 과정이 엄청나게 힘들었지만, 손을 놓지 않았고 안 좋은 결과에 대해서는 생각조차 해보지 않았다. 한 마디로 함축하자면 '근성' 인데 근성은 다른 말로 '인내심' 이라고 표현하기도 한다.

　우리 사회는 성격이 참 급하다. 요즘 인내심이 많고 성격이 차분한 사람을 쉽게 찾기가 어렵다. 어릴 때부터 남들보다 좋은 성적으로 졸업하기 위해 법석이다. 학교에 다녀오자마자 학원과 과외 등으로 바쁘다. '빨리빨리, 남들보다 더 많이' 라는 생각으로 가득하다. 이러한 조급함은 우리가 광복 이후 빠른 성장세를 이어간 원동력이긴 하지만 주식 투자에는 절대 금기 사항이다. 프로와 아마추어의 차이는 단 몇 마디만 나누어 보아도 알 수 있다. 프로는 세 살 아기에게서도 배울 것이 있으면 배운다. 늘 자신이 모자란다고 생각하고 남들과 비교해 지식과 견문이 이미 넘치지만 자만하지 않는다. 그리고 주변에 자신이 아무리 대성해 있어도 쉽게 드러내지 않고, 자랑하지 않는 특징이 있다.

반면 프로가 될 수 없는 아마추어들은 자신이 최고고 자신이 하면 다 잘될 것이라는 이상한 억지를 부린다. 자신보다 나이가 적거나 힘이 약하거나 조금 못사는 사람들에게서 배우기는커녕 그들을 무시하기 일쑤다. 그래서 일반적으로 말이 많고 내색을 많이 하며 '모든 것이 남 탓'이라는 고정관념도 자리 잡고 있다. 이러한 것들이 주식 투자에 미치는 영향은 엄청나다.

예를 들어 도박에서 프로와 아마추어는 종목을 해석하는 자세부터 다르다. 프로 도박사들은 확률에 접근하고 그 확률을 지지한다. 특히 포커에서 프로 도박사와 아마추어의 차이는 단 몇 판 만에 확연히 드러난다. 포커는 여러 기술 중 가장 필요한 기술로 꼽히는 것이 '상대방을 간파하는 것'이고 이것이 승률을 높이는 주된 방법으로 알려져 있다. 물론 자신에게 좋은 패가 나온다면 좋겠지만 블러핑(자신의 패가 상대방보다 좋지 않을 때, 상대를 기권하게 할 목적으로 거짓으로 강한 베팅이나 레이스를 하는 것을 말한다. 속칭 '공갈' 또는 '뻥끼'라고 부르기도 함)이라는 기술을 통해서 그 차이는 더욱 확연히 드러난다.

프로 도박사들은 자신이 가진 자금을 계산적으로 활용하여 상대방에게 예상되는 패 대비 내가 가진 패의 승률과 서로 레이스가 붙었을 때 상대방에게 더 압박감을 주기 위해 나누어서 베팅한다. 반면 아마추어들은 기존에 받아왔던 패들보다 조금 좋은 패이면 한 번에 큰돈을 벌고자 '올인'을 너무 쉽게 외친다. 이런 아마추어들은 프로 도박사들에게 더없이 좋은 먹잇감이다. 간파하기가 쉽기 때문이다. 주식 투자에 빗대어 이야기를 해보면 프로 트레이더들은 주식을 매입할 때는 이 종목 전체의 성격을 파악하려고 노력을 많이 한다. 특히 어떠한 공시나 회사의 내부 발표도 물론 참고하지만, 포커를 할 때처럼 상대방의 패를 읽으려 노력을 많이 한다. 매수할 때에도 분할로 호가창이나 차트를 이용해 부분, 부분 나누어 매수하여 평균 단가를 낮추어 승률을 높이려 한다. 주식을 움직이는 세력들을 간파하고 그 의도를 알아낸 다음 전략을 짜고 그 전략 안에서 수익을 내는 경우가 많다. 그리고 그 전략에서 벗어나면 미련 없이 손실을 감수해 정리하고 다음 전략을 구상한다.

반면 아마추어 트레이더들은 주식을 매입할 때 좋은 소식이나 호재가 발표되면 사기에 바쁘다. 지금 당장 빨리 사지 않으면 놓치고 남들이 살 것 같기 때문에 투자금을 모두 한 번에 매수하는 것이 보통이다. 그리고 적은 손실은 크게 신경을 쓰지 않고 잘못되었을 경우를 위한 백업 플랜을 두지 않는다.

이처럼 프로와 아마추어는 내일이 있고 없고의 차이다. 만약 이런 상태로 각각 5번씩 주식 투자를 한다고 하면 아마추어는 이미 주변 사람들이나 자식들에게 '주식은 무조건 하면 안 되는 것'이라고 가르칠 가능성이 높다. 이유는 심리 유지가 안 되기 때문이다. 인정하기도 싫고 알고 싶어 하지도 않는다. 하지만 아마추어가 운이 좋게 연속으로 돈을 따면 그 위험성은 더 커진다. 베팅이 더욱 과격해질 것이고 기존 투자금보다 자금을 더 크게 키울 가능성이 높다. 대부분 주식을 조금 한다는 사람들도 여기까지 오면 한 번에 끝이 보이지 않는 절벽에서 떨어진다. 아마추어 트레이더들은 전략이 없어서 다음 수를 두기가 두렵고 운만 탓하며 자기반성을 하지 않아 그다음 발전이 없다.

반면 프로 트레이더들은 자신이 생각한 전략이나 틀에 들어맞는 주식이 아니면 그 어떤 호재나 소문에도 절대 주식을 사지 않는다. 매일 인내하고 기다리며 자신의 전략에 맞는 주식이 눈에 들어오면 머리로 모든 경우의 수를 그려놓고 손으로 자신이 정한 규칙을 칼같이 지킨다.

프로 도박사들은 자신이 게임에 이기기 위한 모든 요소를 생각하고 그것을 잃지 않으려고 노력한다. 그중 가장 비중을 크게 차지하는 것이 심리적인 것이다. 심리가 무너지기 시작하면 자신의 모든 돈을 잃기 때문이다. 수십 번, 수백 번의 새로운 게임에도 집중력과 평온한 심리 상태를 유지하려고 하고 이것이 유지되지 않는다면 그 즉시 게임을 중단한다. 이것이 승률이 높은 프로 갬블러들의 가장 중요한 대원칙이다.

주식에서도 프로들은 어떠한 정보를 해석할 때 아마추어와는 다르다. 어떻게 하여 이 정보가 자신에게 들어 왔는지부터 자신이 잘 모르기 때문에 그 정보에 대해 조금 더 깊이 배우는 자세로 많은 것을 알려고 노력한다. 그리고 충분한 확신이 서지 않는 이상 투자를 하지 않는다. 반면 아마추어들은 정보의 정확함 등은 고사하고 정보를 전달한 사람과의 인맥이나 그 사람이 타고 다니는 차 또는 돈의 씀씀이로 그 정보의 가치를 판단하기도 한다. 이처럼 기법과 기술이 아닌, 사람의 본성이나 성격에 따라 같은 정보를 들어도 서로 다르게 해석하고 결과가 천차만별로 나올 수 있다. 그리고 그것을 자신의 것으로 만드느냐, 수익으로 연결 짓느냐는 원칙에 모든 것을 맡기고 이 게임에서 살아남을 수 있는지 스스로 계산해 볼 수 있는 능력에 달렸다. 여기에는 연속적으로 50% 이상 승률이 되는가를 스스로 판단할 수 있는 경험이 중요하게 작용할 것이다. 주식에서는 오히려 초보보다 아마추어들의 승률이 더 낮다. 매매 횟수는 프로보다 아마추어들이 더 많고 초보는 오히려 적다.

예전에 미국에서 승률 게임에 여러 동물과 사람을 비교 테스트한 적이 있다.

새 vs 개

개 vs 원숭이

원숭이 vs 사람

결과는 반복적인 학습을 하고 원칙을 지킨 새가 이겼다. 〈월스트리트 저널〉에서 아주 흥미로운 실험을 하였는데 전문가 그룹, 아마추어 주식 투자자 그룹, 원숭이 그룹으로 나누어 주식 투자를 하게 했다. 원숭이 그룹이 선두를 달렸다. 전문가 그룹은 원숭이 그룹과 비슷하면서 다소 약세를 보이지만 크게 차이가 없는 반면 아마추어 그룹은 원숭이 그룹 대비 10배의 손실률을 보였다. 모건 스탠리 캐피털 인터내셔널(MSCI) 유럽 지수의 수익률에서는 1년간 마이너스 26.9포인트였는데, 이 중 원숭이와 전문가 그룹은 시장의 평균 수익률을 능가하는 성적을 기록했지만, 아마추어 그룹은 큰 손실을 나타냈다. 이처럼 아무것도 모르지만, 원칙만을 가르치고 원칙만 지키면 바나나를 얻어먹을 수 있는 원숭이의 심리 상태는 늘 유지되고 안정적이다. 고로 원숭이가 사람보다 나을 수 있다.

반면 조금만 좋은 상태에 있어도 금방 포커페이스를 유지하지 못하는 아마추어는 원숭이에게 배울 것이 많다. 하지만 배우지 않는다는 점이 더 큰 문제다. 그래서 프로가 될 수 없는 아마추어에 머물게 된다.

이 책을 보는 독자들은 프로가 될 수 있는, 아마추어가 되어야 할 것이다. 자격증처럼 공부해서 따는 것이 아닌, 과욕을 버리고 원칙을 지킬 수 있는 환경부터 이길 수 있는 인자가 나온다고 할 수 있다.

매매 전,
투자이후를
먼저
생각할 것

PART 4

실질적인 매매 방법을 배우기에 앞서 선행되어야 하는 조건이 있다. 그것은 바로 원하는 목표를 먼저 세운 후 이를 실천하기 위해 매매 방법을 배우는 것이다. 매매 방법을 배운 후 목표가 세워지면 허상을 꿈꾸기 마련이다. 이 장에서는 기술적 분석 설명에 앞서 먼저 생각을 해놓아야 하는 투자 이후에 관해 적었다. 이 내용을 잘 숙지하면 주식 투자 수익 관리는 물론 리스크 방지에도 효과적이다. 따라서 트레이딩 생활을 스트레스 없이 관리할 수 있다.

투자에 성공했을 때

  '성공'이라는 단어보다 먼저 '만족'이라는 단어를 알려주고 싶다. 주식 투자판에서 만족을 모르면 무리를 일삼게 되고 그 무리함은 곧 리스크를 급격히 키우는 결과를 낳기 마련이다. 시장을 정확히 읽으며 변수에 대응하는 프로 트레이더라면 이미 과한 목표를 세우지도 않을뿐더러 적절한 시기에 빠져나오는 기술을 구사한다. 하지만 개인 투자자들은 앞서 설명한 프로 트레이더가 되기 위한 과정을 거치기에는 이미 가정과 직장이 있기 때문에 불가능하다. 자신만의 투자 방법을 개척하여 그것으로 적절한 수익을 만들고 그 수익을 꾸준히 키워나가는 것을 성공의 목표로 세우는 것이 중요하다.

  한 종목에 투자하여 단 한 번에 3배, 10배, 100배 수익을 올린다고 하여 성공한 것이 아니다. 3배, 10배 이익이 나더라도 그것을 매도한 이후 그것에 매달리지 않고 아까워하지 않으며 자신만의 원칙과 목표대로 안정적인 수익권을 유지할 수 있는 것이 프로고 성공이다. 필자 역시 급등 주 관련 지식은 무한히 많다. 가끔 욕심이 들 때도 있지만 절대 작전 주, 세력 주 같은 단기 급등 주에는 손대지 않는다. 이유는 그럴 필요가 없기 때문이다.

사람은 단면적인 모습을 가지고 남들에게 평가받길 좋아한다. 예를 들어 집은 월세에 살지만, 자동차는 고가의 자동차를 타고 다니는 사람들도 있고 주식 시장에서는 그동안 잃은 돈이 많지만 한 번 수익률이 높았던 기억만 자랑을 하고 다니기도 한다. 하지만 결과는 꾸준하지 못하면 다 깡통을 차기 십상이다.

우리는 보수적인 목표치로 1%든, 10%든 자신이 안전하게 투자할 수 있는 투자 방법을 마련하고 '하이 리턴은 하이 리스크'라는 말을 늘 명심해야 한다. 가늘고 길게 주식 시장에서 살아남는 것을 성공이라고 생각해야 한다. 한 번에 큰 이익을 얻는 것만이 성공이라고 생각한다면 그 생각을 지금 즉시 버리고 오길 바란다. 그런 마인드로 한두 번은 재미를 볼지 몰라도 1년, 2년, 10년 후는 아무도 장담할 수 없다.

적지만 꾸준히 이익을 내는 사람들의 성공 신화는 엄청나다. 복리로 수익금이 쌓이고 원금에 수익금을 더한 금액에 다음 투자가 성공하면 더 큰 복리 효과가 나타나서 처음에는 작아 보이지만 연승 이후에는 어마어마한 수익률이 쌓이게 된다. 다음 장의 표는 10만 원으로 매번 투자에 5% 수익을 냈을 때 나타나는 복리 수익률이다.

■ 10만 원으로 매번 5%투자 수익을 냈을 때의 복리 수익률

횟수	수익	총금액	수익률
1	5,000원	105,000원	5.00%
2	5,250원	110,250원	10.25%
3	5,512원	115,762원	15.76%
4	5,788원	121,550원	21.55%
5	6,077원	127,627원	27.63%
6	6,381원	134,008원	34.01%
7	6,700원	140,708원	40.71%
8	7,035원	147,743원	47.74%
9	7,387원	155,130원	55.13%
10	7,756원	162,886원	62.89%
11	8,144원	171,030원	71.03%
12	8,551원	179,581원	79.58%
13	8,979원	188,560원	88.56%
14	9,428원	197,988원	97.99%
15	9,899원	207,887원	107.89%
16	10,394원	218,281원	118.28%
17	10,914원	229,195원	129.2%
18	11,459원	240,654원	140.65%
19	12,032원	252,686원	152.69%
20	12,634원	265,320원	165.32%
21	13,266원	278,586원	178.59%
22	13,929원	292,515원	192.52%
23	14,625원	307,140원	207.14%
24	15,357원	322,497원	222.5%
25	16,124원	338,621원	238.62%
26	16,931원	355,552원	255.55%
27	17,777원	373,329원	273.33%
28	18,666원	391,995원	291.99%
29	19,599원	411,594원	311.59%
30	20,579원	432,173원	332.17%

앞의 표로 보면 14~15번을 단 5% 수익을 냈을 때 투자 원금의 100% 수익을 얻을 수 있다. 이후 원금 대비 200%가 된 투자금은 기하급수적으로 수익이 올라가고 원금을 손실 볼 위험은 거의 없어진다. 이처럼 적지만 꾸준한 수익 투자는 짧은 며칠, 몇 달은 대박 투자자들보다 수익률이 잠시 낮을 수 있지만 점점 가면 갈수록 수익률이 어마어마해지는 성과를 보게 되고, 리스크는 훨씬 낮아진다. 이 표를 보면서 단기 대박 주의가 성공을 불러오는 것이 아니라는 것을 명심하자. 꾸준하고 안정적인 매매가 대박 중의 대박, 성공 중의 성공을 부른다는 것을 먼저 배우자.

사람마다 익숙한 수익률이 있다. 필자는 투자마다 익숙한 수익률이 30~40% 선이다. 자신이 충분히 현실성 있게 수렴할 수 있고, 허황한 목표 수익률을 겁낼 필요가 없이 익숙한 수익률에 초점을 맞추고 복리 형태의 수익 구조 전략을 짜야 한다. 지금 이 책을 읽고 있는 당신은 목표를 적어낼 수 있는가? 단순히 느낌만으로 풍족한 삶을 대충 그리고 있는 건 아닌가? 그렇다면 목표를 어림잡아 대충 생각하게 된다. 목표가 없으면 그에 맞는 투자 방법을 고를 수도 없으며, 수익을 내더라도 이후 관리 자체가 되지 않아 원점으로 돌아갈 확률이 높다.

우리는 현실성 있는 성공을 목표로, 그 목표에 맞는 투자금과 투자 스타일, 그리고 매매 기법을 스스로 정해서 원칙을 지키며 투자를 해야 한다. 현실성이 없고 허황하기만 한 성공의 바람이나 준비되지 않은 꿈은 좌초되어 버리기가 쉽다는 것을 잊지 말자. 현재 내가 가지고 있는 도구나 기법이 실제 투자에 적용되어 승률이 어떻게 되고, 평균 수익률은 얼마며, 손실에 대처하는 전략을 짜고 그에 맞는 투자가 이루어진다면 당신의 주식 투자 인생은 성공적일 것이라 확신한다.

투자에 실패했을 때

주식에서 실패라는 것은 여러 가지로 분류될 수 있다.

1. 무리한 투자로 전체적인 큰 손실
2. 예측과 다른 방향성으로 말미암은 손절 처리

실패의 원인이 1번인 경우 재기가 어렵다. 계좌도, 마음도 무너졌을 가능성이 큰 상태다. 큰 금액으로 주식 투자에 들어갔고 비중이 상당히 높거나 아예 한 종목에 몰방 투자를 했는데 시장이 역행해 돌이키기 어려운 큰 손실을 본 대다수의 경우다.

2번의 경우 손절은 또 다른 투자를 할 수 있는 약 손실 범위 내에서 이루어지는 것으로, 또 다른 기회를 창출해내는 유일한 방어 수단이기도 하다. 주식 고수, 전문가라고 해서 별다른 것이 없다. 단지 남들이 보지 않는 모습 뒤에,

자신을 다스리고 심리를 조절하는 시간의 투자가 있으며, 금전적인 투자를 아끼지 않고 항상 시장을 연구하고 데이터를 만들어 저장하는 것이다. 전체 시장을 넓게 분석한 후 타이밍이 맞을 때 개별 종목을 충분히 알아보고 투자한다는 점이 일반 개인 투자자들과 다르다. 그리고 목표 수익률을 정하고 틀렸을 경우 기계적으로 대처하는 전략을 먼저 만들고 투자에 임하며 그동안의 노하우와 기술을 접목하여 원칙을 늘 지킬 뿐이다.

주식 고수, 전문가라고 하여 언제 어디서나 편의점에서 물건 사듯이 수익을 쉽게 내고 있는 것이 아니라는 말이다. 일반 개미 투자자들이 고수, 전문가들을 우러러볼 수 있는 것은 단 하나, 자신이 돈을 잃어 보았고 연속적으로 승률을 높일 자신이 없어서 상대방이 상대적으로 대단해 보이고, 높아 보이는 것이다. 초보와 고수의 차이는 예상이 빗나간 종목을 과감하고 미련 없이 버릴 수 있느냐, 없느냐에 따라 차이가 난다고도 할 수 있다.

주식 투자에서 실패에 대해 먼저 생각을 해야 하는 이유는 최악의 사태를 미리 빗겨나가기 위함이다. 만약 앞서 말한 자신의 투자 스타일이나 매매 자금 등을 고려하여 투자하지 않고 리스크를 키워 레버리지가 높은 투자 형태로 늘 투자를 하게 된다면 투자마다 이길 수는 없는 노릇이기 때문이다. 한 번의 실패가 큰 재앙을 불러오기도 한다. 앞서 예로 든 오토바이를 처음 배울 때처럼 말이다.

현재 자신의 투자 자금이나 그 자금의 성격을 잘 파악하여 이 돈이 잃어도 되는 돈인지, 이 자금을 잃었을 때 현재 재기가 가능한지, 다음 투자에 지장은 없는지, 이 자금의 손실을 허락할 수 있는 한도가 얼마인지 등은 실패했을 때를 고려하여 미리 전략을 수립해놓아야 한다. 그래야 그 마지노선이 뇌리에 인식되고 무차별적인 버팀보단 수익도 전략적으로, 손실도 전략적으로 고수다운 매매가 가능하다. 전문가들이나 증권사에 있는 영업팀 중 펀드나 랩 상품 등을 판매하면서 정직하게 고객을 대하는 사람들은 대부분 무리한 투자를 권유하기보다 고객의 현재 사정에 맞고 당장 돈을 잃어도 관계없는 선에서 시작할 것을 권유한다. 물론 일부 사람들은 단지 자신에게 떨어질 수수료만을 생각하여 무리한 투자를 권유하고 대박 수익만을 약속하기도 하지만 세상은 아직 그렇지 않은 사람이 더 많다.

주식 투자에서 가장 큰 실패란 한 번의 실수로 모든 것이 몰락하는 상황을 뜻한다. 하지만 투자의 시작 단계에서부터 철두철미하게 정신적으로 무장이 된 전사는 쉽게 쓰러지지 않는다. 앞서 성공 단계에서 보여주었다시피 작지만 꾸준한 복리 수익은 한 번의 대박 수익보다 더 많다.

평생 매일 운전을 해도 사고가 나지 않는 무사고 운전자들이 말하는 운전을 할 때 가장 중요한 점은 '현재 여기에서 최악의 상황을 항상 고려하는 것'이라고 한다. 우리 역시 크든 작든 자신에게 있어 현재 최악의 실패를 고려하고 그에 맞는 준비를 하는 것이 가장 좋다. 그리고 손절은 실패라기보다 주식 시장에서 살아남을 수 있는 유일한 무기라고 생각하고 맞지 않을 땐 어떠한 상황이라도 미련을 가지지 않는 것이 좋다. 이러한 몇 가지 상황만 비켜갈 수 있다면 당신도 꾸준한 수익을 내는 고수 등극이 충분히 가능하다.

03
정말 당신이 원하는 것, 해야 하는 것

우리는 여기까지 오면서 자신에게 맞는 투자 방법이나 자금 관리법, 재기가 불가능한 큰 실패를 피하는 방법 등을 배웠다. 대부분의 실제 투자 실패를 경험해본 개인 투자자들에게 "주식 투자에서 가장 바라는 것은 무엇입니까?"라고 물어보면 머릿속에 맴도는 답변들은 '꾸준한 수익', '안정적인 투자 방법' 등이 떠오르지 않을까.

하지만 막상 컴퓨터 앞에 앉아 투자하려고 하면 눈과 손이 따라가는 것은 대박 주, 동전 주, 테마 주 등인 경우가 많고 자신이 원하는 형태의 투자보단 투자 자금, 투자 시간을 효율적으로 올리는 단기간 고수익형을 따라가는 경우가 많다. 매우 불안한 매매 환경이나 긴급한 자금으로 단기간 내 큰돈을 벌고자 한다면, 그것은 꿈이 아니라 요행을 바라는 것일 뿐, 꿈도 희망도 아닌, 더 어려운 환경을 스스로 자처하는 것과 다를 바 없다. 지금 이 글을 읽으면서 뜨끔하다면 혼자만 그런 것이 아니니 안심하라고 말하고 싶다. 대부분의 개인 투자자들은 서로 알지도 못하면서 비슷한 시기에 비슷한 종목에 우르르 들어가 한 번에 몰살당하고 다시 열심히 일해서 모은 월급으로 또 투자하면서 비슷한 사건을 겪으며 산다. 이것은 대부분의 개인 투자자들이 비슷한 생각을 하고 과거 손실을 본 학습 효과가 매매에 좋은 영향을 주지 않거나, 방법을 모른다는 것으로 표현될 수도 있다. 이러한 이유로 투자에 앞서 정말 당신이 원하는 것, 그리고 해야 하는 것을 반드시 살펴보고 책상 앞에 메모로 붙여놓고 잊어버리지 말자. 우리는 우리가 원하는 것을 스스로 정해야 한다. 그리고 그것에 맞고 현실적으로 가능한 준비를 마치고 주식 투자에 임해야 한다.

단 한 번이라도 증권사 직원에게 찾아가 말을 붙여보고 질문을 해보고 상담을 받은 적이 있는가? 만약 있다면 아주 좋은 사례라고 할 수 있다. 필자 역시 매주 주말이면 증권사 관계자들을 만나 이런저런 이야기들을 나누며 술잔을 기울인다. 그러면서 일상생활부터 투자 방향에 관한 이야기, 고객들의 투자 성향이나 실패담, 성공담 등을 거짓 없이 토로한다. 그 대화 속에서 다시금 한쪽으로 치우친 나의 개인적인 생각을 고치고 좋은 정보를 서로 주고받는다. 일반 고객이라고 해서 절대 정보를 아껴두거나 그 정보에 대한 대가를 바라지 않는다. 대부분의 증권사 직원들은 고객이 찾아와 자신의 자금 상황이나 내용 등을 진실하게 말하면서 상담을 요청하면 정확한 데이터를 말해주기도 한다. 왜냐하면, 그들은 늘 성공한 사례든 실패한 사례든 고객의 계좌를 관리하고 지켜보는 사람들로서 책임감이 있고, 현실적으로 비슷한 사례와 방법 등을 잘 알고 있기 때문이다.

실패하는 이유는 다들 비슷하다. '빠른 대응을 하지 못한 것'이라고 대부분 말한다. 방향성 매매에 대한 지식이 없는 탓도 있지만, 꼭 이런 사람들은 주식이 폭락하면 더 사거나 손절하지 않고 그대로 들고 가면서 아무런 헤지 전략(가격 변동의 위험을 선물의 가격 변동 때문에 상쇄하는 현물 거래)은 귀찮아하거나 자존심 상해한다. 하지만 늘 돈을 벌어가는 사람들은 반드시 헤지 전략을 구사하면서 투자하기 마련이다. 우리는 여기서 개인 투자자들이 반드시 알고 해야 하는 것들을 깊이 집어내고 스스로 배우고 실천해야 한다. 간략하게 해야 하는 것을 함축하면 투자자 유형별로 나뉘겠지만, 공통적인 맥락은 비슷하다.

1. 대다수 개인 투자자들의 심리를 이해하자.

코스피·코스닥이 최저점을 갱신 중일 때 혹은 최고점일 때 각각 다른 개인 투자자들의 심리를 반드시 알아야 한다. 이러한 정보는 개인 투자자들이 몰살당하는 이유를 대변해주는 근거이기도 하고 자신이 투자함에 있어 조금 더 신중해지고 승률이 높은 투자를 할 수 있도록 도와준다.

위에서 언급한 것과 같이 이런 정보들은 자신이 거래하는 증권사나 기타 모임, 또는 통계적인 부분에서 쉽지는 않지만 그리 어렵지도 않게 정보를 습득할 수 있다. 현시점에서 대부분의 개인 투자자들이 생각하는 패턴과는 조금 달리해야 한다. 우리는 주식이 제로섬 게임 형태의 서로 주고받기라는 것을 잘 알고 있다. 이것을 이용한 심리적인 부분에서 먼저 선취점을 얻고 시작할 수 있도록 철저히 준비해야 한다.

2. 헤지 전략을 구사해보자.

주식 시장은 아이큐가 2,000~3,000이 넘는다고 한다. 그러한 똑똑한 시장에서 살아남으려면 늘 보험을 들어두어야 한다. 주식을 한다고 하면 보통 상승기에서만 이익을 얻는 구조로 알고 있을 텐데 만약 증시가 폭락한다면 자신의 투자금은 어디 가서 찾을 것인가? 만약 자신이 운용하는 투자 자금이 수천만 원 단위라면 반드시 헤지 전략을 구사하면서 투자에 임해야 한다.

헤지 전략이란 쉽게 말해 일종의 보험과 같다. 일부 헤지 전략을 이용하기 위해 적지 않는 돈이 들어가고 수익이 나면 그 단방향 매수만 했을 때보다 수익은 조금 덜 얻을 수 있지만 한 번 역행하는 시장에서 참패를 당하지 않고 꾸준한 매매를 가능케 하는 방법이기도 하다. 쉽게 헤지 전략을 구사할 수 있는 방법의 예를 들어보겠다.

예: 주식 운용 자금: 5,000만 원, 헤지 5% 전략

코스피 주식 5,000만 원을 매수 준비중이고 스윙 매매, 중장기 매매 형태(며칠 또는 한 달 정도)로 가져가길 원한다면 이 중 4,750만 원은 주식을 매수하고 250만 원은 풋옵션(코스피, 선물이 하락하면 수익을 얻는 구조)에 투자하는 방식이다. 옵션은 매달 두 번째 목요일이 만기일이므로 한 달 정도의 투자 기간을 가지는 스윙, 중장기 형태로 투자할 예정이라면 잘 들어맞는 방법이다.

만약 이 한 달의 주식 보유 기간 중 코스피가 대부분 올라 자신의 4,750만 원 주식이 수익을 낸다면 풋옵션은 손실을 기록할 것이다. 하지만 시장이 악재로 폭락하여 대부분의 개인 투자자들이 주식 보유로 말미암은 큰 손실을 보고 있다면 이 250만 원 투자한 풋옵션의 가치는 빛을 발한다. 옵션 매수는 손실은 제한적이지만 수익은 무한정이므로 증시가 폭락하면서 주식이 내려가면 풋옵션 가격은 오르기 때문에 큰 손실을 일부 복구하면서 반 토막이나 깡통은 절대 될 수 없는 구조이다.

무조건 위의 조건을 반드시 따라 하라는 것이 아니고, 단기 전략 또는 스윙, 중장기 매매 등의 형태에 따라 헤지 비율과 그 방법을 옵션 매도나 매수, 또는 선물 매수나 매도를 같이 함으로써 리스크를 줄일 수 있다는 점을 반드시 알아두었으면 한다. 이처럼 헤지 전략을 이용한 투자를 적극 준비하고 공부하자.

3. 손절은 필수품이라는 사실을 명심하자.

손절은 개인 투자자들에게 반드시 알리고 싶다. 왜냐하면, 개인 투자자들이 반드시 해야 하는 것 중의 하나이기 때문이다. 손절이란 손실을 최소화하기 위해 주식 투자 중 손실 시 일정 구간 자신이 정한 손실률을 기준으로 주식을 매도하는 것을 말한다. 손실을 차단한다고 생각해도 되겠다.

물론 기술적 분석이 바탕이 되어 손절을 해야 하는 이유가 명확해야 하지만 누구라도 어림잡아 너무 많이 내리고 있는 것 같으면 일단 손절하고 다음 기회를 노리는 것이 현명하다.

만약 같은 종목을 가지고 손실 중일 때 손절 이후 저점 재매수를 하는 사람과 그냥 주식을 들고 버티고 있던 사람 중 주식이 다시 반등하여 오르고 있을 때 계좌 평가 수익률은 확연히 차이가 난다. 손절은 손실을 최소화하면서 다음 투자를 가능케 하는 유일한 개인 투자자들의 방어 수단이기도 하지만 효율적이고 치밀한 투자 방식이기도 하다. 이 세 가지는 반드시 주식 투자에 있어 '해야 할 것'으로 지정하고 모르면 배워서라도 준비를 해야 이 어려운 시장에서 살아남을 수 있다.

주식,
기초부터
다시배울 것

PART 5

우리는 원숭이에게도 진다. 새로운 마음으로 다시 배우지 않는 이상 인생 역전의 꿈은 매일 멀어져간다. 여기에서 말하는 기초는 실제 많이 활용되는 방법 중 승률을 높이는 방법을 말한다. 그동안 알고 있던, 우리가 해왔던 모든 것들을 내려놓아야 한다.

50%의 비밀

50%의 비밀은 필자가 강의에서 주로 많이 하는 말이다. 주식에서 하락 50%란 상승 100%와 같다. 현재 주가 10,000원인 종목이 있다고 가정하자. 그 종목이 악재 때문에 50% 하락을 한다면 주가는 5,000원이 될 것이다. 이후 호재 때문에 다시 50% 상승을 한다면 7,500원이 된다. 단지 퍼센트로는 50%가 내리고 50%가 올랐을 뿐인데 다시 오른 주가는 7,500원이다.

주식은 사람과 같이 종목마다 몸무게가 다르다. 투자자별 보유 비중에 따라 종목마다 쉽게 오르는 종목, 쉽게 내리는 종목이 나뉘기도 한다. 대부분의 투자자들이 아무런 정보 없이 주식 투자 후 손실이 나면 오르겠지 하고 견디는 습성이 있다. 그러나 크게 내렸다 다시 오르는 경우 위의 공식처럼 2배의 상승세가 와야 겨우 본전치기한다는 말이다.

즉, 10,000원인 종목이 5,000원이 될 때는 -50%이지만 5,000원이 10,000원이 되려면 +100%가 되어야 한다는 말이다. 간혹 하락세에 손실 중으로 물렸다가 어느 정도 반등이 나오면 손실 구간일 때는 보통 개인들이 손절을 하지 않는 습관이 있다. 자신이 물린 고점을 뚫는 강한 반등이 나오려면 내렸던 악재보다 2배의 좋은 호재가 있지 않은 이상 본전치기하기가 쉽지 않다. 그래서 이런 때 10,000원에서 5,000원이 되었다 7,500원까지 반등이 나오는 그 수급은 대략 이미 내린 수급만큼 매수세가 들어왔다는 것을 알아야 한다. 그리고 그 매수 세력은 5,000원에서 7,500원까지 올랐을 때 이미 50%의 수익률을 가지고 있다는 점도 기억해야 한다. 고점이나 저점을 혼자 분석할 때 상대적으로 하락하는 것보다 상승하는 힘의 차이는 2배 가까운 거래가 동반되어야 하락 전 동일 가격선으로 재상승이 가능하다는 원리이다.

이런 부분들을 매매할 때 생각한다면 현실성 있는 목표 주가를 잡기에 유용하다. 이러한 이유로 투자 후 보유중 하락세에서 빠른 손절이 손실 중일 때 손절하지 않고 버티는 것보다 더 효율적이고 스마트한 투자 방법인 것이다. 주가는 어떠한 가격에서든 그 직전 고점, 저점이 얼마에 형성되었던 것과는 관계가 없이 현재의 주가에 맞는 매수세와 매도세가 형성된다. 현재 주가에 맞게 새로운 투자 자금 흐름이 들어온다. 고가에 이 주식을 산 사람들을 위해 움직여주지 않는다는 점을 반드시 기억하자.

숲도 보고
나무도 보아라

　많은 사람이 나무만 보지 말고 숲을 보라는 의미의 말들을 많이 한다. 보통 나무를 보지 말고 숲을 보라는 의미는 그 해당 종목과 종목이 속해 있는 테마성 분류, 그리고 나라 자체의 성장성 등을 고려해서 종합적으로 판단을 하라는 뜻이기도 하다. 그러나 해당 시장에 큰 영향을 주고 선두로 앞서는 회사 내부의 임원이거나 CEO가 아닌 이상 이런 정보를 매번 쉽고 빠르게 알아낼 수 없다. 즉, 숲만 보라고 말하는 사람들은 우리에게 '최소한 망원경이라도 주면서 숲을 보라고 하든지 말라고 하든지 해야 할 것 아닌가'라는 것이 필자의 의견이다.

　무턱대고 나무 한 그루도 자세히 보이지 않는 산 위에 올라가서 이해도 가지 않는 전체 숲을 배우고 알아서 그것에 맞게 투자하라는 소리는 '배고프니 달나라에 가서 라면이나 끓여 먹자'라는 말과 같이 들린다. 그래서 오히려 개인 투자자들이 막막함을 느끼고 피하려 드는 경향이 많다고 생각한다.

필자는 '숲도 보고 나무도 보아라'라고 말하고 싶다. 숲은 증권 전체 시장이요, 나무는 개별 종목을 뜻한다. 나무도 수천 종류로 나뉘는 것처럼 숲의 성질 역시 중요하지만, 숲을 안다고 해서 개별 나무들의 모든 것을 다 이해할 수는 없을 것이다. 나무 중에는 습도가 높은 곳에서 잘 자라는 나무가 있는 반면 습도가 높은 곳에서는 죽는 나무도 있기 마련이다. 그런 나무들이 옹기종기 모여 이루는 것이 숲인데 멀리서 본다고 하여 그 어림잡은 정보로 투자를 했다가는 된통 당하기 일쑤다.

그렇다고 전체 시장을 무시해서는 안 된다. 실전 매매에서 우리에게 가장 필요한 것은 나무를 자세히 보는 법이 아니겠는가? 이 나무가 어떤 나무인지, 어떤 환경에서 잘 자라는지, 어떤 환경에서 위험한지를 자세히 모르고는 리스크 적게 개별 종목에 투자하기가 어렵다.

그렇다면 나무를 보는 방법은 무엇인가? 우리는 2012년 현재, 정보를 참 편하고 쉽게 언제 어디서나 얻을 수 있다. 컴퓨터를 이용하기도 하고 이동 중에도 언제 어디서나 태블릿PC나 스마트폰으로 많은 정보를 얻어낸다. 이러한 방법을 이용하든 구식 방법을 이용하든 정보로 돈을 버는 공식은 같다. 한 종목에 대해 일일이 100% 판단하기는 쉽지 않지만, 최소한 초단타 스캘핑 매매가 아닌, 스윙, 장기 투자를 고려한다면 다음과 같은 부분은 반드시 체크를 하고 넘어가야 할 것이다. 단, 필자는 불필요하고 어려운 단어로 독자들에게 혼란을 주기 싫다. 우량 주 투자에서 필자가 확인하는 '더도 덜도 필요 없는 딱 필요한 정보'만을 공개한다.

1. 해당 회사의 대주주 지분율을 확인하자

대표나 혹은 주주, 이사 등 회사가 자신 있고 성장 가능성이 높다면 누구보다 대주주들이 더 잘 알고 주식을 팔지 않으려 할 것이다. 대주주 정보를 확인하여 임원급들의 보유 지분율이나 우호 지분이 10~50% 사이에 있는지 확인해야 한다. 엄청나게 큰 규모의 회사가 아닌 이상 가장 지분을 많이 가지고 있는 사람의 보유 지분율이 1% 미만이면 내부 직원들조차 회사를 믿지 못한다는 말이 되기도 한다. 성장시킬 자신이 있는 회사면 주가가 낮아도 스톡옵션을 통해 회사 주식 지분을 늘리고 그에 맞는 성과급을 지급하기 마련인데 보유율이 낮으면 그만큼 보유 자체가 주식 하락으로 말미암은 리스크가 있다고도 종목에 따라 판단할 수도 있겠다.

2. 뉴스에서 떠들어대는 종목은 피하자

언론에서 몇 날 며칠을 떠들면서 대문짝만 하게 언급되는 주요 종목들이나 테마들이 있다면 그 종목은 피하자. 이미 살 사람들은 저가에 다 사놓았고 몰려든 개인들에게 고점 매도를 하기 위한 전략 술수일 가능성이 높다. 뉴스를 따라서 주식을 하는 것 자체가 잘못된 방법이다. 무턱대고 언론에서 떠들어대는 호재성 뉴스를 믿고 샀다가 살 때와 팔 때 모두 울어야 하는 비극적인 상황이 연출될 가능성이 높다. 개인적인 기법으로 어떤 종목을 봐두었는데 그 종목이 언론을 탄다면 그 종목은 포기하고 다른 종목을 찾자.

3. 회사의 주력이 무엇인지 정도는 알자

많은 개인 투자자들이 회사 이름만 알지 회사가 무엇으로 수익을 내는 회사인지, 규모는 고사하고 주력 상품조차 모르고 거래하는 경우가 많다. 내용은 모르고 단순히 차트만 보고 진입하는 것이다. 이러한 정보를 얻는 데는 1~2분밖에 걸리지 않는다. 특히 요즘은 스마트폰 어플이나 인터넷으로 쉽게 어떤 회사인지 간략한 정보를 얻을 수 있다.

스마트폰 애플리케이션을 이용한 간단한 회사 정보 얻는 방법

(1) 스마트폰에 '증권왕' 애플리케이션 검색, 설치

(2) 상단 메뉴 중 기업 정보 클릭

(3) 정보 열람

■ 증권왕 애플리케이션 실행 화면

증권왕 애플리케이션을 이용한 삼성전자 기업 정보 확인 예제

앞의 그림처럼 증권왕 애플리케이션은 별도의 비용을 쓰지 않고도 언제 어디서든 간단하게 어떤 회사인지 간략히 알 수 있으며 이외에도 경영진 구성, 주요 연혁, 주요 주주, 신용 등급 정보, 기업 매력도 지수 등을 알 수 있다. 재무 분석과 관련 인물들도 한 번에 검색할 수 있다.

예전에는 이러한 정보를 얻으려고 해도 쉽게 접근조차 불가능했으나 요즘은 애플리케이션은 물론 인터넷에서 간단한 검색으로도 충분히 종목에 대한 정보를 쉽게 얻을 수 있다. 이러한 스마트한 환경을 잘 이용해서 종목을 알고 투자를 해야 할 것이다.

이처럼 간단한 세 가지의 방법을 자신이 이용하는 기본 투자 기법에 참고하여 매매 한다면 더욱 승률이 올라갈 것이고 주식에 대한 정확한 판단을 할 수 있을 것이다. 그리고 이러한 기본 정보를 알고 매매하는 것은 급작스러운 등락에 대비하기 위해서도 굉장히 중요하다고 할 수 있다. 숲을 보는 것보다 나무를 먼저 알고 이후 기술적인 분석으로 숲을 봐가는 방식이 더욱 효율적이고 정확할 것이다.

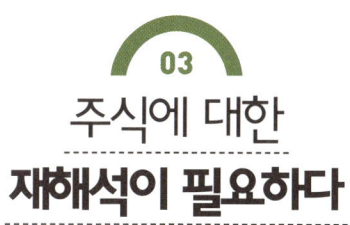

주식에 대한 재해석이 필요하다

　일반 개인 투자자들이 알고 있는 주식이라는 것을 재해석해보면 주식은 나라에서 운영하는 것이 아닌, 개개인끼리 서로 주고받는 시장이다. 만약 주식이 오를 것을 맞추면 이 수익금을 정부에서 주는 것이 아니라는 말이다. 사람들이 주가를 움직이고 파는 사람보다 사는 사람이 더 많을 때 수요와 공급의 원리로 주가는 오른다.

　보통 개인 투자자들이 오르는 타이밍을 맞춰 수익을 내면 공돈을 받은 것 같은 느낌일 텐데 그것은 잘못된 상식에서 비롯된 것이다. 여기서 정확하게 받아야 할 느낌은 사람들의 심리를 잘 읽어 어떤 물건을 싸게 사서 비싸게 되팔아 차익을 남긴 장사꾼이 된 것 같은 느낌이 들어야 한다.

　누군가는 그 주식의 가치가 비교적 저렴하여 비싸게 누군가에게 팔 수 있다는 생각으로 매수한 것이고, 매수했던 물량을 매도할 때는 어떠한 이유에서든지 현재 주가가 적정 또는 고평가라고 판단하기 때문에 팔게 된 것이다.

그 매도 물량은 시세에 영향을 주고 매도 물량을 누군가는 다시 지금이 투자 적기라고 판단하여 매수를 하므로 팔 수 있다. 즉, 누군가가 팔아주지 않으면 주식을 살 수가 없고 누군가 사주지 않으면 내 주식을 팔 수도 없다. 호가창을 보면 매도 영역에 대기 중인 매도 수량들은 재래시장에서 어떤 물건의 값을 외치며 파는 것과 같다. 그들도 어떤 물건을 팔기 위해 리스크가 있지만, 판매 가격보다 싸게 매입하여 차익을 남기고 파는 것이거나 손해를 보며 팔고 있는 것이다. 그 장사는 차익을 남기고 팔 수도 있지만 잘 팔리지 않고 인기가 없을 때 가령 시간이 지나면 상하는 음식은 손해를 보면서라도 빨리 팔려고 한다.

우리는 이런 올바른 개념을 바탕으로 매매해야 하고 주식을 배워야 한다. 이를 통해 누구나 똑같은 방법으로 주식을 해서는 성공할 수 없다는 것을 알 수 있다. 일반적으로 개인 투자자들은 공개된 비슷한 지표와 심리 상태, 그리고 기법을 가지고 시장에 도전한다. 하지만 그 많은 투자자가 수익을 내기란 쉽지가 않다. 특히 연속성 있게 매번 승리하기란 쉽지가 않다. 그래서 이미 공개된, 누구나 똑같은 기법으로 많은 사람이 수익을 낼 수가 없고 그것을 역이용하는 세력들이 늘 높은 승률을 유지하는 것이다.

사람마다 주식 투자 방법이 모두 완전히 다르다면 오히려 시장은 다를 것이다. 차라리 정직해질 것이고 불법, 비리, 편법이 많이 없어질 것이다. 하지만 현실은 그렇지가 않다. 시장 흐름을 읽고 그것에 맞게 변화된 기법을 늘 응용하지 않는 이상 누구나 똑같은 방법의 주식 매매로 큰 희망을 품을 수는 없다.

다시 처음으로 돌아가 앞서 한 내용 중 '남의 이야기를 듣지 않는 것'에 대해 설명한다. '귀 닫기'란 무엇인가. 주식 투자에 있어 귀 닫기란, 반드시 어려운 수양의 결과물임에 틀림이 없다.

아는 사람이 혹은 자신만의 어떠한 경로로 좋은 정보를 입수했다고 치자. 그 정보를 이용한 투자 결과가 과연 좋은 적이 있는가? 승률은 얼마인가? 스스로가 가까운 곳에서든, 먼 곳에서든 들려오는 메아리를 듣지 말아야 한다. 다른 사람들이나 언론에 현혹되어 매매에 지장이 있을 정도면 냉철한 시각으로 판단을 하기가 어렵고 이 투자에서 미리 결정지어 놓았던 전략적인 전술들이 한순간에 무너지기 마련이다.

귀를 닫기 이전에 심법을 통한 자신의 확고한 믿음과 승률 높은 기법이 있어야겠지만 귀가 얇은 사람은 주식이든 사업이든 대성하기가 어렵다. 만약 귀가 얇고 듣는 정보에 쉽게 휩쓸리는 스타일의 투자가면 주식 투자 시 괜스레 종목 게시판을 기웃거리면서 남들이 아무것도 모르면서 써놓은 헛소리에 마음이 동요되기 쉽다. 그 결과는 기술적인 분석과 냉철함을 잃어 투자가 변질될 가능성이 농후하다.

종목 관련 뉴스나 공시가 나오면 판단력이 흐려져 짜놓은 전략대로 대처하기가 어려워지기 마련이다. 귀를 닫고 자신이 연구했던 종목의 흐름만 되새김질하고 투자 후엔 주가만 체크하라. 그리고 정했던 전략대로 주가의 변동 변수에 적절히 대응하여 매매하는 기계처럼 습관화 되어야 한다.

작전 주, 펀드의 진실

작전 주, 펀드와 같은 말은 주식을 조금 했던 사람들이라면 매우 친숙한 단어 중 하나일 것이다. 특히 작전 주는 그 이야기만 들어도 눈이 번쩍하면서 좋은 정보 어디 없나 하며 두리번거리는 분들도 많다. 작전 주를 소개하는 이유는 실제 사례들을 접하고 투자자들이 직접 간접 경험을 해봄으로써 큰 손실을 보는 것을 미리 방지하고자 함이고 이를 응용하여 매매에 조금 더 발전이 있었으면 하는 마음 때문이다.

작전 주의 진실

일반적인 작전 스타일은 이렇다. 작전 주를 계획하기 전, 여기에 들어가는 자금과 시간, 그리고 목표 가격, 인원, 공시 재료, 예상 총 수익률까지 모두 정해놓고 시작한다. 먼저 모든 시작 조건이 완성되면 주가를 횡보시켜 놓고 최대한 저렴한 가격으로 주식을 조금씩 매입한다. 이때 보통 짧게는 한두 달, 길게는 6개월 이상씩 주가를 올리지도 않고 내리지도 않으면서 개인들이 보유하고 있는 물량을 야금야금 받아먹으면서 평균 단가를 맞추고 보유량을 늘린다.

이후 개인 투자자들이 좋아하는 허위 공시를 내놓고 주가를 끌어올린다. 개인들이 협조하도록 세력들이 주체가 되어 올리며 그 탄력성은 개인들이 더 할 수 있도록 단기간 급등을 조작한다. 다음으로는 목표가가 아닌 단기간 급등 이후 증권 업계에서 시선을 집중적으로 받고 한 차례 개미를 털어내는 작업을 한다. 단기간 하락을 시키면서 보유 물량 중 일부를 차익 실현하고 주가를 인위적으로 대거 하락시켜 달라붙었던 개인들을 털어내고 본격적인 상승 랠리에 필요한 마지막 물량을 재매수한다. 이후 목표가까지 주식 물량들을 롤링시키며 자전 거래(같은 매수 주체가 다른 계좌를 이용하여 동일 가격으로 동일 수량의 매도·매수 주문을 내어 매매 계약을 체결시키는 경우)를 이용해 큰 투자 없이 주가를 수직 상승시킨다.

보통 작전 주의 목표 수익률은 저가 대비 8.5배~10배 사이에서 평균적으로 형성되며 보통 초기 매집 단계에서 자금의 60% 가까이 쓰면서 수익성 물량을 잡아놓는다. 나머지 40% 정도의 자금으로 주가를 끌어올리고 차익을 남기며 판다. 이후 재매수를 하면서 얻은 수익금은 주가를 끌어올릴 때 자금 등으로 활용된다.

다음으로 주가가 목표한 가격선에 오고 자신들이 사고 싶었지만 점상한가로 계속 치솟는 가격에 주식을 못 사서 안달이 난 개인 투자자들의 매수 대기가 많아진다. 이때 자신들의 물량을 대부분 소화해낼 수 있는 매수량이 들어

오면 그 타이밍에 매도를 해버리고 빠진다. 이 빠지는 타이밍이 거의 다 왔을 때 증권가에 소문을 일부러 내고 전문가들을 고용해 방송으로 추천하도록 하기도 하며 주식에 관심있는 사람이라면 모두 정보가 들어가게끔 정보를 퍼트린다. 그리고 만약 매수세가 예상보다 적고 매도 타이밍이 잘 나오지 않으면 펀드 매니저를 돈으로 매수해 펀드 자금에서 그 작전 주의 나머지 잔량을 매수하도록 하여 처리하기도 한다. 그리고는 어느 정도 다 팔렸다 싶으면 연속 하한가로 원래 주가 근처 또는 조금 더 낮은 가격까지 내려놓는다.

펀드 매니저들은 자신이 회사에 취직하면서 벌 수 있는 금액보다 더 큰 금액을 제시받으면 잘릴 각오를 하고 고객의 돈으로 해당 주식을 고가에 받아주기도 한다. 여기에서 작전 주란 잘 모르고 들으면 내가 아닌 남들이 일을 벌이면서 주인공도 남들인 것 같지만 작전 주의 꽃, 주인공은 바로 개인 투자자들임을 반드시 알아야 한다. 개인 투자자들을 모으기 위해 흔히 알고 있는 공개된 기법의 이동 평균선 교차나 쌍 바닥 패턴 등을 일부러 만들어 차트를 조작하고 주가를 핸들링하기도 한다. 결국, 받아줘야 하는 사람들은 개인 투자자들이기 때문에 큰 폭의 상승 이후 개인 투자자들이 몰려들어 주면 모든 시나리오는 완성이 되는 셈이다.

그래서 필자가 작전 주, 세력 주 이런 것에 제발 관심을 가지지 말라고 하는 것이다. 운이 좋아 저가에 매수를 하여 몇 배의 수익률을 올릴 수도 있지만 작전 세력들은 개인들이 가지고 있는 주식 수량까지 면밀히 파악 가능하기 때문에 소액이 아닌 이상 접근하기가 힘들다. 기술적 분석 없이 세력들의 매도 타이밍을 포착해내기란 쉽지가 않다. 자칫 고점에서 단타 치려고 들어갔다가 물려 반 토막은 물론 투자금의 20%도 건져내기 힘들었던 상담 사례도 적지 않다. 이러한 것들은 과욕에서 비롯되어 일어나는 일이다.

현재 주가가 몇천 원 또는 몇백 원 수준인 회사가 갑자기 일이 잘되어 10배씩 짧은 기간 안에 성장할 수 있는 업체가 어디 있으며 그 확률이 얼마나 되겠는가? 지나간 차트에 대고 작전주를 분석해보면 매수에는 도움이 되겠지만 팔 타이밍의 근거는 쉽게 파악이 되지 않는다. 작전이 실패하면 개인 투자자들도 투자 실패로 엮이게 되므로 승률이 매우 낮다. 심리상으로는 TV 홈쇼핑에서 구매를 부추기는 용도로 많이 사용되는 말 중 '매진 임박', '오늘 아니면 기회가 없습니다'에 혹해 사지 않아도 될 것을 사는 것과 비슷하다고 할 수 있다.

주식 투자에서 늘 마음의 평정심을 가지고 있어야 하겠지만, 그보다 더 중요한 것은 무리한 욕심을 갖지 않는 것이다. 과욕은 생각하지도 말고 바라서도 안 되는 것이 주식 투자이다. 요즘은 작전 주나 테마 주 스타일이 조금씩 바뀌어 약간은 다른 형태로 진행되기도 한다. 하지만 근본적인 원인은 개인 투자자들이 쉽게 달라붙는다는 것에 문제가 있다. 그 피해는 개인들이 모두 가져가면서 소수의 세력만이 배부르게 한다.

인터넷에 간단하게 작전 주, 테마 주 같은 단어를 입력하면 결과물로 떠오르는 것들은 대부분 작전 주에서 손해 본 개인들을 취재한 기사들뿐이다. 기사 제목들만 보아도 대충 실감할 수 있을 것이다.

- 작전세력, 감시망 강화한다고 한탕 친 뒤 도주하는 먹튀들
- 묻지 마 대박, 대주주 먹튀, 코스닥 아직 멀었나?
- 박근혜 · 안철수株 먹튀, 아저씨 3인방 잡았다
- 신종 플루 테마 주, 이미 먹튀
- 양치기 공시에 개미들 피멍든다

- 역시 정치 테마 주… 금융 당국 '메스'에 줄줄이 급락

- 연예인 테마 주 거품빠지나

- 잇따른 최대 주주 거액 먹튀 피해 급증

- 재벌 테마 주 내세워 거짓 홍보, 돈 한 푼 안 쓰고 먹튀

- 주식 시장의 악당 작전 세력… 일반 투자자만 피해

- 증시 물 흐리는 '먹튀' 자원 개발 주

이 기사들 이외에도 수백, 수천 건의 주식 피해 사례가 더 있다. 하나같이 이러한 급등 주, 테마 주, 작전 주의 표적은 바로 '개인 투자자', 일명 '개미'다. 주식에서 개인 투자자를 왜 개미라고 부르는지 아는가? 한 달 동안 죽어라 열심히 일하고 월급 받아서 그 돈을 여왕 개미인 '세력'들에게 퍼다주기 때문에 붙은 별명이기도 하다. 결국, 테마 주나 작전 주에 손을 대면 손해 보는 것은 개인 투자자뿐이다.

주식에 투자하는 사람 중 대부분 이러한 테마 주나 작전 주, 급등 주에 미련을 버리지 못하는 이유는 뭘까? 바로 '한 방 본전치기 심리'가 대부분이 아닐까 한다. 이런 기사들의 제목들만 보아도 이미 가슴이 철렁하거나 속이 쓰린 경험자들도 있을 것이다. 개인 투자자들은 빨리 초대박 투자가 가능한 '투기'를 원한다. 이것을 세력들은 잘 알고 있다. 시장에는 투자자들이 원하는 '꿈'은 온데간데없고, 낚시 떡밥을 흔들고 있는 세력들만이 존재하는 것이다.

테마 주, 작전 주 종류도 참 다양하다. 연예인을 내세우고, 정치인을 내세우기도 한다. 특히 선거 때마다 정치인 테마 주가 쏟아진다. 회사의 CEO가 정치인과 찍은 사진 한 장만으로, 개인들 스스로 생각하기에 혜택이 있겠지 하며 되지도 않는 망상에 '투자' 아닌 '투기'를 하곤 한다. 간단하게 말해, 예

를 들어 모 정치인이 그 회사와 직접적인 관계가 있다면, 진정 그 회사에 엄청난 혜택을 줄 것으로 생각하는가? 천만의 말씀이다.

이유인즉 정치인이 주목받아 회사가 무리하게 커지거나 없던 매출이 급히 생긴다면, 이를 눈치챈 다른 세력들 또는 경쟁사, 신문 기자들이 그 내용을 들춰 '정치인 비리'를 캘 것이 분명하다. 즉, 당선과 주식 수익률에는 별로 관계가 없다는 말이다. 정치인이 아무리 잘나 봐야 세간의 눈이 있는데 어찌 마음대로 회사를 키우고 주가를 올린단 말인가. 영향이 있어도 실제로는 미미할 뿐이다. 이것은 정치인이 당선되었다는 가정하에 하는 말이다.

하지만 당선이 확정되거나 유력하다고도 볼 수 없는데 관련 테마 주들은 모두 일제히 약속이라도 한 듯 상승한다. 이 상승세의 자금 대부분은 개미들의 돈이다. 몇몇 투자자들은 이런 경험을 수차례나 겪고도 대박, 대박을 노린다. '나는 다르겠지', '언젠간 한 번은 먹겠지' 자기 합리화를 하면서 테마 주, 작전 주를 찾아다니는 사람들이 많을 것이다. 이미 주식 초보가 아니라 몇 번 재미도 보고, 몇 번 잃어도 본 고수 아래 상처입은 투자자들이 많이 찾는다. 하지만 테마 주, 급등 주를 찾아 헤매면서 재벌이 된 사람들의 이야기는 거의 들을 수 없다. 대부분 한목소리로 향하는 것은 '장기 투자, 가치 투자'라는 소리만 들린다.

사업도 마찬가지 아닌가? 기업들 역시 단기적인 수익만을 고려해 상품의 품질이나 A/S보다는 단기 이익에 집중한 채 일단 팔고 모른 체하는 단기 전략으로 기업을 운영한다면, 지금의 삼성전자나 LG전자가 있을까. 우리는 이미 답을 알고 있다. 안정적인 투자가 우선이고, 급등보다는 안정적인 투자로, 테마 주보다는 기업의 내재 가치에 투자해야 한다는 것이다. 하지만 대부분 이런 말을 하는 사람들은 '방법'을 알려주지 않고, 답부터 가르쳐주려 한다.

공식을 알려주면서 그리 말해야 개인 투자자들이 이해하고 그것을 응용할 수 있지 않을까. 그리고 그 공식도 제대로 모르는 사람들이 꼭 장기 투자니 가치 투자를 강조하기 때문에 신빙성이 떨어지고, 그것을 투자의 기초 원리로 삼으려는 사람들이 적다. 그러나 주식 시장에서 자신만의 비밀스러운 공식과 기법을 함부로 남에게 알려주려고 드는 사람들은 많지 않을 것이다. 그래서 그 방법을 찾으려고 이동 평균선, 거래량, 봉 분석 등 초보들이 배우는 내용부터, 작전 주의 진행 형태를 세부적으로 파악해보려고 검색을 하거나 여러 가지 기법을 스스로 공부해서 알고리즘을 만드는 분도 많을 것이다.

주식 투자의 정답을 무엇이라고 말하기는 어렵다. 하지만 일반 사람들과 똑같이 생각하고, 사물을 판단하고, 얇은 귀로 투자를 해서는 안 된다. 지금 이 글을 읽는 사람이라면, 주식 투자에서 테마 주나 급등 주, 작전 주는 간단하게 말해 수익 날 확률은 낮고, 손실 날 확률은 매우 높은 게임이라는 것은 최소한 알아두고 매매를 하라고 말하고 싶다.

급등 주, 작전 주, 테마 주…. 말은 좋다. 우리 계좌에 빨간불, 수익만 주면 우리에게는 우량 주고 최고의 주식이 맞다. 하지만 물고기들도 낚시꾼 수십 명이 펼쳐놓은 낚시떡밥을 보면서 이런 생각을 할 것이다. '저것을 먹을까? 말까? 떡밥만 살짝 옆 부분을 베어 먹으면 바늘을 피해서 턱에 구멍이 안 날 수도 있겠지' 하며 이성보다는 본능을, 투자보다는 투기를 선택할 것이다. 그리고는 낚아 올려지고, 횟감이 되거나 매운탕 행이 된다. 필자가 가장 하고 싶은 말은 세력들끼리 서로 싸우는 것이 아닌, 개인 투자자들만을 목표로 하고 있는 테마 주, 작전 주, 세력 주 등으로는 한두 번 재미를 볼지언정, 그것만으로 인생이 한 번에 활짝 피거나 평생 놀면서 먹고살 수는 없다는 것이다. 오히려 그 한두 번의 재미가 독이 되어 빠져나오지 못하고 더 큰 손실을 일으키는 사람들이 더 많고, 되지도 않는 테마 주, 작전 주, 세력 주 기법을 연구하다 인생을 허비하는 일이 상당하다는 것을 알려주고 싶다. 신문기사에도 나와 있고, 이미 여러분도 잘 알다시피, 작전 주나 테마 주들은 그들만의 차트가 있다. 개인들이 좋아하는 쌍바닥 패턴이나 눌림목, 이평선, MACD(Moving Average Convergence Divergence : p.19 풀이 참조) 등 개인들에게 많이 알려졌고 좋아하는 방법이나 기법 형태로 차트를 만들어준다. 공시나 소문도 좋아하는 스타일로 내주고, 주가 관리도 적절히 해가면서 떡밥을 내민다.

  우리는 붕어가 아니다. 물론 재미삼아 소액으로 하는 것을 크게 말리지는 않겠지만, 대부분 한두 번 재미를 본 사람들이 꼭 차를 팔거나 담보 대출을 받고, 집을 담보 잡히고, 신용 대출까지 받아서 작전 주로 인생 한 방을 외치며 무리하게 투자금을 넣는다. 그 이후 결과는 대부분 매우 참혹하다. 테마 주나 작전 주나 세력 주들은 '이번만큼은 진짜인 것 같은' 그림을 만들어낸다. 이럴 때 꼭 개인 투자자들은 자신과 같은 사람들이 더 많을 것이라고 판단하고, 자신은 잘 빠져나올 자신이 있다는 생각을 하며 투자를 하고 손실을 본다. 그리고 다음 투자에도 같은 행위를 반복한다.

  인터넷에 떠돌아다니는 글들을 보면, '테마 주, 작전 주, 세력 주 따라잡기' 같은 것들이 많이 유포되어 있고, 또한 그런 것들이 인기가 많다. 그 만큼, 현재 개인 투자자들의 엉덩이는 가려울 만큼 가려운 상태라는 것이다. 자신은 하기 싫은데, 남이 한 번에 이 간지러운 부분을 긁어주었으면 하는 바람일 것이다. '급하게 움직이는 것은 그만큼 리스크가 크다'라는 것을 제대로 알려주고 싶다. 필자 역시 주식 투자를 하고, 주식으로 먹고살지만, 테마 주, 작전 주 등으로 수익을 본 사례는 거의 없다. 오히려 기술적 분석으로 매수했는데 오르는 도중에 작전 주 종목으로 변질하면 얼른 팔아버리고 마음속으로는 그 종목에 소금을 뿌린다.

펀드의 장·단점

펀드에 관해서는 앞서 언급한 바와 같이 펀드 매니저의 역량이나 본성에 따라 수익률이 좌지우지되는 경우가 많다. 대부분의 펀드 매니저들이 고객의 돈을 불려주기 위해 불철주야 일한다. 새벽에 출근해 미국 증시를 분석하며 고객의 돈을 자신의 돈처럼 관리하는 사람들이 대부분이다. 하지만 일부 철새 펀드 매니저들이 있으니 펀드에 관한 내용을 잘 알고 접근하라는 의도에서 글을 쓴다.

펀드란 쉽게 말해 개인들의 돈을 모아 큰 자산으로 만들어 시장에 영향을 주면서 평균적인 수익률을 높이는 힘으로 보아도 무방하다. 이 펀드들은 적게는 수억 원, 많게는 수천억 원의 운용 자금이 형성되고 그 돈의 주체는 대부분 개인이다. 펀드의 종류는 고수익형부터 매달 입금하는 적립식 펀드, 뮤추얼 펀드 등 수백 개가 존재한다. 지금도 새로운 펀드가 생성되어 승인을 기다리고 있다.

2011년, 펀드의 수익률 통계는 평균 -8%~-9%대이다. 유일하게 중소형 펀드만이 약한 수익을 내어 체면을 차렸고 그 외 90% 이상의 펀드들이 손실을 보고 마감했다는 말이다. 특히 이들의 수입원과 운용 방식을 잘 알고 나면 지금처럼 아무것도 모른 채 쉽게 펀드에 들려고 하지는 않을 것이다. 계약 이후 펀드에 들어오는 자금은 기업마다 다소 다를 수 있지만 대부분 증시 상황과 관계없이 자산 운용사나 자문사 등이 맺은 계약 조건 등에 의해 즉시 매수를 해야 한다. 즉 '돈을 놀리면 안 된다' 라는 것이다. 그래서 고객 의견을 별도로 참고는 하겠지만, 우리가 이 책에서 소개하는 '쉬어야 할 타이밍' 또는 '들어가야 할 타이밍'을 구분하지 않고 일정 요건에 맞추어 주식을 사들인다. 이유는 보통은 펀드 매니저부터 관계된 기업들, 운용사들의 수수료 수입 때문이다.

이 구조는 펀드 종류에 따라 많이 차이가 나지만 최소 세 군데 이상으로 펀드 관련 수수료들이 빠져나간다. 그렇다고 만약 고객이 손실을 보고 수익을 보지 못했다고 하더라도 수수료는 환급해주지 않는다. 이미 펀드에 가입하면서 증권사 및 자문사, 펀드 매니저 등에게 빠져나가는 수수료는 손실을 보고 시작하기 때문에 보통 단기적인 펀드 가입은 추천하지 않는 편이다. 그리고 그 어떤 은행이나 증권사 등 펀드 판매처에 찾아가더라도 평소 보통 '언제나 내일의 증시는 맑음'이라고 표현하며 펀드 쪽으로 끌어들이며 영업한다. 운 좋게 국내 증시 전체가 바닥을 치고 저점 상태에서 상승 추세를 타는 구간에 펀드를 들었다면 수익이 날 가능성이 높다. 하지만 1년 동안 자산 운용 전문가라는 사람들이 열심히 일한 성과에 대비하여 평균 수익률이 -9%라는 것은 필자로선 이해가 안 가는 내용이다.

필자의 친지 중에도 필자가 모르는 사이 몇억 원씩 펀드에 가입했다가 80%의 손실을 보고 해당 증권사에 소송한다고 하는 분도 있다. 열심히 저금해서 모은 목돈을 펀드에 넣고 반 토막이 난 개인들의 이야기를 들어보면 정말 마음이 아프다. 특히 일부 몰지각한 펀드 매니저들이 실패한 작전 물량을 받아준다든지, 개인의 수수료를 높이기 위해 매매를 하지 말아야 할 타이밍에 매수·매도를 지속해서 한다든지 고객의 수익률보다 개인 욕심에 자신의 역량을 이용해 많은 사람이 피해를 본다. 펀드는 투자하는 사람이 많은 지식을 겸비하고 타이밍을 적절히 알아내지 않는 이상 승률이 낮은 금융 상품이다. 펀드에 들 때 손실 또는 수수료, 수익에 대한 보장 등을 꼼꼼히 살펴 보고 가입하길 권한다.

가장 좋은 것은 목돈을 한 번에 투자하여 욕심을 내는 것보다 월수입에 맞추어 일부 소액 적립식 형태의 지수 관련주로 쌓아가는 것이다. 그리고 펀드 투자 시기를 3년 이상으로 맞추어 시간이 넉넉한 자금으로 투자할 것을 권한다. 그 이유 중 가장 핵심은 우리나라가 핵폭탄을 맞지 않는 이상 그 어떤 힘든 일이 있더라도 1~2년, 길어도 3년 이상 5년이면 대부분 위기가 해소되어 전 고점을 돌파하고 증시는 지속적인 상승을 해서 3년 정도면 치유가 되기 때문이다. 적립식이라면 고가에서 사든, 저가에서 사든 평균적인 전체 시장 상승률 대비 고점에서 계속 살 수는 없는 형태이기 때문에 손실을 보기가 쉽지 않다. 몇 년의 기간을 두고 투자를 한다면 자신의 투자금이 제법 부풀어 있을 때 여유롭게 언제든지 빼서 쓸 수 있도록 세팅하는 것이 가장 이상적인 펀드 투자라고 할 수 있다. 안전하면서 큰 금액을 투자하고 싶다면 국채를 조심스럽게 권한다. 국채는 안정적인 수익률이 보장되면서 실속도 있는 장기 투자형 금융 상품 중 하나이기 때문이다.

우리나라에서 망하지 않는 것들
—

지금까지 차트 기술이나 심법, 그리고 유형별 투자 방법 등을 통해 '웬만하면 실패하지 않는 주식 투자의 구조'를 만들어 왔다. 쉽게 말해 망하지 않는 것들에만 투자하고, 잘못된 투자라 하여도 빠른 대처를 통해 큰 폭의 손실이나 투자금 대부분을 날리는 일은 없을 것이다. 우스갯소리로 하는 말이 있다.

흔히들 우리나라에서 망하지 않는 사업은 몇 가지가 있다고 한다. 재미삼아 말하자면 소득 수준이 높아지면서 양산형 교육에 첫 단계인 영어 교육 사업, 먹고살 만해지니 매년 찌는 살 때문에 생기는 고민을 해결하기 위한 다이어트 사업, 더 괜찮은 외모가 되기 위해 가는 성형 외과 사업 등이라고 한다.

시대가 변하면서 요구하는 것들이 매번 바뀌고 그에 따라 장기 투자에는 미래를 내다볼 줄 아는 시각이 요구된다. 불과 10~20여 년 전인 1990년도에는 영어 교육이나 다이어트, 성형외과 산업 자체가 이렇게 발달하지도 않았고 수요도 없었다.

하지만 경기가 살아나면서 사람들은 자신과 가족들에게 조금 더 높은 양질의 삶을 제공할 수 있는 것들을 찾기 시작했고 그 대표적인 것이 위의 세 가지다. 만약 우리가 10년 동안 주식에 투자해서 가지고 있을 회사를 정한다고 한다면? 혹은 자식에게 유산으로 물려줄 10~20년 뒤 더 성장할 좋은 회사에 투자한다면? 지금 당장 답은 못 내려도 좋다. 하지만 이에 대해 자신의 안목을 체크하고 관련 시장에 대해 연구를 하는 것이 승리할 수 있는 중요한 요소일 것이다.

실전 매매를 위한 기초 세팅

PART 6

실전 투자를 위한 기술적 분석 단계에 이르렀다. 이미 이 책을 통해 갖가지 사례와 심법을 알았고 정신적인 무장으로 우리는 이제 수익을 낼 준비가 되어 있다. 많은 개인 투자자들이 이러한 기초 확인 단계를 거치지 않고 단순히 종목 차트만을 보고 매매를 한다. 하지만 정보는 많을수록 좋은 법이다. 이 책에서는 누구나 알고 있고 쉽게 접할 수 있는 분석법보다 실제 투자에 있어 가장 필요로 하고 이것만 알고 있으면 성공적인 투자가 가능한 기술적 분석법에 대해 알아보자. 먼저 기술적인 주가 분석을 배워보자.

ㄱ 종목 간단 분석

앞서 애플리케이션을 활용한 기업 분석법을 배워본 바 있다. 지금부터는 기초적인 기업의 정보를 이용해 기술적으로 풀어보는 방법을 배워보자.

다음은 대신증권 HTS로 간단하게 본 삼성전자의 대략적인 개요다. 재무제표 자료들은 일반인이 100% 이해하기 어렵다. 대신증권의 [8531] 기능을 이용하면 간단명료하지만 필요한 자료들만 볼 수 있다. 투자를 계획한 회사가 있다면 최근 2년간의 회사 이익, 성장률 등은 이 기능을 활용해 한눈에 파악할 수 있다. 간단하게 말해 망해가고 있는 회사인지 커가고 있는 회사인지를 한 번에 알 수 있고 각 증권사의 의견과 공개된 애널리스트들의 분석 자료, 상승 목표가를 상세히 파악할 수 있다.

■ 대신증권 [8531] 기능으로 본 삼성전자의 실적 및 증권사 의견

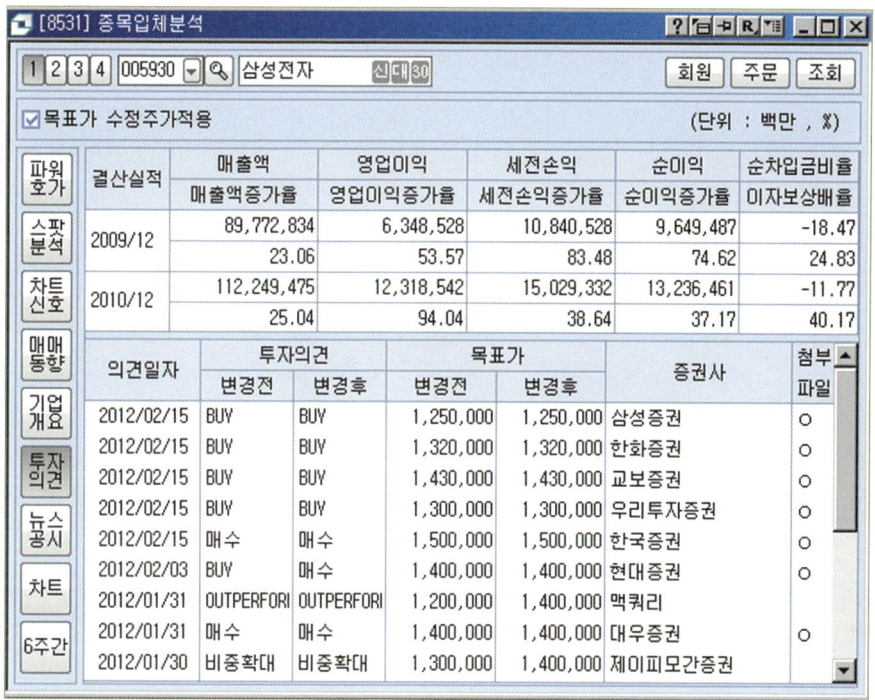

　증권사들은 목표가가 너무 큰 차이로 틀리면 비난을 받기 때문에 여러 근거를 바탕으로 고객에게 정확한 정보를 제공하려고 한다. 우리는 이것을 이용해 각 증권사 전문가들이 열심히 분석해놓은 결과를 5분만 시간 내어 읽어보면 된다. 위의 자료를 보면 현재 삼성전자는 2년간 매출이 증가하고 있고 영업 이익이 2배 가까이 오른 상태이다. 모든 증권사가 매수를 추천하고 주당 120~150만 원까지 상승을 예측하고 있다. 최소한 망해가고 있는 회사를 멀리하고 망하지는 않을 회사에 투자하는 것을 기본 원칙으로 삼는다면 승률을 높이는 필수적인 분석 방법의 하나로 유용하게 쓸 수 있다.

■ 대신증권 [7400] 기본차트 중 삼성전자 일봉차트 매물대 정보 확인 화면

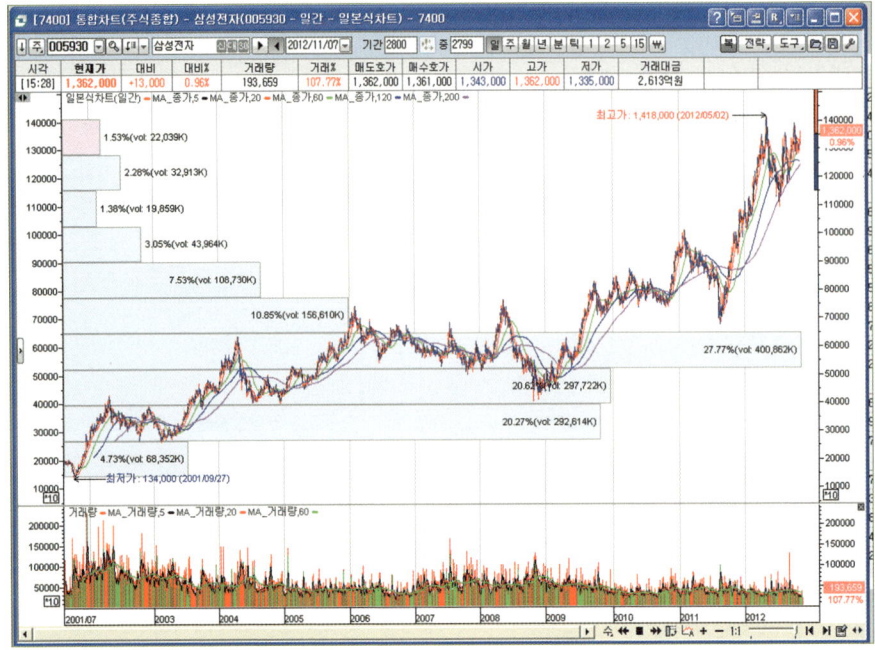

ㄴ 매물대

　매물대는 해당 종목을 사고판 거래가 많이 이루어진 가격대를 나타내는 말이다. 물론 과거 거래된 가격대의 평균치도 합산된다. 위의 자료를 보면 삼성전자의 경우 2004년도부터 60만 원대를 형성하고 있어 가격의 매물 부담이 적지 않은 것을 알 수 있다. 그 매물의 부담 때문에 2004, 2005, 2006, 2007, 2008, 2009년도까지 영향을 받아 주당 60만 원 돌파 후 안착하기가 힘든 모습이다.

　위의 차트 중 분홍색은 현재 구간에서 매물대를 형성하는 구간으로 판단하면 되고 하늘색은 과거의 매물대를 나타낸다. 단기적으로 위의 매물대를 풀

어 해석을 해보자. 상당한 저가인 30~40만 원대에서 많은 매수 물량이 60만 원대에 희석이 되었다가 60만 원대 강한 매물대들의 물량을 받고 그 추세로 2배 가까운 상승을 나타내고 있다. 60만 원대에서 많은 매도 물량이 나와 그 위의 가격선을 돌파할 때 큰 저항 없이 110만 원대까지 안착한 것을 확인할 수 있다.

대신증권 매물대 기능 활성화 방법

1. 원하는 종목의 차트를 연다.
2. 마우스 오른쪽을 클릭한다.
3. 매물 부담으로 마우스를 옮겨 매물 부담 표시를 클릭한다.

이후 매물 부담 표시를 클릭하면 아래와 같은 화면이 나온다.

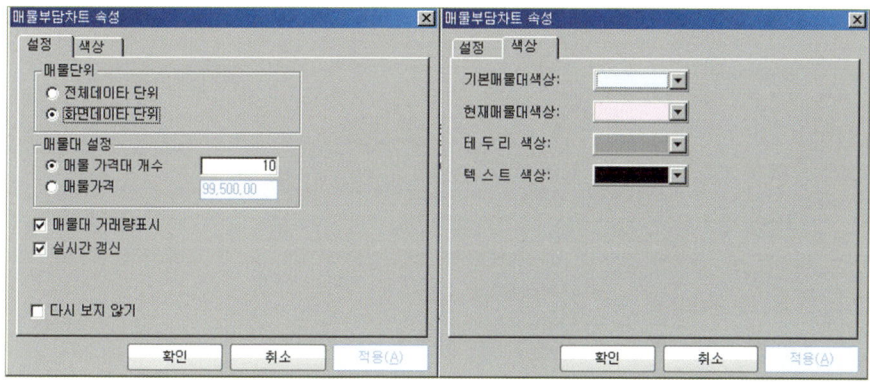

여기서 '확인'을 누르면 무방하다. 자신의 HTS 세팅을 조금 다르게 하고 싶다면 개별 색상을 지정해서 세팅할 수 있다. 위의 매물 부담은 장기적인 투자에서 그 활용도가 높은 편이다. 현재가 부담스러운 매물들은 다 뚫고 상승

해가는 국면인지 강하고 오랜 상승을 하기에는 시간이 조금 더 필요한 종목인지를 판단해볼 수 있다. 단기 투자자들은 화면 세팅을 일봉, 또는 120분봉, 60분 봉 등 자신이 투자하고자 하는 기간별로 짧게 세팅하여 매물대를 분석한다. 중장기 투자를 원하는 분들은 일봉, 주봉, 월봉, 연봉 형태로 체크를 해가며 중장기적인 큰 매물대들을 한눈에 분석하는 것이 좋다. 여기서 매물대란 말 그대로 매물이 많은 가격선들이다. 이 매물대는 매물대까지 올라갈 때는 저항 역할을 하며 매물대를 뚫고 간 이후에는 지지 역할을 하는 경향이 많다. 다음 차트를 통해 그 사례를 살펴보자.

■ 대신증권 [7400] 삼성전자 2008년~2012년 일봉차트 매물대 캡쳐화면

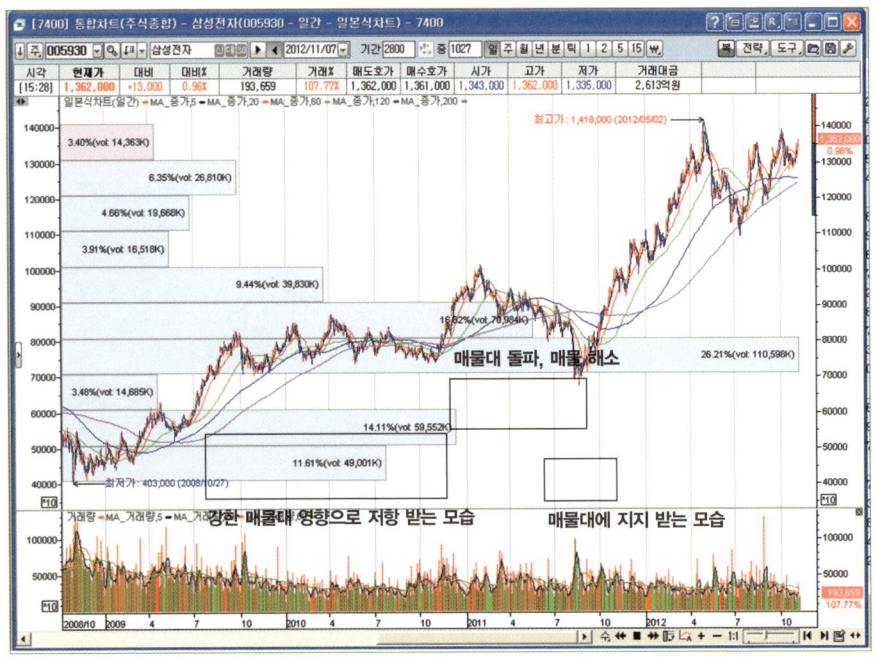

앞에서처럼 단기적인 투자를 위해 4년간을 기준으로 매물대를 세팅하면 그

속에 70~80만 원대의 강한 저항성 매물대가 많은 것을 확인할 수 있다. 이 매물대는 2009년 7월부터 2010년 11월까지 강한 저항을 받으며 약 1년 3개월 이상 저항 자리로 나타나면서 박스권을 형성한 모습이 체크가 가능하다. 이후 강한 상승 돌파를 하면서 해당 매물대의 악성 매물들을 매수세들이 정리해주었고 돌파 이후 단기적인 시장 악재에 노출되면서 그전 강한 매물대인 70~80만 원에서 지지를 받는 모습을 확인할 수 있다. 이후 시장의 상승세에 맞추어 주도 주 역할을 하며 대세 상승으로 110만 원을 돌파한 모습이다.

이처럼 매물대는 누군가 강력히 팔고자 하는 의도로도 볼 수 있고 군중 심리라고도 할 수 있다. 그래서 그러한 매도 매물 때문에 주가가 쉽게 올라가지 않으나 이 매물대를 통과하면서 매수를 한 물량들이 70~80만 원대에서 강력한 매수의 진을 치고 있기 때문에 돌발 악재 속에서도 저 가격만큼은 지켜내는 것이다. 우리는 매물대를 이용해 전체적인 종목의 정황과 간단한 예측을 하여 리스크가 적은 투자 시기가 언제인지를 파악할 수 있다. 이처럼 매물대는 투자 기간별로 맞게 설정하여 입맛에 맞는 세팅으로 자신의 기법을 한층 강하게 만들 수 있다. 매물대에 대해 강조하고 싶은 것은 시장 예측 지표가 아니라 사람들의 심리를 읽을 수 있는 좋은 근거로써 활용 용도가 높은 분석 중 하나라는 것이다.

종목 간단 분석과 매물대라는 두 가지를 살펴보면 실전 투자에서 몇 가지 정보는 알고 투자를 시작할 수 있다. 성장해가는 회사인지, 전문가들이 추천하는 회사인지 등을 쉽게 알 수 있고 사람들의 심리적인 저항선이나 현재 가격선의 무거움이나 가벼움 등을 간단히 살펴볼 수 있다. 기술적인 분석은 수천 가지가 존재한다. 하지만 자신이 잘 활용할 수 있고 빨리 수천 가지의 종목을 돌려보면서 단번에 기업 정보를 확인하는데 이 두 가지는 필수적이면서도 거품이 없는 기술이기도 하다. 만약 전업 트레이더가 장중 주가를 확인하면서 새로운 편입 종목을 찾거나 관심 종목을 설정해두려면 간단하면서도 강력한 확인 방법이 있어야 할 것이다. 밤새도록 종목만 찾고 있을 수는 없으니까 말이다.

간접 투자로 본인의 일이 있으면서 재테크를 하는 분들도 마찬가지다. 직장에서 수 시간 동안 재무제표를 읽어볼 수도, 차트나 여러 가지 정보를 얻어내는 것도 사실상 불가능하다. 이처럼 간단하지만 강력하게 내부를 신속하게 들여다볼 수 있는 확인 방법도 주식 투자에서 승률을 높이는 좋은 방법이다. 특히 매물대는 몽상적인 투자 패턴을 좀 더 과학적이고 능동적으로 대처할 수 있게 하는 좋은 분석 방법이다. 현재 상승을 추론하는 근거가 되고, 보유하는 이유와 손절해야 하는 이유도 쉽게 알 수 있고 여러 가지 전략 수립도 가능하다.

실전 매매를 위한 지표 세팅

앞에서는 기술적으로 종목을 빠르고 정확하게 판단하기 위한 세팅을 배웠다. 이제 실전 매매를 위한 세팅을 배워보자.

ㄱ RSI(Relative Strength Index)

RSI는 일정 기간을 주기로 상승과 하락폭을 측정해 움직임의 강도를 나타내는 보조성 지표다. 필자 역시 보조 세팅은 거의 하지 않는 편이지만 현재 주가가 어디쯤 속해 있는지, 강도는 강한 편인지를 판단하기 위해 RSI는 반드시 체크해서 보는 편이다.

■ 대신증권을 이용한 RSI 세팅 방법

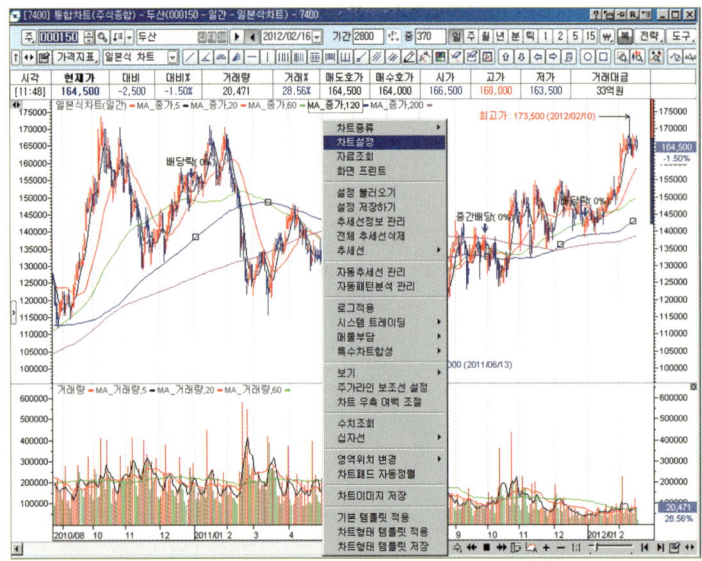

기본 주식 차트에서 마우스 오른쪽을 클릭 후, 차트 설정을 클릭

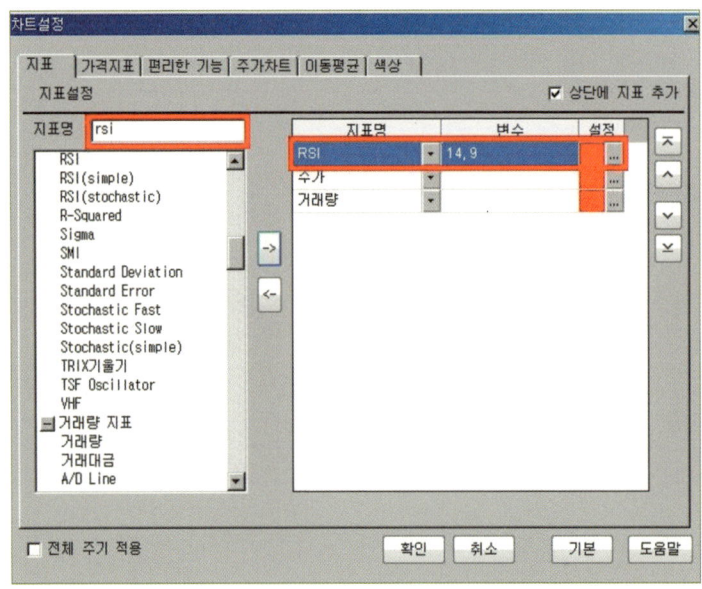

지표명 탭에서 RSI를 적어 오른쪽으로 추가. 이후 14, 9 기본 값으로 세팅하여 확인 클릭

이후 RSI를 이용하여 분석하는 방법을 배워보자. RSI는 읽어내는 사람에 따라 그 활용 용도가 매우 달라진다. 필자는 RSI는 단순히 30, 50, 70만을 바라보고 간단히 활용하는 편이다. 간단히 말해서 RSI 지표가 잘 맞는 종목인지 과거 패턴을 유심히 살펴보는 것이 1단계다. 이후 현재 RSI가 30 또는 그 이하 부근인지를 보는 것이 2단계다. 매도 시 RSI가 70 이상인지 그 부근인지를 보는 것을 3단계로 나눈다. 이 3단계로 간단히 현재의 추세를 살펴볼 수 있다.

아래 엔씨소프트(036570)의 차트를 살펴보자.

■ 엔씨소프트 (036570) RSI 적용 차트

위에서 세팅된 보조 지표가 RSI이다. 값은 14, 9로 대신증권의 기본 세팅 값과 같다. 이 RSI는 가만히 살펴보면 특징이 있다. 단기적이든 중기적이든 RSI가 30

부근에 있으면 주가가 다소 내려간 상태이고 70 부근이거나 넘으면 단기적으로 저항을 자주 받는 것을 볼 수 있다. 다음 그림으로 더욱 세밀하게 파헤쳐보자.

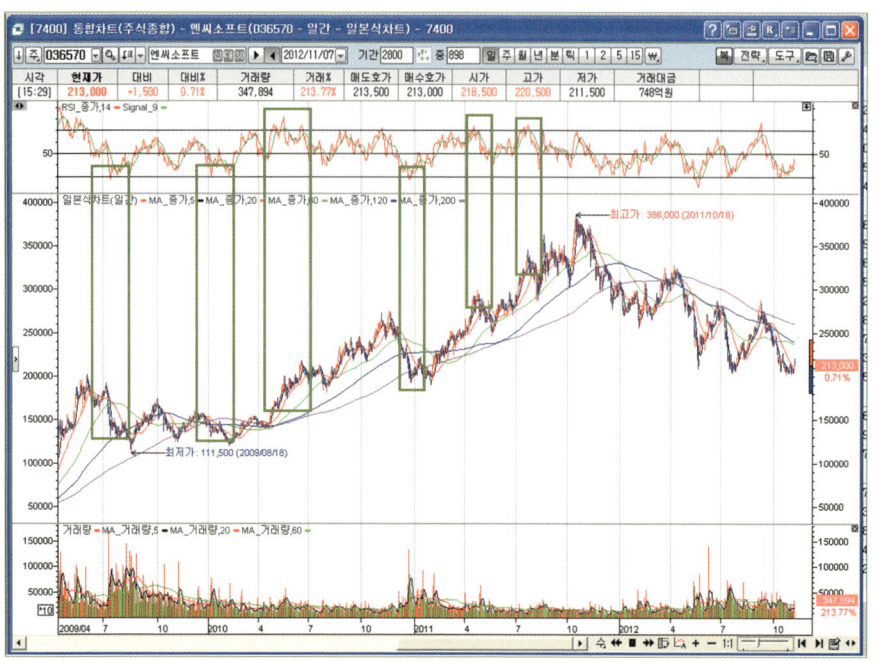

위의 그림을 잘 살펴보면 앞서 말로 설명한 대로 RSI가 30 부근일 때 주가가 비교적 저점에 속하고 70 부근이거나 70을 돌파하면 단기적인 조정 등을 받을 가능성이 많다는 것을 확인할 수 있다. RSI를 활용할 수 있는 용도는 많은 편이다. 주로 RSI를 활용하여 각자 해석을 하는 사람들은 많은데 대부분이 30 부근에서 반등하여 50을 돌파하면 70까지 갈 가능성이 높다는 이론이 많다. 필자 역시 RSI가 50을 돌파하여 상승 국면에 있으면 그 추세가 아직 죽지 않았다고 판단하고 종목을 보유, 홀딩 하는데 근거로 삼는다. 이처럼 RSI는 시장의 심리를 대변해주기도 하고, 주가에서 앞으로 흐름을 읽는 데 큰 도움이 되는 지표이기도 하다.

ㄴ 볼린저 밴드

볼린저 밴드(Bollinger Bands)는 주가가 일정한 크기를 가지고 변동성을 반복한다는 이론으로 만들어진 지표다. 즉 정확히 일치하지는 않더라도 어느 정도 매수세와 매도세가 반복되는 구간 속에서 그 등락의 폭을 쉽게 알 수 있게 해준다는 말이다. 볼린저 밴드는 이러한 사람들의 심리선을 표현해주기도 하는데 대신증권을 이용한 세팅 방법 먼저 알아보자.

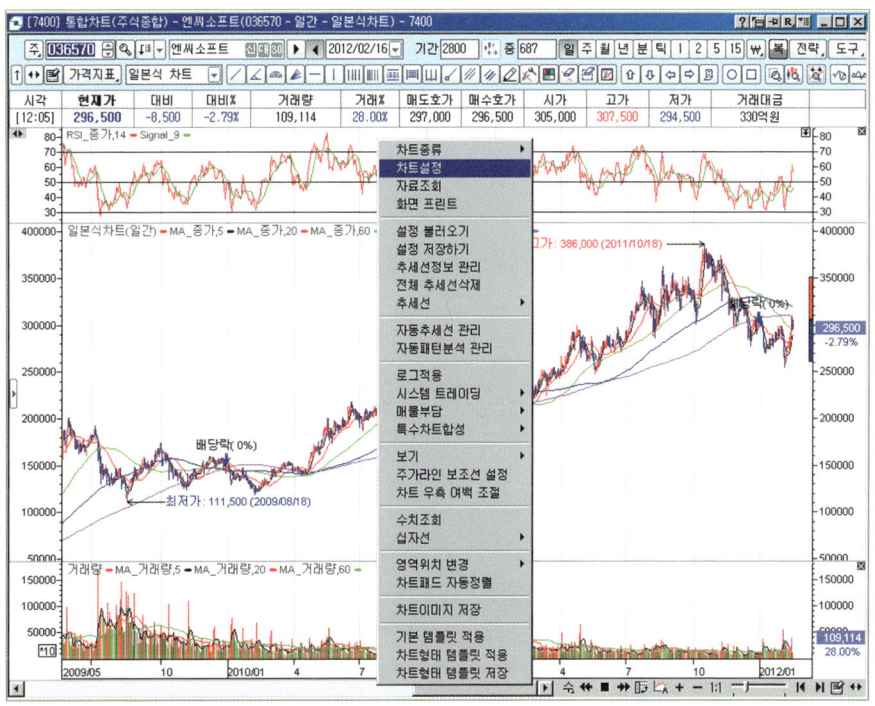

1. 대신증권 주식 차트에서 마우스 오른쪽을 클릭 ▶ 2. 차트 설정 클릭

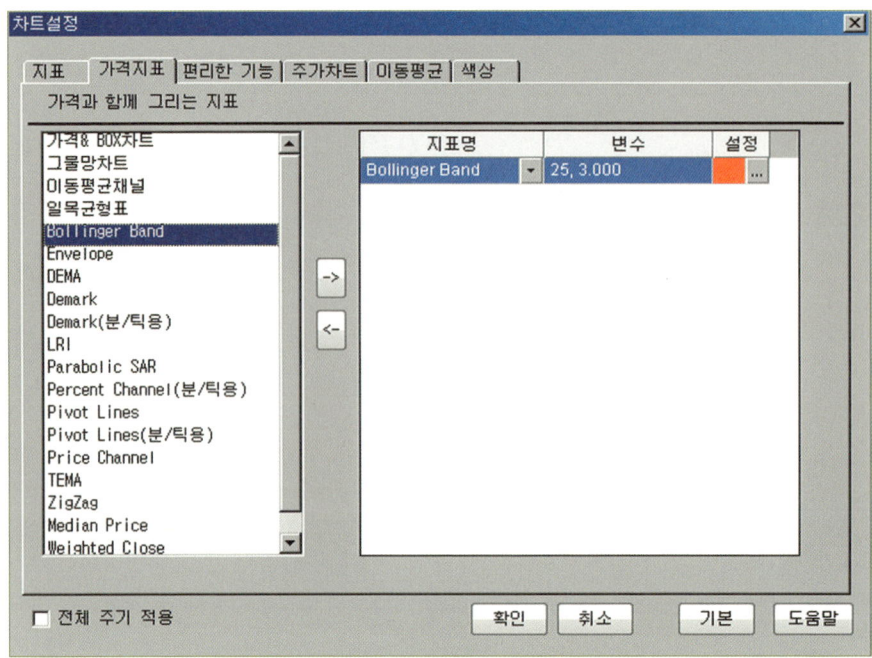

3.가격 지표 탭을 클릭하여 Bollinger Band 더블 클릭 ▶ 4.기본 값으로 확인 클릭 ▶ 5.세팅 완료

이후 세팅이 완료된 차트를 살펴보면 앞의 그림과 같이 빨간색 점선이 생겨나게 된다. 필자는 상하 단의 밴드 폭으로 단기간 상승이 가능하고 저항대가 될 수 있는 지점을 찾는 데 주로 이용한다.

일반적으로 볼린저 밴드를 사용하는 여러 기법의 하나는 볼린저 밴드를 터치하고 유지가 되면 그 방향으로 추세가 지속한다는 점인데 요즈음 차트에 대고 과거 검증을 해보면 맞지 않는 사례가 많아 필자는 보통 단기적인 스윙 매매에 상하단 바스켓 레인지를 잡는 용도로 접근하는 편이다. 매매에서 큰 비중을 차지하는 지표는 아니지만, 현재 구간에서 윗선, 아랫선을 가지고 상하단 사이 내릴 수 있는 범위와 목표로 할 수 있는 대략적인 범위를 만들어놓고 매수를 함으로써 전략을 구사할 수 있어 이 점을 높이 활용한다. 일반적으로 전략을 짤 때에는 근거가 있는 손절 라인, 목표 가격이 설정되어야 하는데, 너무 많은 변수를 가지고 수십 가지의 기법과 차트 세팅으로 맞추다 보면 맞는 것이 하나도 없고 어렵고 복잡해지기만 한다.

위에서처럼 상단의 빨간색 선과 하단의 빨간색 선, 중간의 빨간색 선을 이용하여 심리적인 손절선과 목표 가격을 설정해 자신의 자금과 투자 타이밍을 고려한 전략을 구사한다. 원칙을 만들고 변동성에는 그 원칙에 따라 매도 또는 매수 등을 고려하게 할 수 있다.

이 볼린저 밴드는 이동 평균선을 기초로 만들어졌기 때문에 대체로 알고 있는 이동 평균선 크로스라든지 이동 평균선 지지, 저항 등의 자료를 한눈에 살펴보기에 편리하다. 볼린저 밴드가 좁혀지면 보통 박스권, 넓어지면 상하단의 레인지가 넓어지면서 모양 자체가 변화되어 그 폭을 정확히 예상하기는 힘들지만, 어느 정도 방향성에 대한 모습은 쉽게 읽을 수 있다.

ㄷ 추세선을 읽는 방법

추세선이라는 것은 각자 그리는 것에 따라서 다르고, 일봉, 주봉, 월봉, 연봉, 분봉 등에 따라 다르지만, 원칙에 따른 매매를 하려는 전략을 구사함에 있어 추세선이 깨지지 않으면 장기간 보유 홀딩의 근거로 삼고 전략적으로 활용하기에 좋다.

■ 추세선을 이용하는 방법 예제

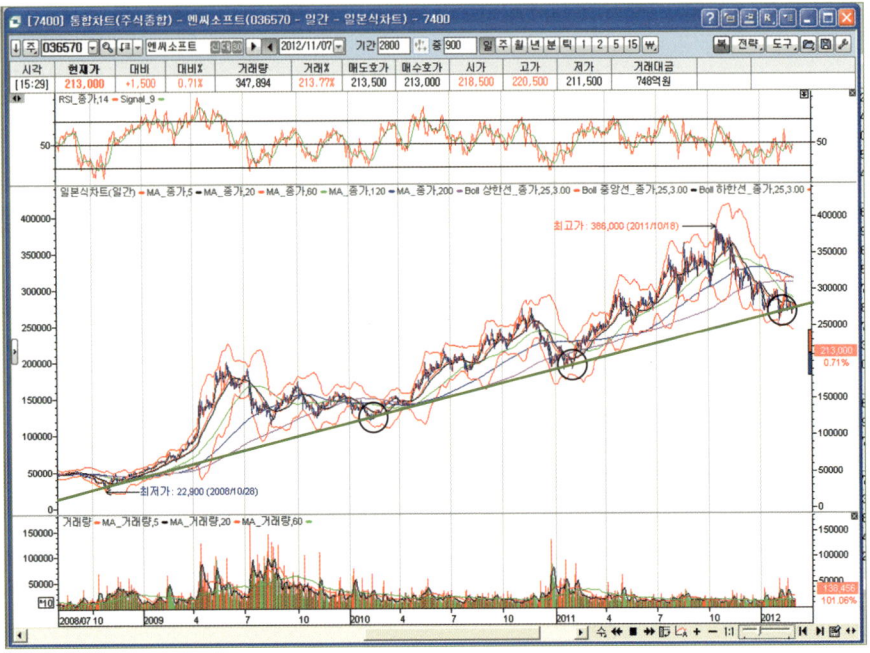

이전에 살펴보았던 세팅대로 엔씨소프트의 중장기 투자용 추세선을 그어보았다. 추세선이란 사용자마다 분석법이 다르지만, 많이 이용하는 것은 간단하게 말해 크게 만들어진 저점과 저점들을 이어 현재의 구간에 대한 인지로 보통 활용하고 고점과 고점을 이어 그 안에서 상, 하단 변동성

을 예측해서 매매에 활용하기도 한다. 필자는 이러한 추세선은 습관처럼 다른 지표와 정보에 확신을 주는 정도의 비중으로 활용하고 있다.

위의 엔씨소프트의 일봉으로 살펴본 근 3년간의 차트를 보면 추세선을 크게 이탈하지 않고 몇 년간 지속적인 상승을 해왔으며 이를 이용한 활용 방법은 예제 그림의 빨간색 하단 선을 기준으로 2번 이상 저점을 형성하고 그것을 이은 선을 기준으로 세 번째 선에 닿는 저점에서(검은색 동그라미) 저평가라는 생각을 하고 매수를 고려한다. 그리고 상대적으로 높아졌을 때 판다. 다시 하단 선에 접근하면 매수를 고려하는 방법으로 차익 실현을 하면서 주식을 장기 보유하는 형태로 투자하는 데 도움을 받을 수 있다.

하지만 추세선이라는 것은 사람마다 읽는 방법이 다르고 그것을 활용하는 범위에 따라 매매에 관여하는 비중이 천차만별로 차이가 난다. 고수들은 대부분 추세선을 습관처럼 기본으로 사용하면서 원칙을 지키는 데 많이 이용한다. 필자는 추세선이 강하게 깨지면 미련 없이 손절하는 근거로 삼고 있으며 추가 매수나 보유를 할 때에도 많은 영향을 받고 있다. 하지만 대부분의 개인 투자자들은 이러한 기본적인 차트의 흐름이나 저점을 이어보는 노력 자체를 하지 않는 것이 문제고 들어가야 할 타이밍을 정할 때도 기술적인 차트에서 읽어보려는 접근도 없이 파악하려 해 그 확률이 높지 않다.

여기까지 우리는 네 가지의 기본적이면서도 필수적인 차트 세팅을 배웠다. 하지만 차트에서만 100% 정보를 얻어 매매하는 것을 일반적으로 기술적 매매(모든 매매를 차트나 기타 지표 등으로 분석해서 매매하는 방법)라고 한다. 기술적으로 판단함과 동시에 전체적인 시장의 방향성과 국내 증시 자체를 참고하지 않으면 자칫 큰 위험에 노출된 채로 매매할 수 밖에 없다.

국내 시장방향 분석

PART 7

주식을 살 전체적인 타이밍은 언제인가? 내가 산 주식의 회사가 아무리 매출이 높아져도 주가가 떨어지는 이유는? 답이 나오지 않는 질문에 매일 휩싸이고 질문을 해도 속 시원한 답변이 없었다면 국내 시장 방향 분석을 자세히 알아보아야 할 것이다. 지금이 주식을 살 때인지, 팔 때인지는 대략 국내 증시를 파악해보면 답이 나오기 마련이다.

실전에 쓰이는
해외 증시와 국내 증시의
연관 관계

　우리는 참 모르는 것이 많다. 방송 활동하면서 회원분들이 많이 질문하는 것 중 하나가 외국 증시와 우리나라 증시가 어떤 관계에 있는지, 어떤 영향을 받는지이다. 일반적으로 메이저급 투자자들은 얼마 전까지, 아니 대부분 현재도 미국을 중심에 두고 전 세계 증시를 파악한다. 위에서 얼마 전까지라고 언급한 이유는 2011년 이후 아시아의 핵심인 코스피를 가지고 아시아장을 뒤흔드는 사례가 많아져 최근에는 메이저들의 투자 성향이 조금 바뀌었다는 판단을 하고 있다. 그러한 메이저들의 손 돌림(투자 세력들의 세대 교체)이 나오면서 급등락과 변동성이 확대되는 것을 알 수 있다.

　주식을 조금 했다는 사람들치고 미국 증시에 관심이 없는 사람이 없을 것이다. 그들 중에는 미국 증시 본답시고 잘하지도 못하는 영어로 미국 뉴스를 보며 그다음 우리나라 증시를 예측하려는 사람도 많다. 하지만 외국 증시를 가지고 우리나라 증시를 판단하고 주식에 투자하는 것만 가지고는 절대적인 기법이 되기는 어렵다. 그러나 다른 기법과 동시에 전체적인 증시를 판단함에서 반드시 필수적으로 알아야 하는 단계이기도 하다. 우선 대신증권 비교 차트를 통해 현재 우리나라 증시와 외국 증시 간의 격차를 알아보도록 하자.

■ 대신증권 [7410] 화면

위의 비교 차트를 살펴보면 코스피는 노란색, 다우존스는 회색, 대만은 남색으로 구분해놓았다. 이렇게 살펴보면 미국 증시와 우리나라 증시, 그리고 아시아 증시는 대부분 비슷한 등락을 하는 것을 알 수 있다. 따라서 전체적으로 우리나라 증시가 외국 증시와 비교해서 추가적인 상승이 가능할지 혹은 고평가가 되어 있는지 판단하는 비교 분석 자료가 된다. 이 대신증권의 [7410] 기능은 세계 증시 비교뿐만 아니라 코스피 기준 대비 종목별 등락 현황을 체크해볼 수도 있다.

이처럼 필자가 주로 쓰는 대신증권 U_CYBOS Global 프로그램은 좋은 기능들이 많은 편이다.

■ 대신증권 [7410] 비교차트 종합 주가지수 삼성전자, KOSPI200 연결화면

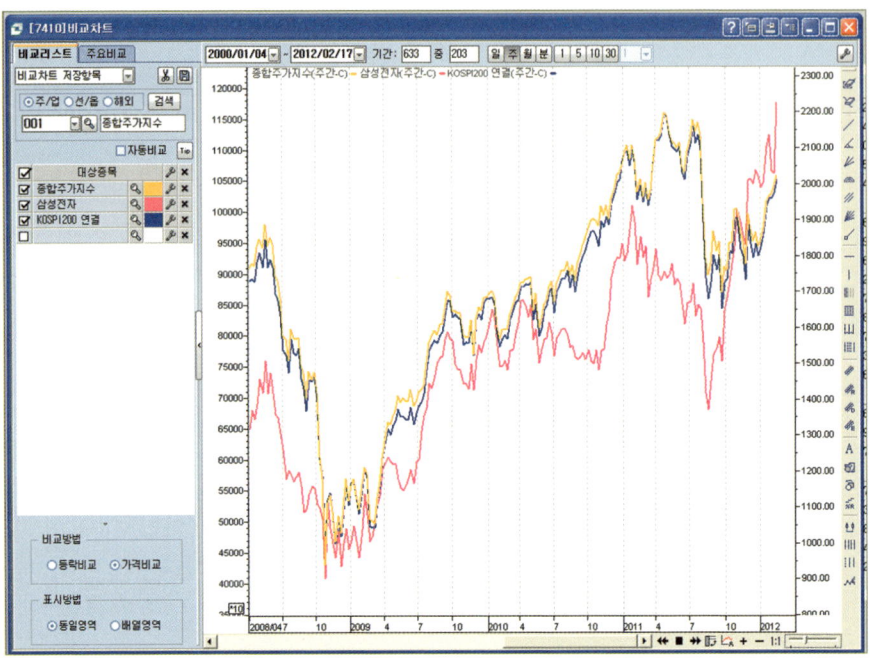

비교 리스트 탭에서 주가나 선물 지수 등을 클릭하여 세팅하면 현재 코스피 지수와 연계하여 그 상승폭을 자동으로 계산, 흐름을 읽어볼 수 있다. 이 기능으로 삼성전자 2012년 2월의 흐름을 살펴보면, 코스피는 삼성전자가 주도하고 있다고 해도 과언이 아닐 만큼 삼성전자(분홍색)가 앞서 상승을 하고 있다. 그 뒤를 따라 코스피(노란색)와 선물 지수(파란색)가 거의 같은 흐름으로 상승을 뒤따르고 있다.

위의 그림을 보았을 때 우리는 차트상 현재 시장의 주도 주 역할은 삼성전자가 하고 있다고 판단할 수 있으며 주가는 상승 흐름에 있다는 것 정도를 쉽게

알 수 있다. 만약 자신이 관심 있거나 보유 중인 종목이 코스피 지수와 대비하여 등락이 낮은 편인지, 높은 편인지 등만 파악을 잘해도 심리적으로 많은 도움이 될 것이다. 만약 대기업이 아니고 우량 주도 아니면서 시장의 평균 시세보다 무리하게 고평가된 주식을 보유하고 있으면 매도 타이밍을 잘 노려서 그것에 맞게 매매를 해야 할 것이다. 평균적인 코스피 시세보다 저평가가 되어 있으면 여러 가지 상황에 맞추어 조금 길게 가져가 보는 전략도 유효하다. 이런 다양한 기능을 활용하면 전체적인 시장의 흐름과 내가 가진 주식 또는 관심 종목의 현재 위치를 알아 조금 더 세밀한 투자 전략의 수립이 가능해진다.

대신증권의 또 다른 기능으로는 [8317] 기능으로, 아래 그림과 같다.

■ 대신증권 [8317] 기능화면

이 기능은 미국과 우리나라 증시만을 비교하는 기능이다. 또 다른 비슷한 기능으로는 대신증권의 [8322] 기능이 있다.

■ 대신증권의 해외 지수 비교차트 [8322] 기능화면

이처럼 비슷한 기능이지만 사용자의 컴퓨터나 모니터 환경 또는 판독이 쉬운 화면으로 실시간 외국 증시와 코스피의 연관 관계를 손쉽게 확인할 수 있다. 단 1분만 투자해도 현재 외국 증시와 우리나라 증시의 연관 관계나 그 비교는 해결이 나는 셈이다.

자, 이제 외국과 국내 증시의 비교 방법을 알아보았으니 실전에 쓰이는 연

관 관계에 대해서 살짝 언급하겠다. 위의 자료들로 보아 우리나라 증시는 대체적으로 미국 증시와 비슷한 맥락으로 움직인다는 것을 알 수 있다. 이 말을 쉽게 풀이하자면 우리나라는 미국의 영향을 받고 있고 그 영향에서 벗어나기 힘들다는 것이다. 그래서 늘 미국 증시가 좋지 않거나 외국에서 악재가 나오는 경우 전혀 관계가 없을 것 같은 코스피까지 출렁이는 경우가 많으며 코스피가 출렁거리니 개별 종목들이 줄초상 나는 경우도 많다.

앞서 전 세계 증시를 핸들링하는 메이저들은 사람들의 심리를 잘 이용한다고 설명한 바 있다. 이는 전 세계 증시를 움직이는 거대한 세력들이 '국가'를 한 종목으로 보고 샀다 팔았다 하면서 핸들링한다는 생각이 들 정도로 그 파급력이 높다.

또 개인 투자자들의 심리를 잘 이용한 타이밍, 학습 효과를 통한 수익을 내는 기법들이 다양화되어 있음을 보여준다. 외국이나 국내나 큰손들의 움직임은 비슷하다. 주가를 쓸어 담거나 땅을 매입할 때는 이미 매입을 반 정도 해놓고 국가적인 호재를 내거나 미리 그 정보를 알고 있는 상태에서 개인들의 움직임을 부추긴다. 이후 악재를 내면서 스스로 팔아도 '욕먹지 않을 듯한' 분위기를 조성하여 이전에 투자한 자금을 3~5년마다 팔아치우며 명분 있는 차익 실현'을 하러 나선다. 차익 실현과 동시에 파생 상품을 통한 하락 시에 큰 수익을 낼 수 있도록 투자를 해놓고 주가가 내릴 때 공매도와 파생 상품으로 수익, 저가에서 주가 및 파생 상품 상승으로 재투자 등으로 양 방향의 거대한 수익을 얻는다. 이를 통해 전체적으로 낮아진 증시를 다시 저렴한 가격으로 매입하고 개인들이 끌어올려 놓으면 다시 되팔면서 악순환을 반복시킨다.

한 가지 예로 필자는 서브 프라임 모기지 사태가 이미 예견이 되어 있었다고 판단한다. 이는 부동산 갑부들이 현금화가 쉽지 않고 가치가 내려가고 있는 부동산 자산을 빠르고 쉽게 현금화하려 한 것이라고밖에 볼 수 없다. 이를 위해 악성 재고 부동산들을 개인들에게 쉽고 빠르게 대출해줌으로써 침체되어 있던 주택 거래량이 활성화되었고 또한 당장 돈이 없어도 좋은 집을 살 수 있는 여건을 마련해주는 척하면서 개인들이 몰려들고 전략대로 시장이 살아나자 세력들은 팔고 빠지는 사태였다고 생각한다. 그 과정에서 은행들이나 금융 업계는 이자를 받을 일이 많아지니 큰 수수료와 수익 성과를 얻었을 것이다.

물론 이 사태로 돈을 빌려준 은행이나 금융사의 타격도 있었지만, 미국 정부가 지원해줄 것이라는 확신이 있었고 자신들의 브랜드 가치는 조금 떨어질 수도 있으나 수익성으로 따지면 '꿩 먹고 알 먹기' 형태의 전략으로, '개인과 국가 우려먹기 사태'가 벌어진 것이라고 본다.

이러한 사례처럼 증시에서도 국가 신용 등급 위기, 또는 기타 비슷한 이유로 3년~5년마다 한 번씩 급등락을 주면서 메이저들은 차익 실현과 저점 재매수로 지속적인 투자를 하고 있다. 이런 근거들은 국채 매입량과 파생 상품의 투자 성향을 보면 알 수 있다. 겉으로는 망할 것이다, 망할 것이다 해놓고 해당 나라의 국채는 꾸준히 매입하면서 단기 하락이 올 때 큰 수익을 얻는, '투자하고 그 차액을 취하는' 사례들이 즐비하다.

그래도 언론에서는 국가 위기 사태에 투자 자금이 빠져나가면서 '주가 하락이 어쩌고' 하면서 이런 거품 현상을 전체 금융 시장의 자연스러운 위기처럼 포장을 해버린다. 거기에 정보력도 없고 기술도 없는 개인 투자자들은 매 시기마다 크게 당한다. 개인들이 버티기 어려운 심리적인 구간까지 밀어내어 손절을 유도하고 메이저들이 원하는 가격과 물량대로 주식들이 다시 잘 돌아가면 시장을 들어 올려 개인 투자자들의 마음을 두 번 아프게 하고 있다. 이것을 휩소(whip saw)라고 하는데, 뉴스를 아무리 보고 판단을 하려 해도 포장 자체를 적절히 잘해 언론에서 떠들어주기 때문에 사태의 정확한 원인과 그 해결책을 판단하기가 어려운 것이다.

이런 이유로 앞서 말한 뉴스나 공시 등만 가지고 매매를 하는 것이 상당히 힘들며 외국 증시와의 연관 관계에 대한 지식이 전혀 없다면 늘 손해 보기 십상인 투자자로 전락할 수밖에 없다. 이러한 문제의 해결은 앞에서 설명한 추세를 보는 지표에서 어느 정도 그 해답을 찾을 수 있다.

특히 RSI나 볼린저 밴드의 경우 시장의 과열성을 눈치챌 수 있는 기술적인 지표로, 메이저들의 언론 플레이에 대한 사전적 지식과 해석을 달리 할 수 있는 자신만의 견해가 합쳐지면 지금이 어떤 국면에 있는지 대략 감을 잡을 수 있을 것이다. 그런 정보를 이용해서 전체적으로 주식이나 적합한 시기인지 역시 투자에 참고할 수 있을 것이다.

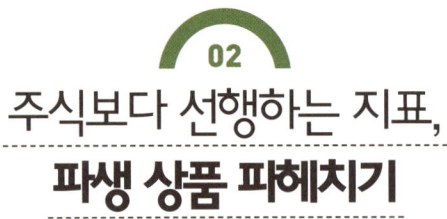

02 주식보다 선행하는 지표, 파생 상품 파헤치기

선물을 아는가? 만약 선물이 무엇인지도 모르고 코스피 종목을 매매해서 손실을 보았다면 그냥 시장에 돈을 버리고 온 것과 같고 지금까지 큰 타격이 없다면 당신은 '운이 매우 좋은 경우'다.

선물이란 코스피 자산을 기준으로 앞으로 코스피가 오를지, 내릴지를 판단하여 투자하는, '선행하는 월물'쯤으로 해석하면 쉽다. 이 선물이라는 것은 매수와 매도가 있는데 오르든 내리든 모든 방향으로 투자할 수 있다는 것이 장점이며 선물은 코스피보다 선행하거나 가끔 코스피를 견인하는 역할을 담당하기도 할 정도로 시장의 파급력은 크다고 할 수 있다. 코스피 주식과 선물의 관계는 가족과 같은 것으로 선물을 움직이기 위해 주식을 사고파는 경우도 있을 정도로 밀접하다. 선물·옵션을 모르고서 주식 투자를 한다면 증시에 기분만으로, 감만으로 투자를 했다고 해도 과언이 아닐 것이다.

선물의 뜻을 어렵게도 해석할 수 있지만 쉽게 풀이하면 만기일을 정해놓고 그 만기일에 선물 지수가 어떻게 끝나느냐를 놓고 맞추는 베팅 게임이라고 볼 수 있다. 선물은 6.5배 가까운 레버리지를 안고 투자를 하고자 해도 이 상품이 위험한 상품이라는 것을 인지했다고 확인을 해줘야 계좌를 열어줄 정도로 일반 사람들은 접근이 쉽지 않다. 하지만 주식 투자만 한다고 선물을 등한시하면 트레이더 인생에는 큰 오점이 될 것이다.

코스피와 선물이 이렇게 연관 관계가 있다면, 선물과 옵션도 그 비슷한 연관 관계가 있다. 선물이나 옵션이나 모두 기존의 상품에서 탄생한 파생형 상품이다. 옵션은 선물 때문에 태어난 파생 상품이라 할 수 있다. 이 선물 옵션을 이용하면 주식 투자에도 다양하게 도움을 받을 수 있다.

1. 헤지 전략이 가능해진다.

헤지 전략이란 앞서 설명한 것과 같이 양 방향으로 투자를 하는 방법이다. 주식으로는 상승해야만 이익을 얻을 수 있지만 선물과 옵션에서는 양 방향으로 투자를 하여 이익을 얻는 것이 가능하다. 이러한 전략으로 대부분의 자산 운용사들이나 펀드들은 양방향으로 일정 비율 추세를 파악하여 투자를 하고 대신 돌발적인 시장 소식에 큰 손실 없이 대응할 수 있다. 그래서 그들은 날로 돈을 더 벌 수 있고 개인들은 점점 말라가는 구조이다.

보통 헤지라는 것은 위험성이 있는 거래를, 수익은 조금 덜하지만 큰 위험 없이 투자하는 방식이다. 주식 1억 원의 가치라고 생각할 수 있는 선물 1계약을 기준으로 코스피 주식 1억 원을 매수한다고 하면 일정 선물 계약이나 옵션을 하락 방향으로 투자해 헤지를 건 반대 방향 투자금의 큰 손실을 미리 방지

하는 것과 비슷하다. 늘 상승 방향으로만 투자한다고 생각하는 주식에 더불어 개인 투자자들에게 그나마 덜 위험한 투자 방법을 제시하기 위해 만든 것이 선물과 옵션이다. 하지만 활용하는 이는 거의 없다. 자신의 운용 금액에 따라 헤지 전략은 수천 가지로 나뉠 수 있고 투자 성향에 따라 비율을 조절하여 공격적인 헤지 전략 또는 보수적이지만 안정적인 헤지 전략으로 나누어 투자가 가능하다. 선물 계약이나 옵션거래를 하려면 주식과 마찬가지로 증권사에 가서 계좌 개설 후 위험 고지를 확인만 해주면 가능해진다. 요즘은 옵션거래에서 개인들의 손실이 커지자 금융 감독원이 최소 운용 증거금을 1,500만 원으로 높여놓았다. 보통 주식을 대용(보유 주식 전일 종가의 70~80% 정도로 수치화해 놓은 금액으로서 파생 상품 거래에서 증거금 대용이나 보증금으로 활용하는 것)으로 잡고 파생 상품에 투자하는 이도 있지만, 원칙적으로는 헤지 전략을 구사할 수 있도록 주식과 선물, 옵션 모두에 투자할 수 있도록 연계를 하는 것이 고수들만의 특징이다. 이들은 일반 개인 투자자들은 알지도, 하지도 못하는 이런 헤지 전략을 구사함으로써 어떠한 투자에도 깡통을 차는 일이 없다. 오히려 옵션은 반대 방향으로 소액 투자를 해놓은 것이 나중에 큰 수익으로 돌아오기도 한다. 옵션의 경우 하루에도 수백 퍼센트의 변동성이 있는 상품으로서 단기간 급락 시 풋옵션 가격은 천차만별로 등락하여 큰 이익을 얻는 경우도 많다.

2. 현재 추세를 보다 빨리 파악할 수 있다.

매일 개별 주식 종목 차트만 띄어놓고 언제 오르나 산신령님께 빌어보아도 시장 상태가 좋지 않으면 올라가긴 힘들기 마련이다. 보통 일반적으로 선물이나 옵선을 모른다 하여 아예 차트를 열어볼 생각조차 하지 않는 투자자들이 많다. 그러나 시장 자체를 모르고 덤빈다는 것은 다소 무리가 있다. 현재 월물 선물 차트는 반드시 보아야 할 것 중 하나다. 선물 차트를 보고 있으면 코스피와 거의 비슷하게 움직임으로 현재 전체 시장의 흐름을 읽을 만하다. 거기에 앞서 알려준 추세선 기법이나 기타 정보들을 활용하면 지금이 주식을 사기에 적정한 시점인지 팔아야 하는 시점인지는 대략 감이 온다. 더불어 쉬어야 할 타이밍도 알게 된다.

3. 주식보다 선물이 안정적일 수도 있다.

주식을 큰돈으로 운용하는 사람이고 우량 주 위주로 세팅하여 포트폴리오를 늘 구성하는 투자자들은 오히려 주식보다 선물이 안정적인 투자 종목이 될 수 있다. 주식은 개인들의 투자가 많고 시세 분출이 다소 제한적이다. 주식은 하루 15%의 상한선이 있지만, 선물은 상한선까지 도달하는 일이 극히 드물 정도로 그 오를 수 있는 폭이 크다.

전체적인 시장을 상승으로 보고 주식 투자를 하고 싶다면, 개별 종목의 수익성이나 기타 악재 때문에 시장은 올라가도 개별 종목은 내려가는 이상한 사태를 겪지 않으려면 선물에 투자하는 것도 나쁘지 않다. 주식을 1억 원어치 사서 매수를 하고 들고 있는 것이나, 선물 1계약을 사서 가지고 있는 것이나 수익금이나 레버리지는 비슷하고 오히려 팔고 사기는 쉽다. 차라리 거래 세금이 없고 비교적 수수료가 저렴한 선물을 택하는 것도 나쁘지 않다고도 볼 수 있다. 선물 거래는 일정 부분 손실이 나고 있으면 기계가 자동으로 '마진콜'이라는 제도를 실행한다. 즉 자동 손절을 실행해주면서 투자자의 큰 손실을 자연적으로 막을 수 있다.

코스피는 상위 우량 주들의 평균 움직임을 나타내는 지표이다. 이 코스피와 연계되어 코스피가 오르면 선물이 오르고, 선물이 오르면 코스피가 오르는 점을 고려할 때 큰 금액으로 운용하는 분들은 선물에 분산 투자 혹은 헤지 전략의 실행, 혹은 선물에만 투자하는 것도 나쁘지 않다. 하지만 주식 투자를 할 때보다 선물 옵션이 레버리지가 조금 더 높고 변동성도 높아 주식보다는 다소 어려운 공부를 해야 한다. HTS를 볼 때 늘 선물 차트를 함께 보면서 데이트레이딩이나 전체적인 장의 흐름을 읽을 때 활용하면 남들보다 조금 더 정확한 정보를 기술적으로 얻어낼 수 있다.

다음 화면은 대신증권을 이용한 선물 차트 추세 정보에 활용하는 예제다.

■ 대신증권 [9400] 기능의 선물 · 옵션 일봉차트

앞의 그림처럼 현재의 전체적인 구간과 흐름을 볼 수 있다. 중장기 투자 시 현재의 흐름은 곧 중요한 정보이므로 좋은 정보를 얻을 수 있다.

■ 선물 차트 3분 봉 세팅 화면

위의 그림은 선물 차트를 3분 봉으로 세팅했을 때의 화면이다. 금일의 전체적인 코스피 흐름을 선물 차트로 읽어낼 수 있고 등락 현황을 볼 수 있다. 전체로 상승 추세인지, 횡보 추세인지를 쉽게 알 수 있으며 이에 비교하여 내가 가진 종목이나 관심 종목도 전체적인 추세를 잘 타는 종목인지, 힘이 있는 종목인지 대체적으로 판단한다. 다음은 앞서 공개한 RSI를 이용하여 현재의 코스피나 선물의 흐름을 읽어보자.

■ 선물 일봉 차트 RSI 적용사례

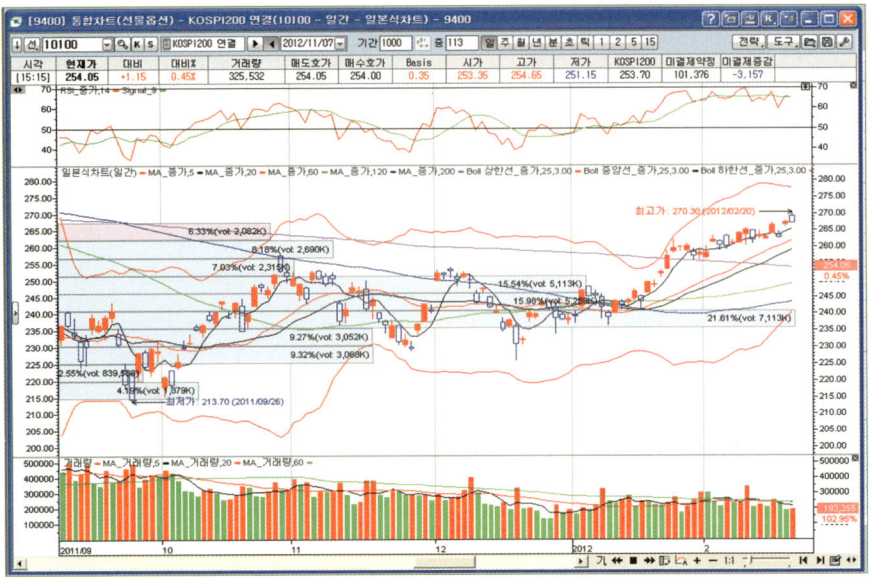

위는 RSI와 볼린저 밴드, 그리고 매물대를 이용하여 선물을 분석하는 일봉 차트이다. 현재의 흐름으로 보아 약 240~245라인대의 강한 저항을 뚫고 알려준 바와 같이 상승 추세에 있으며 RSI는 70 근처에 있으므로 다소 단기적인 과열권에 가깝다고 판단할 수 있다. 볼린저 밴드로는 아래 하단으로 약 255라인까지 단기 하락을 열어두고 매매를 해야 할 것이고 아래 추세선을 보아 크게 이탈하지만 않으면 저가에 산 주식들은 아직 보유해볼 만한 그림이기도 하다. 일부 차익 실현을 미리 해두는 것도 나쁘지 않은 선택이다.

기술적 분석으로 풀어보는 전체적인 시장에 대한 정보는 스스로 분석하고 판단을 내릴 수 있어야 시장에서 안정적이고 연속적인 승리를 할 수 있다. 이처럼 알려준 기법을 응용하여 자신의 것으로 만들고 차트에 세팅하여 주식과 연계하여 본다면 전체적인 흐름에 역행하는 투자는 하지 않을 것이다.

들어가야 할 때, 쉬어야 할 때

앞서 많은 것을 배우고 또 응용해 보았으며, 학습도 해보았다. 전체적으로 우리가 주식을 해야 할 때가 언제이냐고 자신에게 한번 물어보자. 주식은 늘 오르기만 하는 것이 아니다. 앞에서 언급했다시피 전체적인 시장에 순응하고 그 추세를 따라가야 살아남을 수 있다. 시장에 역행하면서 아무리 좋은 주식, 종목, 회사에 투자를 해봐야 전체적인 장이 좋지 않으면 수익을 내기 어려운 법이다. 한마디로 들어가야 할 타이밍, 쉬어야 할 타이밍을 적절히 알아내야만 고수익형이면서 안정성이 있는 투자가 가능해진다. 쉰다고 하여 단순히 돈을 벌 기회를 못 잡는 것이 아닌, 적절한 타이밍을 기다려 기회를 잡을 수 있는, 심리적인 휴식을 취하면서 더욱 우수한 승률의 매매를 해야 하는 것이다.

그렇다면 언제 들어가고 언제 쉬어야 하나? 정확하지는 않지만, 언론 플레이만 봐도 이러한 타이밍을 어림잡아 눈치챌 수 있다. 언론에서 '코스피 최고점 갱신', '○○종목이 인기' 등의 뉴스가 나온다면 일반 개인들과 굳이 희석

되어 리스크를 안은 채 투자할 필요가 없다. 조금 더 기다리면 되고 쉬면 본전인데, 앞서 말한 대로 개인들과 함께하는 것은 무덤을 찾아 파는 것과 같다. 간혹 시세가 나오더라도 내 것이 아님을 인정하고 원칙과 기술적 분석 없이 언론의 테마성 주식 투자는 일절 삼가는 것이 고수로 가는 지름길이다.

■ 선물 지수 일봉 차트 + RSI + 볼린저 밴드 + 매물대 화면

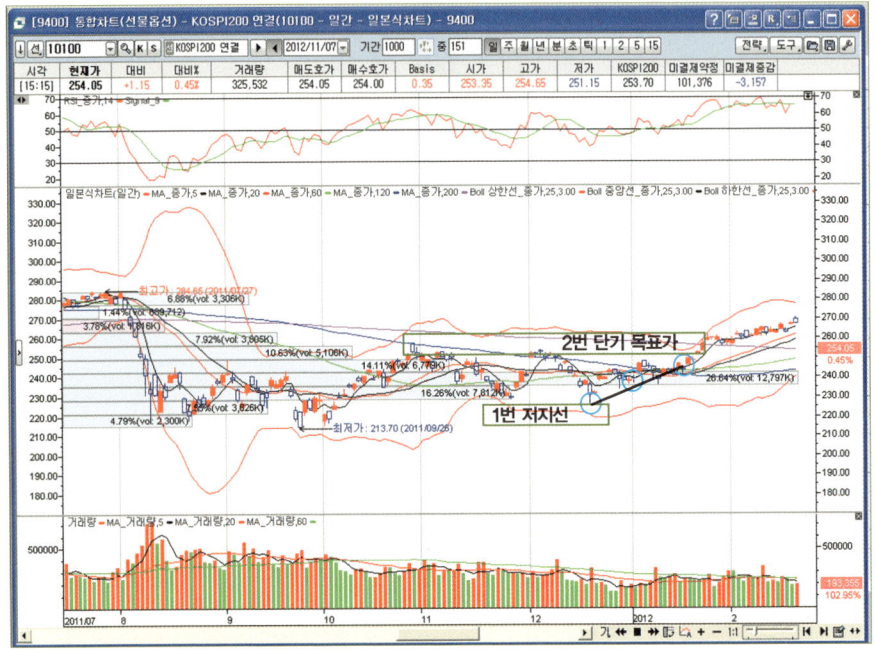

우리는 앞에서 배운 것과 같이 RSI 지표를 이용해 선물 차트에서도 어느 정도 주식 매수 타이밍을 찾아낼 수 있다. 첫 번째로는 기본적인 추세선이나 지지선을 이용하여 1번 지지선 그림과 같이 전 저점 대비 큰 하락이 없고, 그 지점을 지지 삼아 추가 하락이 나오지 않으며 반등이 나오는 구간을 확인한 후 투자를 할 공격적인 기회가 있음을 알 수 있다. 두 번째로는 RSI가 50을

돌파하고 매물대 저항에 부딪히면서 이 저항을 뚫는지 두세 번째 파란 동그라미 구간에서 목표를 RSI 70에 두고 매수하여 가져가 볼 수 있는 구간이다. 만약 왼쪽에서부터 첫 번째 파란 동그라미 부분에서 공격적인 심리로 코스피 주식에 투자한다면 전 저점이 강하게 깨지는 시점인 선물 지수로 225.00부근이 깨지는 것을 확인한 후 손절 처리하는 것을 기본 전략으로 설정한다. 그 이상에서는 RSI 70을 목표로 길게 가져가는 전략으로 대응했다면 상당한 수익이 나왔을 것이다.

두 번째, 세 번째 동그라미 구간에서도 마찬가지로 첫 번째 동그라미보다는 조금 덜 하지만 안정적인 투자 구간이라고 볼 수 있고 앞서 배운 기법으로 시장을 파악했을 때 전체적인 상방이 위로 있다. 이 240~245라인대의 매물 부담이 많은 구간을 뚫고 가는 것을 보고, 뚫고 난 이후 강하게 지지를 받는 구간에서는 공격적으로 매수 및 보유도 괜찮은 자리라는 것을 알 수 있다. 하지만 만약 왼쪽 첫 번째 파란 동그라미 부분에서 저점을 이탈하고 하락하는 경우에는 손절하고 타이밍을 다시 기다리는 것이 바람직하다. 단기 투자 형태로는 워낙 세계적으로 시끄러웠던 구간이기 때문에 단기 고점이 형성되어 있는 2번 빨간 선을 목표가로 세워놓고 2번 목표가에서 일부 차익 실현을 한 뒤 상황을 보고 나머지는 보유 혹은 거기에서 강한 하락이 온다면 정리 등의 전략을 수립하여 매매할 수 있는 상황이다.

단 몇 가지만 더 배웠을 뿐인데 차트 하나로 반 전문가적인 추세 흐름을 읽을 수 있게 되었다. 언론이나 출처 불명의 소식 같은 사탕발림에 유혹되지 말고 우리만의 기법과 심법으로 무장하여 절대 수익을 추구해야 한다. 다음 장에서는 절대 수익을 위한 더욱 세밀한 수급 분석법을 알아보고 실전에 응용해보자.

잠시 쉬어 가는 페이지

모든 증시의 파동과 흐름을 100% 이해할 수는 없다. 아니, 불가능하다. 이런 부분을 가지고 모든 파동을 무리하게 해석하려 한다든지, 조급한 마음에 놓쳤다 싶어 무리한 매매를 일삼게 되는 경우가 있다. 증시를 아무리 분석해도 '모르겠다'는 판단이 들면 쉬어가자. 쉬는 것은 수익도 손실도 아니지만, 최소한 잃지는 않는 좋은 기다림의 자세이다.

필자 역시 기술적인 분석에 대해서는 스스로 지칠 정도로 공부했지만 모든 흐름에 대해 예측을 하거나 이해하려고 들지 않는다. 모를 땐 모른다고 인정하고 아는 구간에서는 강하고 확실하게 냉정한 전략을 짠다. 그것을 밀어붙여 수익 구간을 쟁취해내는 습관을 들여야 한다. 아무리 보아도 이해가 안 가는 흐름이거나 분석이 나오지 않는 경우 십중팔구 뉴스에도 나오지 않은 숨은 악재나 호재가 있을 수 있다. 혹은 다 지난 다음에 보면 선물이나 옵션 만기일에 단기 투기를 위한 인위적인 장세일 수도 있다. 누구도 미리 알 수 없는 이런 흐름을 이해하려고 노력한다면 요즘 말로 '멘탈 붕괴'에 빠지기가 쉽다. 그리고 자신감이 줄어들고 심리가 흔들리게 되는 이상한 사태도 벌어질 수 있다. 모를 땐 모른다고 인정하고 쉬어가자.

수급, 강도 분석법

　편안하게 방향성을 보기 위해서는 일봉 이상 주봉, 월봉, 연봉 단위가 좋다. 분봉으로는 전체적인 시장의 추세나 수급을 분석하기가 어렵고 메이저들도 단타 형식으로는 시장을 핸들링하지 않기 때문에 그에 맞는 분석을 해야 한다. 전체적인 수급과 그 레인지를 잡는 방법을 공개하기에 앞서 50% 비밀에서 언급한 부분에 많은 힌트가 있다고 할 수 있다.

　다음 페이지의 차트로 단기 폭락 이후 상승 수급 분석을 해보면 2011년 7월부터 시작된 대폭락 이후 단기 반등을 점치는 수급 방법이다. 대폭락을 불러온 악재가 공개되기 직전과 단기 형성된 최저점을 이어 그 사이를 계산해보자. 거기에 50%의 비밀을 더한 단기 반등 가능 영역권인 50% 상승 폭을 계산해보면 (고점)285.75−(최저점)220=(고점과 저점의 차이)65.75P/2=(50% 반등 목표 값)32.875+(최저점)220=(50% 반등 가능 영역 지수)252.875라는 계산이 나온다. 선물 지수 252.85 부근이라고 보면 되겠다. 이 계산으로 검

■ 선물 지수 일봉 차트 + RSI + 볼린저밴드 세팅 분석 화면

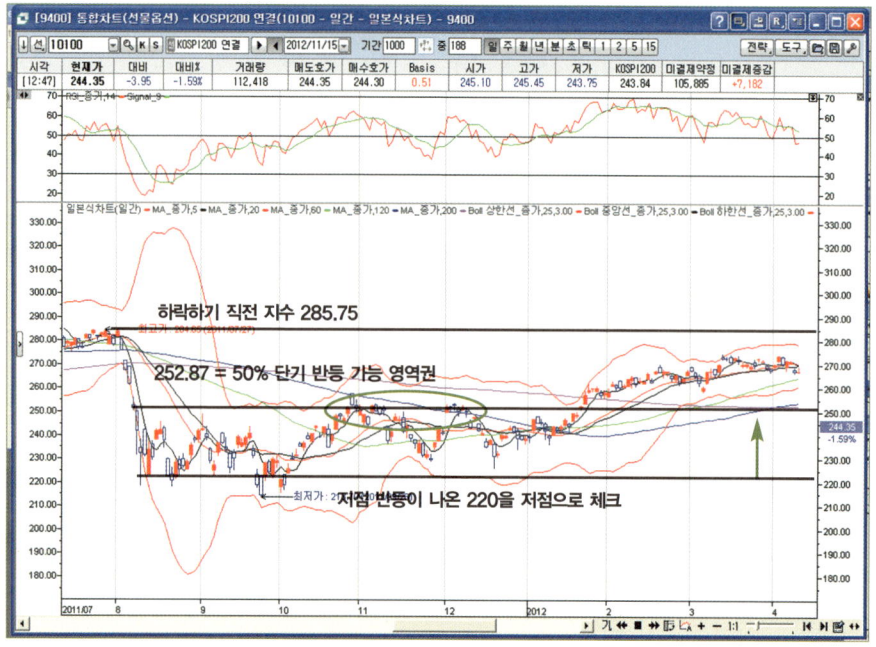

은색으로 줄을 그어 살펴보면 대략 이 반등 구간을 예상할 수 있다. 고점 폭락 직전 대비 쏟아져 나왔던 매물과 단기 반등이 가능한 50%의 수급적인 계산이 거의 맞아떨어짐을 알 수 있다. 이후 단기 상승 가능 구간인 252.85구간을 뚫고 현재 상승 중인데 2차 상승 레인지는 선물 지수로 폭락 직전인 285.75라인까지를 목표로 두고 주식을 매수 중이라면 절반은 252.85구간에서, 일부는 보유하면서 전 저점이 깨지면 손절 처리를 하며, 상승할 경우 285.75까지 홀딩해볼 만한 전략이 성립된다. 이런 전략을 구사하고 선물이나 코스피를 기준으로 분석한 결과를 매일 보며 변수에 맞게 대응한다면 고수 소리를 들을 것이다. 이 정도면 혼자서 장세를 분석하고 큰 손실 없이 큰 파동의 몸통을 안전하게 취할 줄 아는 선수가 돼 있을 것이다.

그 목표가를 RSI에 빗대어 계산해보면 RSI가 70을 돌파하면서 상단 2차 최고 상승 레인지까지를 목표로 두면서 두 개의 기술로 지속해서 관찰한다면 크게 당할 리가 없다. 만약 최저점인 212.45라인이 당시 2011년 10월경 깨져서 내려왔다 하더라도 같은 공식으로 기다렸다가 주식을 매수할 수 있는 타이밍을 계산할 수 있을 것이다. 상·하단 폭이 조금 더 길어졌을 뿐 50%의 원리와 추세를 읽는 기법 자체는 변함이 없기 때문이다. 사람만 기계적으로 대응을 하면 수익일 때는 큰 수익으로, 손실일 때는 제한적인 매매가 가능해진다. 다른 추세를 확인해보면 더욱 그 시기가 정확해지고 근거가 확실해진다. 이를 뒷받침하는 근거로서 필자는 전체 시장 방향성 수급을 분석할 때 원 달러 환율을 빼놓지 않는다. 다음 환율 차트를 보면서 분석해보자.

■ 원 달러 환율 일봉 차트

■ 같은 기간 국내 선물 지수 일봉 차트

이 두 개의 차트를 비교 분석해보면 10월쯤 고점을 찍고 원 달러가 수직 하강을 하기 시작한다. 선물 차트나 코스피 차트를 보면 같은 시기에 선물과 코스피가 나란히 상승하는 것을 볼 수 있다. 대세적인 추세가 나올 때는 이처럼 환율이 역행하면서 모든 증시 투자에 이용되는 자금이 한 방향성을 탈 때 더욱 지표가 확실해진다고 할 수 있다.

위의 그림으로 보면 10월쯤 저점을 찍은 코스피와 선물은 환율 하락세와 더불어 급격한 반등을 하고 있고 그 지점을 50% 이론으로 찾아본 결과 252 라인에서 1차 상승할 수 있다는 점을 발견할 수 있다. 전혀 무관심했던 투자자라면 이것만으로도 큰 발견이겠지만 선물ㆍ코스피 일봉 차트로 보면 큰 반등이 아닌 것 같다. 그러면 개별 주식으로 얼마나 영향이 있었는지 알아보자.

2011년 10월부터 시작되어 11월까지 반등이 나온 50% 반등 구간에서 개별 주식은 대표적인 우량 주인 삼성전자를 비교해보자.

■ 삼성전자 2011년 10월~11월 차트

■ 포스코 ICT 2011년 10월~11월 차트

2011년 10월 80만 원이던 삼성전자는 같은 시기 1달 사이에 주당 100만 원을 찍으며 한 달 만에 20%를 초과 상승하였고, 같은 기간 포스코ICT(022100)는 약 50%가 넘는 상승률을 보여주었다. 이 기간은 선물 지수로 약 30P 내외의 상승률에 코스피는 300P, 주식으로 치면 20~50%의 상승세를 기록한다. 이처럼 전체적인 일봉에서 판단하였을 때 작은 움직임일 수 있지만, 개별 종목으로도 큰 영향을 주는 게 바로 코스피, 선물 시장이다.

여기까지 현재의 방향성과 앞으로 갈 수 있는 레인지를 분석하고 그 수급을 환율과 통틀어 계산하는 방법을 배웠다. 이를 얼마나 활용하는가는 사람에 따라 다르겠지만, 필자의 분석법을 그대로 공개한 것으로, 하락세에 무조건 주식을 사지 않는다는 것쯤은 외우지 않아도 알 수 있을 정도로 분석하기가 쉬울 것이다. 여기에 하나 더 간단한 추세 지표로 이 수급 분석법을 완성지어 보자.

■ 선물 일봉 차트에서 MACD를 이용한 추세 활용 방법 예제

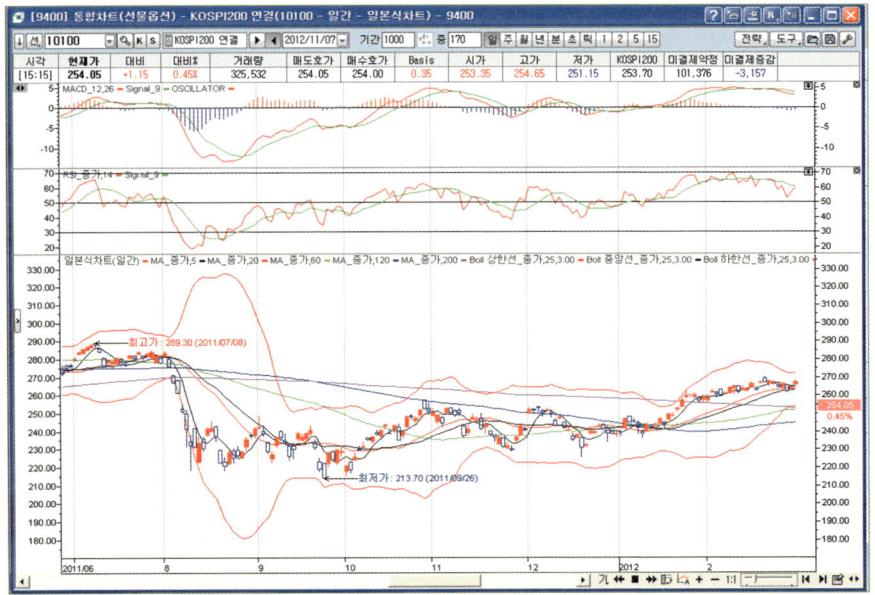

앞서 말한 여러 가지 기법과 더불어 MACD(Moving Average Convergence Divergence : p.19 풀이 참조)의 상승 크로스를 잘 살펴보기만 해도 선물 일봉 차트에서 추세를 읽어 내는 데 큰 도움을 받을 수 있다. 단순히 MACD가 상승으로 크로스를 그리고 현재 꺾였는지, 더 가려고 하는지는 간단하게 RSI와 수급 분석, 그리고 추세선 등으로 판독해볼 수 있다. MACD 세팅은 RSI 세팅 방법과 같고 검색하는 창에 MACD를 쳐보면 쉽게 세팅이 가능하다.

위의 세팅 값은 대신증권에서 제공하는 기본 세팅 값이다. 이런 일봉 상의 추세 지표는 한두 개면 충분하다. 단순히 지표를 자주 본다고 하여 수익이 나는 것도 아니고 오히려 이것에만 집중하다 보면 머리만 복잡해져 나중에는 아무것도 할 수 없게 되기 마련이다. 이처럼 전체 시장을 여러 가지로 분석한 많은 정보를 가지고도 쉽사리 얻어내기 어려운 것이 연승이다.

이제 들어갈 때와 손절할 때, 그리고 쉬어야 할 때를 어느 정도 알게 되었으므로 그 승률도 높아지고 수익성도 커져서, 남은 주식 투자 인생의 비전도 더욱 좋아질 것이다.

실전 매매
투자원칙
· 기술

PART 8

지금까지 분석 방법과 종목을 가려내는 방법까지 습득했다. 매매하기에 앞서 마지막으로 배워야 하고 유일하게 남은 배울 거리는 바로 '매매 기술'일 것이다. 필자가 10여 년 동안 노력한 연구 결과를 공개하는 것이니 잘 응용하여 자신의 것으로 만들길 희망한다. 앞서 차트를 통해 배운 여러 가지 기법을 응용하여 투자 이론을 공개하고 실전 투자에 따라 할 수 있도록 그 방법을 상세히 제공할 것이다. 그리고 기술적으로 풀어본 기계적인 기술과 돌발 상황에 대처하는 방법 등을 공개한다.

조 선생의
투자 이론

　주식으로 수익을 낼 수 있는 구조는 바로 비교적 주가가 저렴해졌을 때 주식을 사서 앞으로 기업 실적 개선 등으로 주가가 오르거나 혹은 저평가 종목의 경우 매수한 이후 적정 평가를 통해 적정 주가로 상승할 경우다. 그 어떠한 주식 투자 이론에서도 절대 빠질 수 없고 가장 필요한 실전 무기는 바로 최저점 잡아내기일 것이다.

　이 최저점을 우리는 '저평가된 종목'으로 찾기도 하고 '우량 주'라고도 부르며 비교적 주가가 내린 종목을 찾으려 애쓴다. 가장 앞서 판별해내야 할 것 중 하나는 종목 선택에서 반드시 제외해야 할 종목들을 비켜나가는 것이다. 앞서 배워온, 그리고 이 항에서 배울 투자 이론에 적합하더라도 아래와 같은 종목들은 피하고 보자.

ㄱ 관리 종목, 상장 폐지 심사 종목, 정리 매매 종목, 위험 종목은 피한다.

관리 종목, 정리 매매 종목, 위험 지정 종목, 상장 폐지 심사 종목 등은 금융 감독원에서 종일 주식만 관리 감독하는 사람들이 '이 종목은 위험합니다'라고 보내는 일종의 신호이다. 그 사람들은 개인 투자자들이 큰 손해를 입지 않도록 주가의 흐름을 매일 체크하고, 개별적인 주식마다 특정 분석을 통해 이런 지정을 한다. 이러한 관리, 정리 매매, 상장 폐지, 위험 지정 종목 등은 개인 투자자들이 아주 기본적으로 올바른 투자를 할 수 있도록 제공하는 '지뢰밭 안내'로 보면 된다. 굳이 위험천만한 지뢰밭에는 들어갈 이유가 하나도 없다.

ㄴ 현재 주가 5,000원 이하의 종목은 피한다.

주가 5,000원 이하의 동전 주 또는 소형 상장 주는 그 무게가 가벼워서 약한 파도에도 기업 전체가 휩쓸릴 가능성이 높다. 즉 장기 투자의 비전이 불투명한 상태라는 것을 알 수 있다. 기업의 시가 총액이 낮으면 곧 주가로 반영되기 마련이다. 이 시가 총액이 낮으면 기업의 전반적인 운영 자금 조달이 힘든 상태라고도 볼 수 있고 성장할 수 있는 많은 부분이 조금 부족한 상태라고 봐야 한다. 주가가 낮고 시가 총액이 낮으면 기업 사냥꾼들의 표적이 되기 쉽고 경영권 방어가 덩치 큰 회사들보다 힘든 편이다. 개인 투자자들이 낮은 주가에 많이 머물기 때문에 달고 맛있을 법한 기업처럼 쉽게 보일지는 몰라도 실제로 쓴맛을 주는 기업일 가능성이 높다.

ㄷ 개인들이 좋아하는 테마 주는 잊어버리자.

테마 주란 분위기를 타고 단기적인 폭등을 원하는 사람들이 만들어낸 허상이라고 보아도 될 만큼 거품이 많기 마련이다. 이러한 인위적인 움직임들은 앞서 배운 것과 같이 재빠르게 많은 사람의 피와 살을 베어 물고 제자리로 돌아가는 수가 많다. 선무당이 사람 잡듯, 안정적인 수익을 낼 수 있음에도 요행을 바라면서 불필요한 위험 요소를 키울 필요는 없다.

ㄹ 50% 투자 이론을 기억하자.

이 투자 기법 중 주로 사용되는 RSI(Relative Strength Index : p.147 참조) 지표 역시 알려진 보조 지표 중 하나로서 이를 이용해 많은 사람들이 각자의 상황에 맞는 해석과 더불어 그에 맞춘 투자를 하고 있다. 승률을 높인 이 투자 이론으로 매수와 매도, 손절 원칙을 정하고 세부적으로 새롭게 대응, 재해석하면 리스크가 적고 안전 투자가 가능하다고 볼 수 있다. 여기서 체크해야 할 것은 모든 종목을 단순히 RSI 등의 보조 지표만으로 읽어낼 수는 없다는 것을 인지하고 넘어가야 한다. 앞서 본 것처럼 국내 선물 시장의 흐름과 더불어 외국 증시 및 환율, 전체적인 시장의 수급 상황을 같이 체크해야만 이 투자 이론의 힘이 제대로 발휘된다.

먼저 포트폴리오를 구성하면서 현재 비교적 저렴한 종목을 쉽게 발굴해내기 위한 방법은 다음과 같다.

■ 대신증권 [7214], 연중 최고 최저 대비 등락률 상위 종목 기능 화면

주식 종목 중 현재 연중 최고, 최저 대비 등락률 상위 종목을 찾아내기 위한 기능을 이용하여도 된다. 이 화면을 보면 회사마다 각기 연중 고가 및 하락폭까지 간단히 나와 있다. 윗 표에 나와 있는 종목 중 위험, 관리 지정 종목 등을 피한 종목인 메디포스트(078160)의 차트를 보면,

■ 메디포스트 (078160) 차트

현재 2011년 초 이후 대거 상승했던 거품이 빠지면서 비교적 저가에 속하는 구간임을 알 수 있다. 현재 메디포스트는 단기간 종목을 살펴보면서 상승을 꾀할 때 아래와 같은 수식을 통해 매수할 수 있는 조건이 완성된다. 이 경우 메디포스트 종목을 항시 염두에 두고 반등이 나오는 구간을 확인하여 최저점 매수 타이밍을 기대해볼 수 있다.

예를 들어 현 구간인 91,100원 라인에서 반등이 나온다면 그 최저점은 최저 마지노선 손절선이 되어 증권 시장 전체의 흐름이 나쁘지 않다는 가정 하에 반등 시 매수 진입, 그리고 손절을 최저점으로 정하고 투자를 진행해볼 수 있다. 물론 개별 종목 분석과 전체 시장이 나쁘지 않다는 결론부터 짓고 난 후의 이야기다.

위에서처럼 투자 이론을 이용한 매수 수식을 글로 쉽게 표현하자면 다음과 같다. 전체 시장의 수급이 원활하고 해당 기업 분석이 된 상태는 기본이다. 이에 일봉상 매물대가 가장 많은 선 아래에 안착해 있고 RSI가 현재 30이거나 이하여야 한다. 또 RSI가 하락 추세에 있으나 주가가 반등하는 경우 직전 최저점을 손절 라인으로 잡고 단기 하락폭의 50% 반등을 목표로 하는 수식이다. 이때 매물대 부분을 체크하고 상하 단의 저항이 올 수 있는 구간과 지지선을 확인한다. 그리고 그 안에서 분할 대응을 해야 한다. 또한, 매수 물량의 50%를 하락폭 대비 50% 상승 구간에서 분할로 대응하는 전략이다.

개인별로 투자 시기는 다를 수 있겠지만, 실제 주가의 영향을 많이 받는 기술적 분석을 늘 염두에 둔다면 무리한 매매를 일삼지 않고 턱없이 손실 중인 종목에 물려서 몇 달, 몇 년간 마음 고생하는 일은 없을 것이다. 투자 이론을 통하여 이익을 얻었던 사례를 살펴보자.

■ 대림산업 (000210) 일봉 차트, RSI, 볼린저 밴드, 매물대 세팅

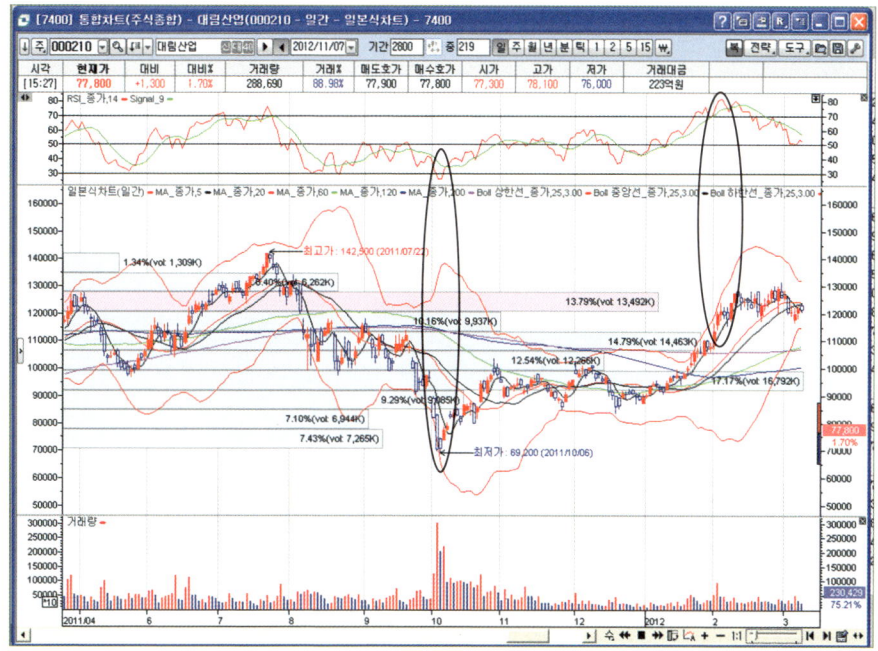

위의 차트는 대림산업(000210)이다. 이 차트로 매수 원칙을 살펴보자. 차트를 보면 2011년 10월경 좋은 저점이 되어 있었고 코스피 대비 상승률이 미약한 종목으로 파악되었다. 또 부담이 가는 매물대가 많은 라인이 10만 원대에 근접해 있으므로 10월쯤에는 매수하기가 좋다. 하지만 매수에 앞서 손실이 날 경우를 먼저 대비하고 전략을 수립해야 하므로 이를 포함해서 원칙을 만들어보면 다음과 같다.

이 책에서 배운 여러 가지 기법을 가지고 다시 한 번 파악해보자. 쉽게 반등이 가능한 구간인 하락 직전 고점과 하락 이후 최저점 대비 구간의 50% 상승치를 1차 목표로 삼고, 분할 매수 대응 및 분할 매도 대응 전략으로 매매를 해야 할 것이다. 손절 라인은 최저점보다 조금 아래인 69,000원 아래에서 자신

의 평균 단가에 맞게 설정하여 지켜봐야 할 것이다. 위의 차트로 보아 매수에 대응할 수 있는 좋은 라인은 저점을 찍고 반등을 확인한 70,000원부터 분할적으로 매수 대응을 할 수 있다. 만약 10월 최저점 이후 모든 것이 좋았으나 추가적인 돌발 악재 때문에 손실을 본다면 68,800원대로 손실 마감 처리할 수 있다. 단기 대응으로 손실이 날 수 있는 범위는 어림잡아 2~3%, 조금 높게 평단가를 잡았다 해도 5% 이내로 손실을 줄일 수 있는 전략을 수립하고 매수를 할 수 있다. 하지만 매수보다 중요한 것이 매도인 것을 고려할 때 수익을 보고 팔 매도 타이밍도 미리 전략적으로 구사해놓고 진입을 해야 한다.

앞의 차트에서 얻어낼 수 있는 결과는 다음과 같다. 매수 이후 손절선까지 내리지 않고 오른다면 50%의 비밀을 이용해 고점 하락 대비 최저점 중간 사이의 반등 라인을 1차적인 목표로 삼는다. 주가가 1차 목표 라인에 접근하면 절반 정도의 분할 매도로 선수익을 취해놓고 손절 라인은 매수한 본전 가격대로 잡는다. 그리고 나머지를 홀딩하면 최고의 전략으로 꼽을 수 있다.

왼쪽 첫 번째 파란 동그라미가 그 1차 지점이며, 그 1차 지점에서 보유 물량의 50%를 분할로 매도하여 먼저 수익을 일부 챙긴 뒤, 나머지 50% 잔량은 추가 상승을 대비하여 보유하면서 최초 매입 가격대인 70,000원을 터치하면 손절, 그 이전엔 보유로 볼 수 있다.

여기에서 지켜볼 관점은 매물대 저항에 어떻게 대응하는가인데 필자의 경우 매물대를 돌파하는 것을 인내를 가지고 지켜보는 편이며, 추가 상승 시 RSI 70과 하락이 시작되었던 고점 가격을 기준으로 하여 나머지 잔량을 매도하는 방법을 주로 이용한다. 대림산업은 필자 개인 매매로 언급한 바와 같이 매매를 해 역시 40% 넘는 수익을 냈다. 차트를 통해 조금 더 편하게 50% 투자를 이용한 매수와 매도 이론에 접근해보자.

■ 대림산업 (000210) 전략 원칙 예제

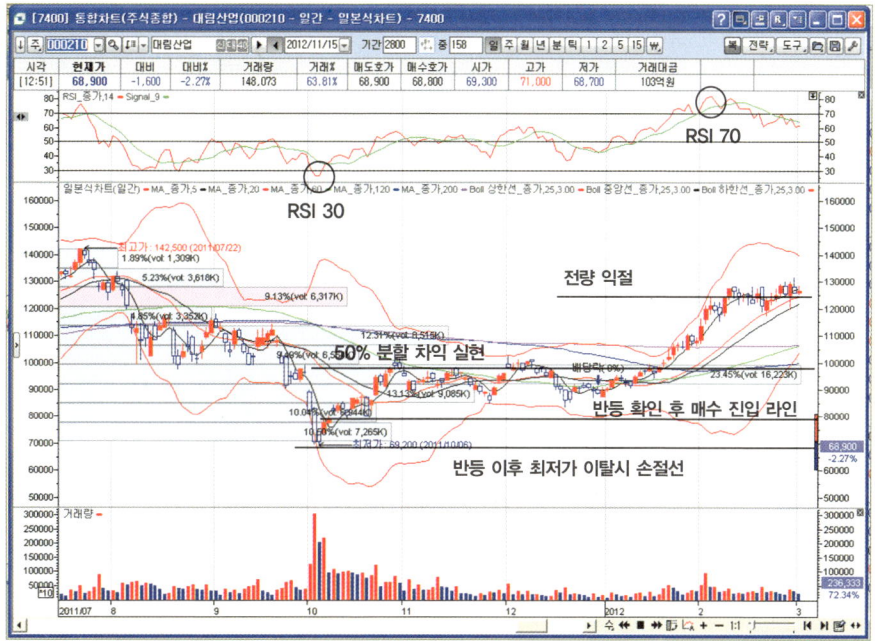

위의 차트로 보면 조금 더 쉽게 알 수 있다.

RSI가 30에서 턴을 하여 주가가 상승으로 가는 것을 확인한 후 간단하게 설명하자면 최근 저점을 최저 마지노선 손절 라인으로 잡는다. 빨간색 선상에서 매수를 실현하여 하락이 시작되었던 고점과 최저점 대비 50% 라인을 분할 차익 실현 구간으로 삼는다. 그러면서 일부는 보유, 일부는 차익 실현을 한다. RSI 70을 돌파하는 것을 보고 전량 익절(수익 실현)하는 투자 이론이다.

여기에서의 핵심은 분할로 대응한다는 점이다. 부분 차익 실현의 근거가 되는 것은 강한 매물대 라인이고 해당 매물대 라인은 저항적 역할을 하고 투자 기간을 조금 늘린다. 해당 종목을 보유 중인데 전체 증권 시장이 대내외적인 악재 때문에 출렁이게 된다면 보유 기간 대비 리스크가 많이 노출되므로 단기적인 부분 차익 실현은 반드시 해야 한다. 이 기법을 통하여 수익을 얻었을 경우 종목 투자 원금 대비 분할 대응 시 최대 수익률은 약 66%, 원금 대비 전체 수익률은 약 46%를 낼 수 있다.

즉, 100만 원을 이 투자 이론으로 접근했을 때 손절은 없었으며 50만 원어치 중간 50% 분할 익절(부분 수익 실현) 구간에서 수익을 13만 원, 최종 익절(전량 수익 실현 구간) 구간에서 수익을 33만 원 얻는 구조이다. 투자 기간은 5개월 중장기 투자로 100만 원 투자 대비 46만 원의 수익을 올릴 수 있다. 기간별 1개월 단위로 약 10%에 가까운 이익을 얻은 셈이다.

이 투자 이론 중 상승의 시기를 조금 더 정확히 하고 오류를 최소한으로 줄이기 위해서는 디버전스(divergence, 주가 흐름과 보조 지표의 움직임이 일치하지 않는 현상, 업계 용어로 다이버전스라고 부르기도 한다)를 활용하기도 하는데, 활용 사례는 다음과 같다.

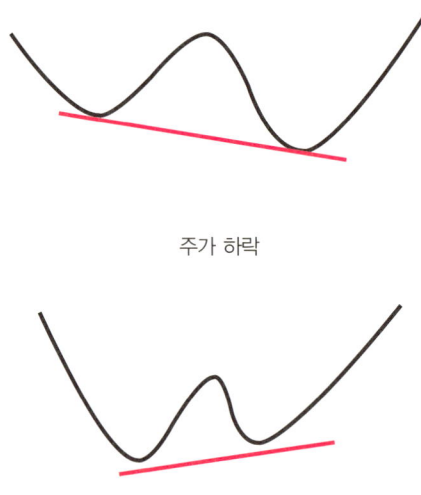

주가 하락

RSI 상승 전환

즉, RSI의 디버전스는 여러 가지 방법으로 해석될 수도 있지만, 필자는 RSI가 단기 하락 전 저점 이탈 현상을 보이는 가운데 주가는 상승으로 돌아설 때를 주목한다. 또 RSI가 저점을 찍고 상승 국면으로 가고 있는데 주가는 인위적으로 하락하는 두 가지 경우를 주목한다. 차트로 보면 다음과 같다.

■ 삼성전자 일봉으로 본 RSI 디버전스 사례

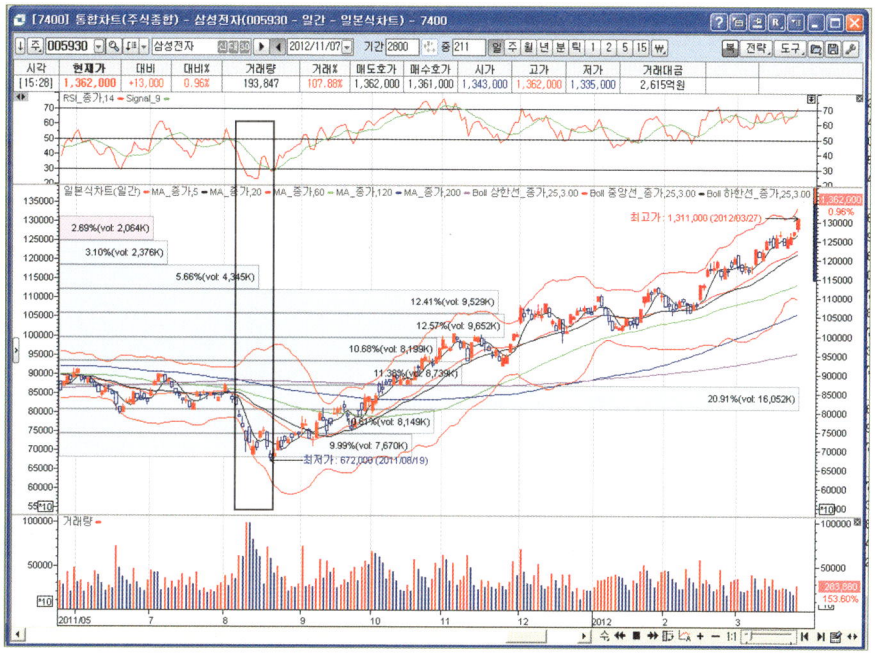

위의 차트를 보면 대세 상승 초입 시 RSI는 저점을 갱신한 상태로 내려가고 있지만, 주가는 반등을 하는 모습이다. 이후 최저점 67만 원대에서 120만 원까지 갱신을 한 그림이다. RSI 디버전스를 이용하면 최저가에서 물량 털어내기에 당하지 않고 오히려 저점 매수 기회로 활용할 수 있다.

일반적으로 RSI 디버전스를 필자와는 다른 방향으로 해석하는 분들도 있다. 그것이 틀리고 맞고 할 것 없이 우리는 우리만의 분석법과 원칙을 정하기 위해 보조 지표를 잠시 이용하는 것이다. 주식 투자에서 가장 중요한 것은 현재 거래되는 가격이다. 그 가격이 현재 투자할 만한 가격인지 아닌지를 판단하기 위해 다리가 아플 때 목발을 잠시 짚는 것처럼, 맹신하기보다는 잘 활용하여 전략 수립에 도움을 받는 방향으로 해야 한다. 이처럼 손절 라인이 명확해지고 목표 수익이 정확해지면서 변수에 대응할 수 있는 몇 가지 전략이 수립된다. 여기에서 필자와는 조금 다르게 해석하여 중간에 단타 형식으로 익절 및 재매수 등 자신의 스타일에 맞게 변형하여 매매해도 관계가 없다.

가장 중요한 것은 이 책을 그대로 따라 하는 것이 아닌, 이 책의 내용을 자신의 것으로 만들고 자신의 투자 스타일과 환경에 맞게 투자 철학을 세우고 견해를 넓히는 것이다.

필자 역시 기존의 자신의 견해와 스타일을 유지하면서 이 책의 도움을 받아 전체적인 시장을 읽으며 심리적으로 안정적인 매매를 할 수 있다면 그것을 선택하라고 하고 싶다. 이 모든 기법이나 원칙보다 더 중요한 것은 심법과 심리 관리에 있기 때문이다. 나머지는 우리가 만든 원칙을 지키고 그것에 맞게 대응만 하면 된다. 저평가된 주식에 투자할 때 지켜야 할 투자 이론에 근거한 투자 방법을 순서대로 정리해보면 다음과 같다.

1. 앞에서 나열된 기법으로 저점 갱신 후 반등 시 손절 라인을 직전 최저점으로 잡는다 (손절은 강력한 무기이자 생존 수단).
2. 1차 반등 목표 및 분할 익절 라인은 고점 하락 대비 50%선의 안전한 구간으로 잡는다.
3. 상승의 세기는 매물대와 기타 기법으로 지켜보며 추세가 끊기지 않는 이상 2차 목표가까지 홀딩한다.

4. 1차선(50% 반등 구간) 수익을 달성 한 이후에는 손실이 날 가능성을 없애기 위해 매입 평균 단가(본전)를 기준으로 손절 라인을 설정하고 일부는 보유한다.

5. 앞서 배운 과열권 진입 시 미련 없이 매도하여 수익을 취한다. 여기에 앞서 배운 전체적인 시장의 흐름을 근거삼아 환율과 선물, 코스피 차트 분석을 동시에 진행하면 더욱 승률이 높아지는 타이밍을 잡아낼 수 있을 것이다. 이러한 모든 매수 원칙은 좋은 종목을 선별해내는 것에서부터 시작되며 매수와 매도가 있기 전 손절 라인을 명확하게 잡고 시작하는 것이 절대 중요하다. 우리가 배운 조건에 맞는 종목이 올 때까지 그물을 펼쳐 놓고 기다리는 것이 고수들이 하는 평균적인 방식이며 이 주식 투자 세계에서 살아남을 수 있는 방법이기도 하다.

02 투자 성향별 추천 매매

　HTS 조작이 불편하거나 컴퓨터와 친하지 않고 모니터를 쳐다보는 것에 익숙하지 않다고 해도 여러 가지 대응 방안이 있다. 우선 직접 투자 형태의 매매자나 전업 투자 형태의 매매자들은 대부분 자신이 현재 알고 있고 행해오던 기법에 살을 덧붙여 한층 업그레이드된 매매를 구사할 수 있다.

　만약 간접 투자 형태이면서 컴퓨터와 친하지 않지만, 주식 투자를 하고자 하는 사람이라면 랩어카운트(Wrap Account: 고객의 투자 성향 등을 고려하여 적절한 운용 배분과 주식 추천, 자문 등의 서비스를 받을 수 있는 품목) 상품으로 대처할 수 있다. 펀드와는 다르게 랩어카운트는 고객이 원하는 조건이 있거나 종목 선정 방법 등이 있으면 랩어카운트 회사에서 투자 성향을 고려해 그 조건에 부합하는 종목 추천을 선정해주거나 일임을 받아서 운용한다. 랩어카운트 운용자에게 의견을 보다 적극 제시할 수 있을 것이고 마음도 편해질 것이다.

　랩어카운트는 고객의 요구 조건을 얼마나 반영한 매매였는지 등도 따져볼 수 있어 펀드보다 추천하고 싶은 금융 상품이다. 이처럼 자신의 환경이나 매매 성향 또는 컴퓨터를 다루는 기술이나 접근성이 떨어질 때는 비슷하게 응용하여 자신이 원하는 투자 철학에 근거한 대리 투자도 가능하다는 것이다.

하지만 주식 투자에서는 자신의 마음이 편안해질 수 있는 환경을 만들기 위한 노력이 가장 필요하고 중요하다. 그 외 증권사에서 계좌 개설을 하고 담당자를 지정하면 컴퓨터가 없어도 담당자의 권한으로 전화만으로 급한 주식을 팔거나 살 수도 있다. 또는 어느 조건이 되면 팔아달라는 여러 가지 업무 대행 역시 가능하니 이 점 또한 참고 해서 잘 이용해보자.

실전 매매 전략
: 종목 선택

PART 9

진짜 수익을 내기 위한 종목 선택을 해야 할 시간이 왔다. 앞서 전체적인 시장 흐름을 읽는 방법과 추세를 읽는 기법을 배웠다. 이에 맞추어 보다 안전한 종목과 작전 주, 테마 주, 펀드들의 진실을 낱낱이 파헤쳐 더는 손실에 익숙해진 개인 투자자가 아닌, 시장을 끌고 가는 마켓 리더가 되어 보자.

종목 선택 팁

필자는 주식에 관해 참 많은 말을 듣는다. 가족에서부터 친한 친구까지 만날 때마다 조심스럽게 "좋은 추천주 하나 부탁한다" 혹은 "펀드를 들었는데 손실 중이야. 언제 빼야 할까" 등의 말을 한다. 단 한 사람이 어찌 많은 사람들의 인생을 책임질 수 있을까. 하지만 이 책을 읽는 독자들에게 최소한 실패는 보지 않는 종목 선택의 요령을 조심스레 알려 주려고 한다.

우선 자신이 간접 투자 스타일인지, 직접 투자 스타일인지, 전업 투자 스타일인지에 따라 종목 선택 요령이 다르고, 금액별 및 목표 수익에 맞추어 종목 선택이 달라지기 마련이다. 우선 투자유형별로 나눌 수 있는 종목 선택과 이후 투자 스타일에 맞춘 관리가 가능한 종목 선택 요령을 설명하려 한다.

먼저 소액, 중액, 고액으로 나뉘는데 이것은 돈의 많고 적음이 아닌, 자신이 가진 현금 중의 비율로써 정하면 큰 무리가 없다. 예를 들어 앞서 소개한 자산 대비 주식 투자 비중이 10%, 30%, 50% 수준에 맞추어 소액 투자, 중액 투자, 고액 투자로 나누어 설명하려 한다. 투자 금액의 적고 많음이 중요한 것이 아니라 비중으로 이야기해야 한다. 하지만 이 모든 투자 형태별, 금액별 투자자들이 모두 조심해야 할 것은 바로 '동전 주', '잡주'를 멀리 하는 것이다. 나중에 손실을 볼 때쯤 돼야 왜 동전 주나 잡주라고 불리는지는 확실히 느낄 것이다. 동전 주나 망해가는 잡주, 정리 매매에 들어간 상장 폐지 주에는 손을 대지 말 것을 다시 한번 강력히 권한다.

[간접 투자 스타일: 소액 투자 시]

먼저 소액 투자 시 가장 크게 저지를 수 있는 실수 중 하나가 바로 동전 주, 잡주에 투자하는 것이다. 적은 돈을 큰돈으로 불리려는 욕심이 앞서고, 주당 가치가 낮은 회사일수록 많은 주식을 사들일 수 있으니 비싼 주가를 휘날리는 종목보다 관심이 가는 것은 당연지사다. 하지만 투자에 앞서, 같은 액수의 돈을 가지고 주가가 다른 주식에 투자한다고 하여 투자 성과가 차이 나는 것은 아니라는 것을 알아야 한다.

예: 총 투자 금액 100만 원

주당 500원 종목 vs 주당 5만 원인 종목 비교

주당 500원인 종목을 100만 원어치 매수를 하면 이론상 수수료나 세금을 제외하고 2,000주 매수가 가능하다. 주당 5만 원인 종목을 100만 원어치 매수를 하면 20주 매수가 가능하다. 1,000주를 가지고 있는 것과 20주를 가지고 있는 것은 느낌부터 다르지만, 실제 수익이 났을 때 그 수익률은 같다. 예를 들어 현재 주가 500원짜리 종목이 10% 상승하면 주당 550원이 된다. 여기에서 발생하는 총 수익은 10%, 수익금은 10만 원이 된다. 주당 5만 원짜리 종목에 투자 시 10% 상승하면 55,000원이 된다. 마찬가지로 여기에서 발생되는 총수익은 10%, 수익금은 10만 원이 된다. 그뿐만 아니라 1,000원 이하 동전 주식은 몇 년 전부터 호가 1칸당 1원씩 움직인다. 현재 주가 50,000원 이상 주식은 호가 1칸당 100원씩 움직인다. 즉 두 주식 모두 호가창에서 50칸을 올라가야 같은 10% 수익을 낸다. 같은 투자금에 다른 주식 수량이라도 그 총매입 자금 대비 수익률은 같을 수밖에 없다. 이러한 정보를 알고 웬만하면 동전 주나 주가가 저렴한 주식에는 투자를 삼가는 것이 좋다.

[참고를 위한 주가별 호가 가격 단위]

1,000원 이하	호가 1원 단위
1,000원 이상 ~ 5,000원 미만	호가 5원 단위
5,000원 이상 ~ 10,000원 미만	호가 10원 단위
10,000원 이상 ~ 50,000원 미만	호가 50원 단위
50,000원 이상 ~ 100,000원 미만	호가 100원 단위
100,000원 이상 ~ 500,000원 미만	호가 500원 단위
500,000원 이상 ~	호가 1,000원 단위

앞의 표를 한 번은 떠올리고 투자에 임하자. 그러면 소액 투자 시 어떠한 종목 선택이 좋은가? 정답은 중·소형 주에서 찾으면 된다. 투자금이 50만 원인데 주당 100만 원 하는 주식을 살 수는 없다. 하지만 굴지의 기업으로 대기업 수준의 매출은 아니지만 꾸준한 상승세를 이어가는 여러 업체가 있다. 그리고 주가도 비교적 수천 원에서 수만 원 단위에서 형성되는, 우리가 잘 아는 기업들을 선택하자.

소액으로 투자한다 하여 마음을 가볍게 하고 매달리며 주식을 보지 않는 것은 좋지만 보유한 종목에 대해 너무 신경을 안 써도 문제가 발생하곤 한다. 소액 투자의 경우 매달 적은 돈이라도 지속적인 복리형 스타일로 투자 하자. 몇만 원이라도 중소기업이지만 역사 깊고 망할 확률이 낮은 종목에 지속적인 매수로 최소 6개월 단위 이상의 중장기 투자를 권유한다.

[직접 투자 스타일: 중액 투자 시]

자산의 30% 이상을 투자하면서 직접 HTS로 주문을 넣고 상당히 주식에 의존도가 있는 직접 투자 스타일은 자금이 현금 자산 대비 30%가 넘는 적지 않은 비중으로 투자를 하므로 분산 투자 위주로 세팅해야 한다.

만약 투자 자금의 성격이 단기적(수십 일~3개월 이내)으로만 활용할 수 있다면 증시 상황을 파악하고 상승 궤도에 있을 때 스윙형 투자와 중장기 투자의 중간 형태로 짧지도, 길지도 않은 투자를 해야 한다. 이때 자금을 활용할 수 있는 시기와, 코스피나 코스닥의 대체적인 흐름이 지속적인 상승 흐름으로 보이지 않는다면 다음 기회를 이용하는 인내심을 발휘하는 것도 나쁘지 않다. 단 주식이라는 것은 절대 자신의 마음대로, 바라는 대로만 흘러가는 것이 아니므로 항상 이 자금이 묶여 있을 때를 대비하여 코스피와 코스닥 두 가지로 나누어 분산 투자를 하는 것을 권하고 싶다. 코스닥에 등록된 종목들은 코스피의 영향을 많이 받아 전체적으로 장의 탄력이 죽어 있을 때는 기업 실적이 좋아도 다소 장기간 눌림목을 주는 경향도 적지 않기 때문에 코스피와 코스닥으로 분산 투자를 하되, 흐름에 맞추어 중기 투자 형태(수개월에서 수년 단위)로 접근하는 것이 좋다. 특히 지금은 코스닥에 등록되어 수천 원에 거래되는 종목이라고 할지라도 짧은 기간 강한 상승세를 보여주는 종목들도 많다. 하지만 코스닥에 100% 투자한다면 코스피 종목보다는 다소 등락폭이 심한 편에 속하므로 리스크를 키운 투자 형태라고 말할 수 있다.

[전업 투자 스타일: 고액 투자 시]

전업 형태로 투자하는 분들은 다년간 시장 경험이 있기 때문에 콕 꼬집어 이래라저래라 말하기가 어렵다. 그만큼 학습 효과 및 그동안의 기대 심리로 인해 투자 조언에는 귀를 닫는 분들이 많다. 하지만 전업 투자로 고액을 투자를 할 때 넘어지면 일어나기 어렵다는 것은 반드시 알아야 한다. 전업 투자자는 종일 컴퓨터 앞에 앉아 있기 때문에 투자 자금을 세분화하여 분산 투자하는 것을 권한다. 테마 분류나 코스피, 코스닥 형태로 나눈 분산 투자뿐만 아니라 효율성이 있는 단타성 매매와 중장기 투자를 같이 하면서 투자 자금 회전을 자주 시키며 자금의 성격을 세분화해야 한다.

예를 들어 필자는 주식 투자에서 1~5일씩 단기 및 스윙으로 가져가는 종목을 1~2개, 중장기 3개월 이상 가져가는 종목을 1~2개, 아예 묻어두고 선물, 옵션 대용으로 몇 년 이상을 가져갈 종목들을 1~2개로 나누어 매매를 하는 편이다. 여기서 1~5일씩 시세 차익을 줄 때 나오는 단기형 투자금의 수익금은 생활비로도 쓰고 용돈으로도 쓰면서 편안하게 매매를 하는 편이고 단기형으로 적합한 종목이 나오지 않는다면 며칠씩 놀러다니기도 하면서 종목을 기다리는 편이다.

필자는 단기형으로 정해놓은 자금의 종목당 목표 수익은 약 5~10% 사이로 며칠 사이에 쉽게 움직일것이라 판단되고 그 상승의 무게감이 비교적 작은 종목에 투자하는 편이다. 수일 이내 확실한 움직임이 없으면 의지와 관계없이 중장기로 넘어가면서 단기 하락에 대비해야 해서 본전이라도 정리를 하고 다른 종목을 찾아보면서 회전율을 높인다. 이때 위에서 말한 단기 및 스윙에 투자금 30%, 중장기 30%, 몇 년 이상을 지속적으로 가져가는 비중 역시 30%로 1:1:1 비율로 투자하는 편이다.

전업 투자를 하는 분들이라면 대부분 알겠지만 몰빵 형태, 한 종목에 전체 자금을 쏟아 붓는 것은 수익이 날 때는 조금 크게 날 수 있지만, 매우 위태로운 상황이기도 하다. 욕심이 과하면 반드시 화를 불러온다. 따라서 한 번의 큰 수익으로 몇 달을 쉬려는 생각보다 적절한 분산 투자를 권한다. 인내를 가지고 장기적인 시너지를 낼 수 있는 안정적인 투자 형태가 바람직하기 때문이다. 종목 관리와 더불어 자신의 자산이 어떻게 불어났는지, 이번 달의 승률은 얼마인지 등 매매 일지를 반드시 적어 다음 달에는 잘못된 습관을 고치고 점점 발전되어 가는 투자자로 거듭나는 것이 필요하다.

과열권, 과대 낙폭 주

　앞서 RSI(Relative Strength Index : p.147 참조)와 전체 시장, 환율, 선물 시장 등 전반적인 추세를 확인하는 기법을 배운 바 있다. 이제 이것으로도 현재 주가의 위치가 다소 저점에 속하는지, 고점에 속하는지 정도는 쉽게 파악할 수 있을 것이다. 차트를 보면서 이전에 배운 기법을 개별 종목에 빗대어 과열권인지, 과대 낙폭 중인지를 응용해 보자.

　먼저 기법을 응용하여 투자할 때 피해야 할 종목은 바로 '과열권에 들어선 종목'일 것이다. 언제 하락할지 모르는, 그리고 과열된 것에 대비하여서 일반적으로 손실률이 크기 때문에 기피 대상 1호이다. 쉽게 말해 과열권에 들어선 주식은 현재의 회사 상태보다 고평가된 주식을 뜻한다. 이러한 주식은 앞서 설명한 공매도 세력들의 주 대상이 되기도 한다. 과열권에 들어선 주식을 앞서 배운 기법으로 찾아보는 방법을 배우도록 하자.

　우선 과열권 주식의 특징은 등락폭이 심한 종목들이 대부분인데 이때 오르는 상승 곡선이 매우 가파르면서 단기간에 많이 올라 조정을 받기 일보 직전의 종목을 뜻한다. RSI 기법으로 본 과열권 사례 중 기법을 응용하여 찾아본 투자 유의 형태를 살펴보면 다음과 같다.

■ 금호타이어 (073240) 일봉 차트, RSI, 매물대 세팅

금호타이어(073240) 종목을 현재 RSI와 매물대 그리고 추세선을 활용한 그림으로 파악해보면 지금 당장 현재의 투자 이점은 없고 고점 징후가 나오면서 추세선을 이탈하고 RSI가 80까지 치솟아 짧은 기간에 상승폭을 많이 키워 놓은 종목이다.

이런 종목들은 저가에 잡아놓지 않는 이상 하락하여 쏟아져 내린다면 가장 많은 매물대인 10,000원 부근까지도 지지를 확인하러 내려갈 수 있는 종목이

기 때문에 기간 대비 과열권에 들어간 종목이라고 볼 수 있다. 이러한 종목을 아무 기법 없이 쳐다보면 강하게 느껴질지도 모르지만, 괜히 들어갔다가 -30~-40%의 손해를 쉽사리 볼 수도 있어 현재는 들어갈 타이밍이 아니다. 다음 사례를 살펴보자.

■ LG (003550) 종목, 일봉, 매물대, RSI 세팅

위의 LG 종목을 일봉으로 보아도 단기적으로나 중기적으로 현재 시점에 투자를 한다면 유의해야 할 종목 중의 하나로 볼 수 있다. 77,700원을 찍으며 RSI가 70을 돌파하며 고점 징후를 보이고 있고 단기로 형성된 추세선을 무너뜨리며 단기 하락이 점쳐지는 65,000원대까지 조정을 받을 수 있다.

LG를 무조건 사야겠다면 저점을 기다려 약 65,000원대 부근까지 하락하고 지지를 받는 구간을 확인한 후 진입을 하는 것이 현명하다 할 수 있다. 우리는 현재, 이처럼 앞서 설명한 여러 기법을 근거로 과열권에 속하는 종목들을 어렵지 않게 가려낼 수 있다. 최소한 손실 확률이 높은 종목을 무지하게 사는 리스크는 줄어든 셈이다. 하지만 과열권에 들어간 주식을 찾아낼 수 있다 하여 수익을 볼 수는 없다. 그렇다면 우리가 수익을 내기 위해 찾아야 할 것은 무엇인가? 바로 과대 낙폭 주와 저평가 종목일 것이다. 저평가 및 과대 낙폭 주를 찾아내는 것도 역이용하면 그리 어려운 것이 아니다.

■ 대신증권 [7410] 으로 본 STX엔진, 코스피 비교차트

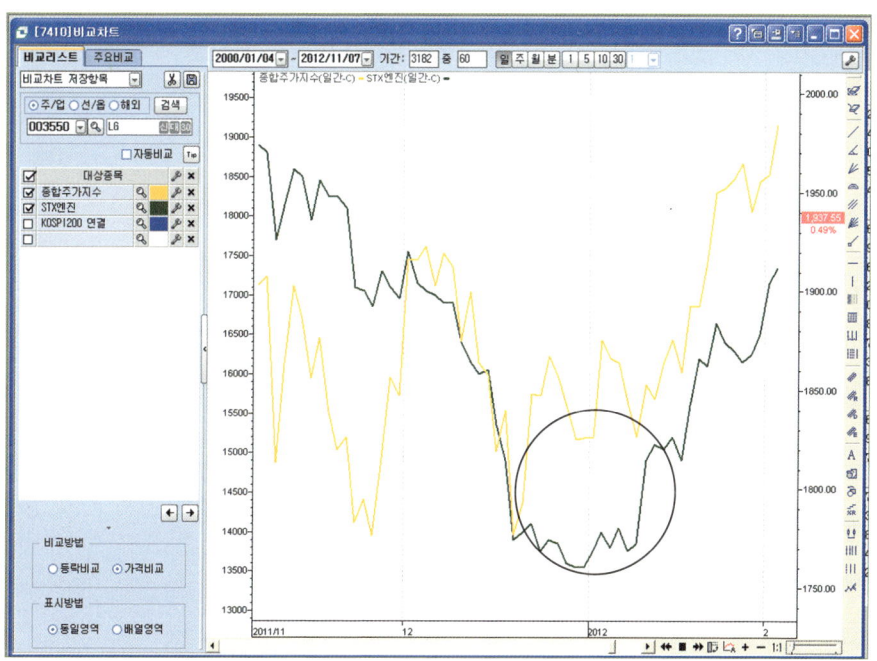

그 대표적인 방법 중 분석 방법에서 소개한 코스피 대비 상승률 등을 구하는 대신증권의 [7410] 기능을 이용하거나 RSI 기법 등을 이용하면 더욱 쉽고

정확하게 종목을 찾아낼 수 있다. 사례를 통해 살펴보자.

■ STX엔진 (077970) 일봉 차트, RSI와 세팅된 화면

위의 그림에서 살펴보면 작년 2011년 연말부터 2012년 초에는 STX엔진의 RSI가 30을 밑돌면서 비교적 바닥권임을 알 수 있고 이후 추세선을 깨지 않으며 지속적인 상승을 하고 있다. 이 종목 역시 마찬가지로 RSI 70을 돌파하면서 주춤거리는 횡보 장세가 나온다. 엄밀히 계산해보면 RSI 30 이하일 때 전체적인 장세를 판단하여 추세가 상방으로 열렸다고 생각하여 진입한 가격이 13,300원인 경우다.

이후 20,800원까지 찍으면서 약 두 달 동안 45% 이상의 수익률을 올려준 대표적인 과대 낙폭 주 및 저평가 종목이었다는 것을 판단할 수 있다. 같은 기간

코스피 상승률과 비교해보면 그 답은 더 확실히 드러난다. 대신증권의 비교 차트 기능을 이용해 확인해보면 2011년 연말 이후부터 코스피가 반등을 하였지만 STX엔진(초록색 선)은 반등이 더디면서 2012년 1월 중반쯤이 되어서야 조금씩 올라가면서 전체적인 시장 상승률 대비 저평가되어 있었다. 그러면서 외국인이나 펀드 등의 자금이 다시 유입되기 시작하면서 이런 종목들이 그 탄력을 더하고 짧은 기간 동안 안전하면서도 우량 주에서는 얻기 어려운 높은 수익률을 올릴 수 있었던 것이다. 만약 차트상에서는 RSI가 저점이면서 전체적인 상승을 주도하고 있는데 코스피 지수와 비교하여 코스피보다 더 빠르게 상승한 종목이라면 메모만 해두고 관망하면서 다음 타이밍을 기다려 보는 인내를 가지는 것도 이길 수 있는 요지를 하나 더 만드는 방법의 하나다. 또 다른 종목을 살펴보자.

■ 대림산업 (000210) 일봉 차트, RSI, 매물대 세팅

앞의 그림은 대림산업(000210) 종목 차트이다. 2011년 10월경 RSI가 30을 찍으면서 저점 역할을 해냈고 그 이후 지속적인 상승을 펼치며 큰 하락 추세 없이 단기적으로든 중기적으로든 큰 수익을 안겨준 사례이기도 하다. 저평가되어 있던 이 종목은 형성되었던 95,000~100,000원의 매물대 저항을 약 4개월간 받고 그 저항을 뚫으면서 제대로 된 시세를 분출해내는 모습이다.

이 종목 역시 단 4~5개월 만에 45% 이상 수익을 안겨준 종목이다. 당시 이 종목의 코스피 연계를 살펴보면 저점을 찍을 당시와 상승을 하던 시기에도 시장 상승률 대비 과대 낙폭 주 및 저평가되어 있던 종목임을 판단할 수 있다.

■ 대신증권 [7410] 기능으로 살펴본 대림산업, 코스피 비교 차트

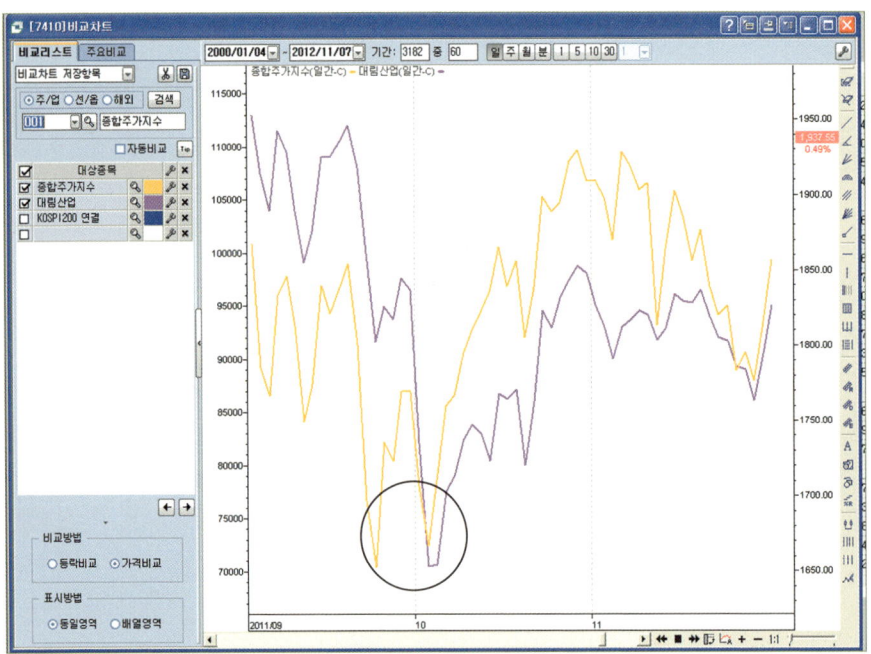

이후 코스피와 안정적인 형태를 마주하면서 7만 원 부근이던 주가는 125,000원을 돌파한다. 이렇듯 우리가 이 책에서 배운 무기는 상당히 간편하면서도 강력한 것이다. 심법과 더불어 이 기술을 이용해 전략적인 매매를 한다면 깡통 찼다는 소리는 안 들을 것이다. 하지만 이러한 기술에도 100% 승률은 존재하기가 어렵다. 그렇다면 답은 무엇인가? 심법과 더불어 좋은 기술, 기법 그리고 전체적으로 시장을 알아볼 수 있는 눈과 감각이 필요하다. 증시에 관해서는 오감을 항시 열어둬야 한다.

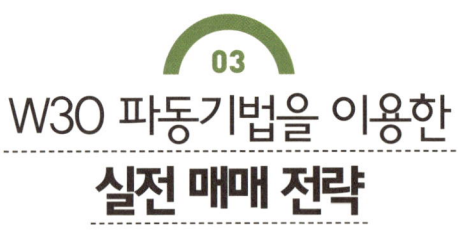

W30 파동기법을 이용한 실전 매매 전략

　필자가 제시하는 가치 투자, 장기 투자에서 큰 수익을 기대할 수 있는 실전 매매 전략인 W30 파동을 이용해보자. W30 파동기법이란 앞서 배워온 모든 것들을 함축시켜놓은 것이다. 여기까지 단계적으로 매매 도구를 점검하고 배워왔다. W30 파동기법은 RSI 30 이하에서 RSI와 주가 차이의 디버전스 발생 이후 주가의 흐름이 W 파동 형태로 저점을 한 번 더 테스트하고 장시간 상승으로 갈 때 긴 수익을 내는 핵심 투자 기법이다. 그 목표 자리를 50% 이론을 응용하여 전체 하락폭의 50% 상승 시점으로 잡고 그 사이 매물대들의 부담 등을 고려해 전략을 수립하는 기법이라 할 수 있다.

　중장기(보유 기간 한 달~ 수년)의 투자 형태 기법이며 단타로 대응하기에는 다소 무리가 있지만, 직장인들도 쉽게 응용해볼 수 있는 가치 투자, 장기 투자 방법으로 활용도가 높다. 모든 종목을 몇 가지의 기법만으로 대응하기에는 무리가 있지만, 이 책이 중장기 투자를 위한 내용임을 고려할 때 가장 실전에 필요한 기법 중 한 가지가 아닌가 생각된다. 대부분의 개인 투자자들이 보다 쉽고 빠르게 응용할 수 있도록 필요 없는 많은 지표 활용이나 거품들을 빼고 실전 응용에 가장 강한 것들로 압축시켰다. 이 모든 것을 줄여 부르기 쉽게 W30 파동기법이라 부르려고 한다.

[종목 선택 조건 수식]

1. 코스피, 코스닥이 상승 흐름에 있는 구간에 진입 및 선물, 환율, 외국 증시 추가 상승 흐름 및 가능 구간 확인
2. 코스피, 코스닥 상승 대비 상승률이 미약한 종목 발굴
3. 주당 5,000원 이상, 해당 회사의 매출 및 이익 구조가 상승 곡선에 있는 종목 체크
4. 지분율 및 공시 체크

    이하 책에서 거론된 부분들을 모두 반드시 확인 후, 아래 원칙으로 진입

[W30 파동 진입기법 수식]

1. RSI가 30 이하일 때, 주가의 흐름과 디버전스 발생시 관심 종목으로 추가
2. 종목 흐름 확인 후 W 형태의 직전 저점을 지켜내는지 확인
3. W 흐름 이후 전 저점을 깨지 않고 반등 시 상승 흐름 확인 후 1~2일로 나누어 바로 직전 최저점 대비 상승률 3~7% 구간에 분할 매수 진입
4. 손절은 직전 저점 부근으로 설정
5. 종목당 편입 보유 비중은 투자 원금 대비 50%를 넘지 않음

[목표가 및 수익 익절 수식]

1. 코스피, 선물, 코스닥 지수 목표가 진입시 분할 청산(낙폭 대비 50% 상승 이론 응용)
2. 해당 종목의 목표 주가 50% 투자 이론 근거로 낙폭 대비 50% 반등 시 일부 분할 청산
3. 일부 보유 물량은 RSI 70 이상일 때 분할 청산
4. 잔량은 지속 홀딩하면서 트레일링 스탑(Trailing Stop: 추격성 손절매, 어떤 포지션이 수익이 나고 있을 때 고점이 갱신될 때마다 손절 라인을 따라서 올려주는 방법)으로 끝까지 따라가거나 큰 추세선을 이탈하지 않는 이상 보유
5. 전체적인 시장이 좋지 않거나 보유중에 매물대 밑으로 하락할 경우 약수익권으로 익절

앞의 수식들을 쉽게 풀이하자면 저점 생성 후 저점 재도전 시 반등이 나오는 하락폭 대비 50% 상승 구간을 전략적 목표로 삼고 손절은 전 저점 조금 아래로 잡아 리스크를 줄인다. 매물대와 RSI, 50% 기법을 응용해 현실적인 목표 수익 구간 전략을 원칙화시켜 목표가와 대응 전략을 먼저 확립한 후 진입한다. 분할 익절 대응 및 일부 차익 실현, 수익 확보를 목표로 한다. 손실이 날 수 없는 세팅을 장기간 보유하는 것으로 수익 극대화 및 리스크 해소로 요약할 수 있다. 차트로 복습 및 실전 사례를 배워보자.

좋은 예로 금호타이어 종목의 2011년 후반~2012년 초반까지를 살펴보자. 우선 그냥 차트로만 금호타이어를 살펴본다면 이 기법에 익숙하지 않은 분들은 어느 구간에서 진입해서 어느 구간에서 빠져나와야 할지 애매할 수도 있다. 자세히 살펴보면 다음과 같다.

■ 금호타이어 (073240) 2011~2012년 일봉 차트

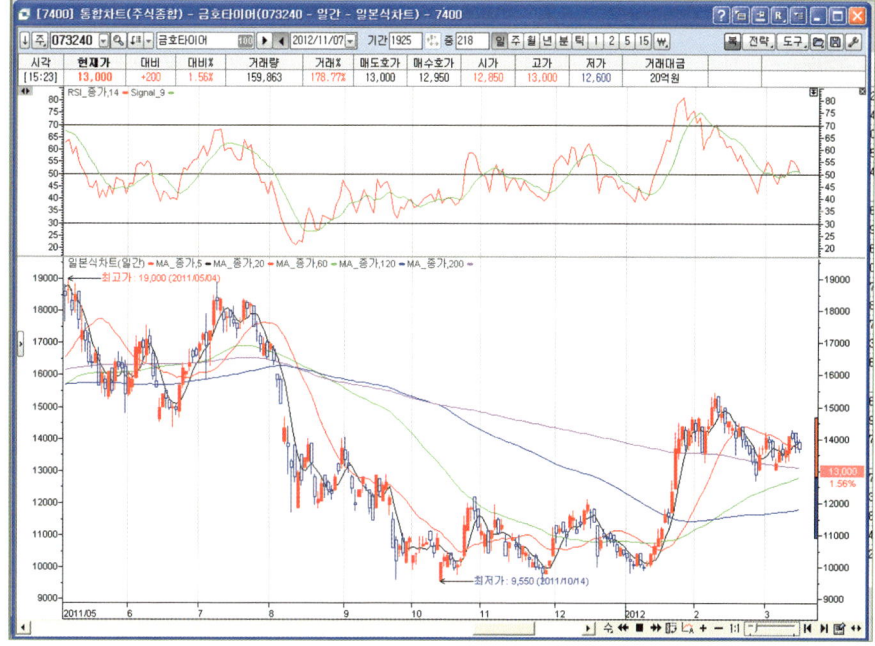

2011년 8월~11월 사이에 주가는 지속해서 하락하고 있지만 RSI는 그 반대로 상승 흐름을 보여주는 디버전스가 발생했다.

이런 종목은 관심 종목으로 설정해두고 W30 파동기법의 다음 W 파동을 기다리면 된다. 위의 종목은 진입 타이밍은 아래와 같이 차트로 판단한 후 진입해볼 수 있다.

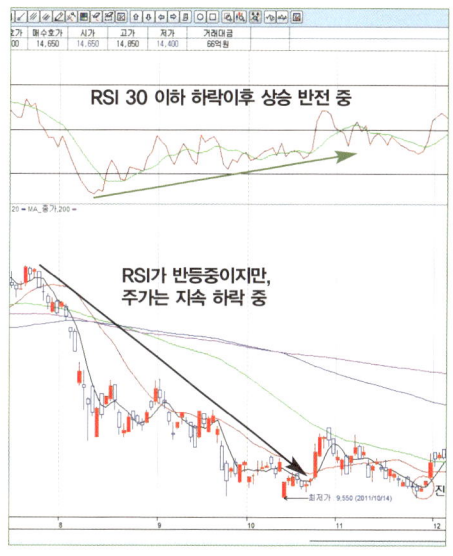

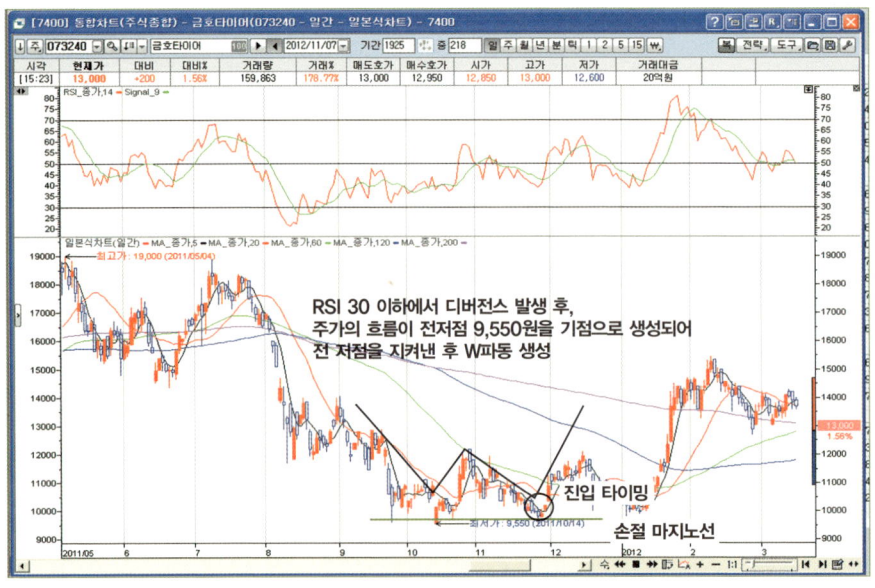

위의 차트로 보면 RSI 30 디버전스 발생 이후 W30 파동기법에 속한 타이밍이 약 2011년 12월 초에 완성되었다. 이후 기법 내용 중 3~7% 사이 상승 구간에서 분할 매수 대응을 했다면 현재 2011년 이후 최저점에서 매수한 것과 다름없다. 진입시 W형태의 전 저점을 지켜내는 것을 확인한 후 중장기 투자를 통해 리스크를 줄이는 투자가 가능해진다.

이 기법을 활용하여 진입하기 전 매매 전략을 먼저 세워야 한다고 수차례 배운 바 있다. 현재 상태에서 목표 주가를 설정하고 여러 가지 변수에 대응하는 전략들을 다음 차트를 통해 살펴보자.

진입 이후 하락 파동이 시작된 고점 18,300원을 기점으로, 최저점인 9,550원의 중간 50% 지점을 계산해보면 약 13,950원 즉 거의 14,000원대가 됨을 확인할 수 있다. 약 9,550원~9,800원 선을 분할로 매수 진입 후 손절선을 9,500원대로 잡고 이 기법을 활용해 얻을 수 있는 손실과 수익은 진입 전에 계산이 나온다.

　평균 단가 약 9,700원을 기준으로 9,500원 이하에서 손절시 2~3%대의 손실을 기록할 수 있고 수익 목표 가격이 14,000원대로 상승한다면 약 40%의 이익을 얻을 수 있다. 즉 손실은 제한적이지만 수익은 손실보다 20배 가까운 폭을 가지고 전략을 수립할 수 있다. 이후 RSI 70 돌파를 목표로 하거나 혹은 고점과 저점의 50% 기준선인 14,000원대 둘 중 하나로 익절 목표 전략을 세운다 해도 큰 차이가 없음을 알 수 있다.

　위의 기법으로 진입 시 2개월 보유, 최소 40% 이상의 큰 수익을 얻을 수 있는 좋은 사례다. 그리고 여기에서 발생할 수 있는 변수는 14,000원 선에서 일부 수익을 확보하고 일부 더 장기간 보유하고자 할 때는 W30 파동기법의 4번 조건인 트레일링 스탑 조건으로 최초 진입 가격 이상을 손절매 선으로 잡고 일부는 더 길게 가져가 볼 수 있다.

일부 수익 확보, 일부 보유 조건일 경우 금호타이어 종목 투자자로서는 2012년 2월 이후 '더 큰 수익을 보거나 혹은 조금 덜 보거나'의 차이일 뿐이지 손실은 날 수가 없는 전략이다. 일부 차익 실현 후 장기간 보유의 좋은 사례로 엔씨소프트(036570)를 들 수 있다.

■ 엔씨소프트 (036570) 2009~2010년 W30 파동기법 활용 예제

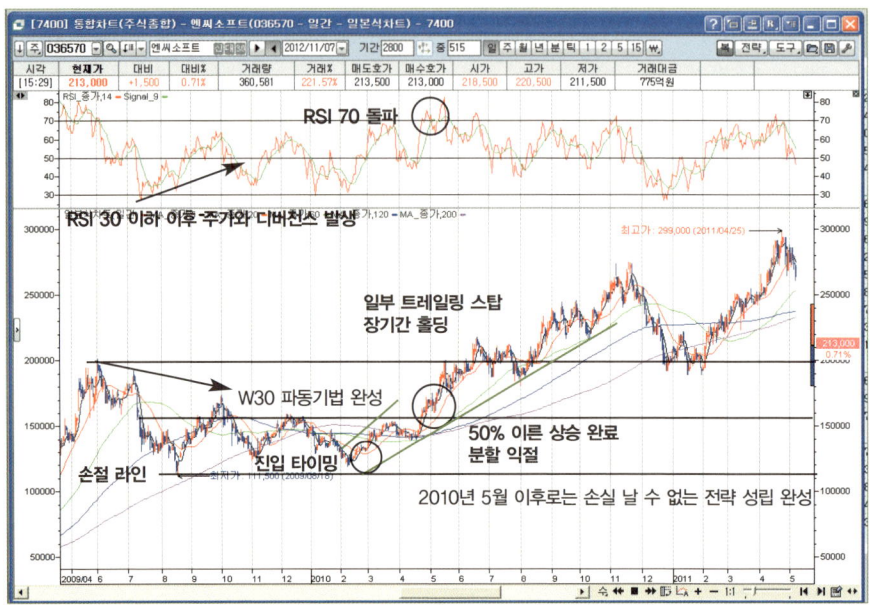

위의 그림으로 살펴보면 W30 파동기법으로 보아, 약 2009년 7월 이후 주가와 비례하여 디버전스가 발생하여 관심 종목으로 편입하였을 것이고 이후 W 파동 시작, W30 파동기법 중 2~3번의 조건으로 진입하였다면 손절 라인은 111,000원대 근처가 깨어질 때 손절매 조건, 매수 타이밍은 약 120,000원대 진입 후 고점 200,000원, 저점 115,000원을 기준으로 50% 투자 이론의 반등 가능치인 157,500원대를 1차 목표로, 2차 목표는 트레일링 스탑으로 지속

적으로 보유할 수 있는 전략이 완성된다. 이후 2010년 5월 이후로는 지고 싶어도 질 수 없는 포지션 전략을 짜놓고 보유하였다면,

■ 엔씨소프트 (036570) 일봉차트

2009년 이후 최저점인 12만 원대 근처의 매수 포지션을 장기간 홀딩하여 최근 2011년 말에 형성된 최고점 386,000원까지 수익률로 따지면 300%대의 놀랍고도 안전한 수익이 가능했다는 것을 알 수 있다.

이처럼 W30 파동기법을 잘 이용하면 사람에 따라, 투자한 자금의 성격에 따라 최소 31.25% 이상 수익이 가능했다. 손실이 날 때 약 5~8%대 손실을 가져올 수 있는 조건의 전략이라고 할 수 있다. 특히 W30 파동기법으로 본 목표가로 157,500원대에 일부 차익 실현 후, 일부 보유를 트레일링 스탑으로 157,500원 돌파 이후 수익성 손절 라인을 지속해서 올려가며 따라붙었다면

실투자금 대비 수익률이 놀라울 수밖에 없다. 이처럼 W30 파동기법으로 짧게는 1~2주 형태의 스윙 매매 역시 가능하고 장기 투자 기법으로서도 여러 가지 변수에 대응할 수 있는 핵심 기법이라 할 수 있다.

이 기법을 자신의 매매 스타일과 성격 등을 고려하여 자신에게 맞는 맞춤형 기법으로 조금씩 응용해간다면 차트를 매일 볼 수 없거나 중장기 투자에 취약한 트레이더, 특히 선물 옵션을 하기 위해 증거금 대용으로 주식을 매입해놓는 트레이더들에게는 더 없이 좋을 것이다.

대부분의 개인 투자자들이 손실에는 관대하고 긴 수익에는 대응을 잘하지 못하는 데, 이를 쉽게 '수익이 익숙한 투자자'로 탈바꿈시키기에 적당한 기법이다. 여기서 W 구간에서의 의미를 알고 싶어 하는 분들도 많을 것이다. 바로 앞서 언급되었던 엔씨소프트 차트를 사례로 살펴보자.

■ 투자 주체별 수급 관점으로 본 엔씨소프트 (036570) 2008~2010년 차트

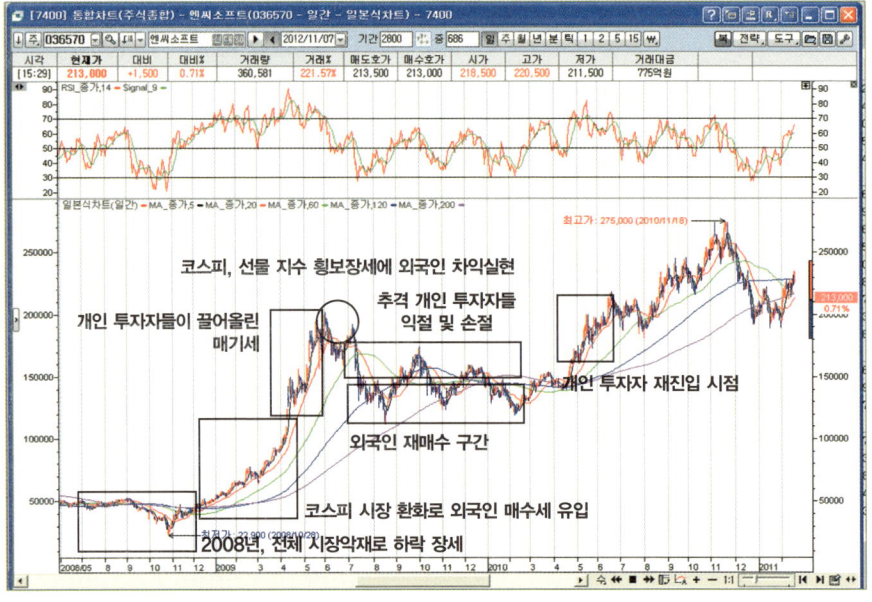

차트로 보면 2008년 전체 미국 신용 위기 등 눌려 있던 악재가 풀리면서 2009년 초, 외국인들의 매수세가 유입되었다. 전체 시장의 상승을 늦게 확인한 엔씨소프트 종목 개인 투자자들이 엔씨소프트의 게임 개발 소식에 갑자기 대거 몰려들면서 약 두 달 만에 60% 이상을 상승시켰다. 당시 코스피가 횡보 구간이었고 목표가를 개인 투자자들이 올려준 덕에 외국인들이 차익 실현을 하면서 대량 매도 물량이 나타났다. 개인 투자자들은 몇 달 전 있었던 큰 대세 하락에 겁을 먹고 추격한 물량들을 익절 및 손절 처리하면서 그 낙폭을 키웠던 사례다.

이후 약 10만 원 초반대의 주가에서는 외국인들이 매수, 조금 올라오면 개인 투자자들이 도망치기 바빠 내놓은 물량들로 흐름은 W 파동을 만들게 되었다. 어느 정도 물량 정리 이후 다시 상승 곡선이 만들어졌고 개인 투자자들이 15만 원부터 2012년 현재, 약 30만 원이 넘는 가격대까지 견인 역할을 해오고 있다.

물론 필자는 그 사이에 외국인들과 함께 10만 원 초반대 저점 지지를 확인하고 W30 파동기법을 이용하여 남들이 팔 때 최저가에 사는 기쁨을 누렸다. 이처럼 W30 파동기법 그리고 앞서 이야기한 대내외적인 호재, 악재의 구분, 전체 증권 시장의 자금 흐름 파악, 기업의 내재 가치 판단 등의 전략적인 승부가 담긴 매매를 한다면 놀랍고도 안전한 수익 창출이 가능하다. 단 몇 가지의 보조 지표만으로, 종목 차트로만 판단하는 투자자는 시간이 가면 갈수록 낙화유수(落花流水)할 것이다. 이와 반대로 전체 시장의 흐름을 읽고 스스로 정한 전략을 원칙으로 기계적인 매매를 지향한다면 만사형통(萬事亨通)하는 결과를 어렵지 않게 볼 수 있다.

04 실전 수익 사례

앞서 말한 엔씨소프트나, 금호타이어 등은 모두 필자가 수익을 냈던 종목이다. 하지만 한두 번의 차트만 보고 실전 매매에 응용하기 어렵다면 필자의 투자 실전 내용을 차트로 직접 확인하고 응용해보길 바란다. 아래 모든 내용은 W30 파동기법을 이용한 필자의 실전 수익 사례다.

1. 진입 조건
   코스피, 선물 시장이 상승으로 향해 있고, 50% 이론을 이용해 단기 반등 가능 구간보다 주가가 아래 지수에 진입했다. 즉, 1,000원짜리 주식이 500원으로 하락했으면 여기서 50% 목표 상승 선인 750원 이하일 때 진입한다는 의미다.
2. W30 파동 확인 후 71~72만 원대에서 분할 매수 진입
3. RSI 70 돌파까지 홀딩. 약 3개월 보유

■ 우리나라 대표 주식 종목인 삼성전자 수익 사례

4. 35% 수익 일부 확보 후 보유 물량 50%를 750,000원대에서 손절 전략으로 홀딩했음

5. 130만 원 돌파 시 보유 물량 중 50% 차익 실현. 현재 일봉 추세선 기준으로 상승 흐름이기 때문에 초기 매수 물량 중 총 25% 홀딩 중

이상이 필자의 투자 내용이다. 요약하면 약 71만 원대 진입 후 30~40% 수익 확보 그리고 일부 보유 중인 물량은 거의 90%대 수익으로 1년 여 정도 보유 중이다.

■ 포스코 (005490) 종목 실전 매매 사례

1. 진입 조건

   코스피, 선물 시장이 상승으로 향해 있고, 50% 이론을 이용해 주가가 단기 반등 가능 구간보다 아래 지수에서 진입

2. W30 파동 확인 후 43~46만 원대에서 분할 매수 진입

3. 50% 반등 지점까지 홀딩. 약 15일 홀딩

4. 약 12% 수익 후 전량 익절

■ SK하이닉스 (000660) 실전 사례

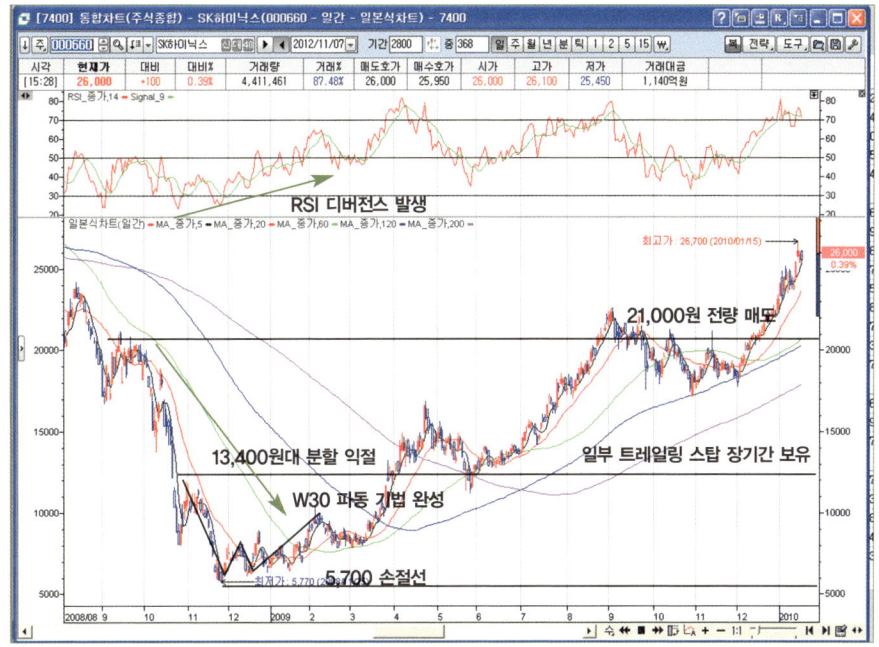

1. 진입 조건

   코스피, 선물 시장이 상승으로 향해 있었고 50% 이론을 이용해 주가가 단기 반등 가능 구간보다 아래 지수에서 진입

2. W30 파동 확인 후 5,900~6,000원대에서 분할 매수 진입

3. 50% 반등 구간 분할 익절 이후 RSI 70 돌파까지 홀딩. 약 3~4개월 보유

4. 135% 수익 일부 확보 후 보유 물량 50%를 1만 원대 손절 전략으로 홀딩

5. 2008년 하락 시작점 돌파를 확인하고 선물 지수 흐름이 좋지 않아 21,000원 전량 매도(268% 수익)

앞에서처럼 수익을 낸 사례는 수없이 많지만 모든 종목에 같게 전체 시장의 흐름을 읽고 타이밍을 잡아낸 뒤 W30 파동기법을 이용한다. 이로써 명확한 진입 시점과 손절 시점, 그리고 목표가를 설정하고 목표가에는 반드시 대응하는 전략으로 늘 임한다면 며칠, 몇 주 간격의 스윙 투자가 가능하다. 중장기 형태로도 응용할 수 있는 훌륭한 기법 및 전략을 수립할 수 있다.

이런 실제 사례들처럼 W30 기법을 응용하여 매수 타이밍을 적절히 잘 잡았을 경우 아주 오랜 기간 가져가면서 배당금 및 수익률 극대화에 도전할 수 있는 조건이 성립된다. 하지만 여기에서 배운 것처럼 연중 고점에 진입하든지, 전체 시장이 무너지고 있는 가운데 진입하든지 진입 타이밍이 올바르지 않다면 성공적인 장기 투자가 불가능하다. 하지만 최저점을 잘 잡아냈고 분할 매도 전략으로 일부 수익을 확보해놓은 상태인 '지고 싶어도 질 수 없는 상태'로 만들었다면, 몇 가지 원칙을 지키면서 장기간 보유로 추가적인 수익 극대화를 노릴 수 있다.

예를 들어 100만 원으로 W30 기법을 응용해 50%의 수익권에 도달했다고 가정하자. 그러면 100만 원은 150만 원이 되어 있을 텐데, 이럴 때 이 책에서 배운 '뚜렷한 목표 자리'에서 50만 원이든 100만 원이든 분할 매도를 해보자. 이후 나머지 금액은 이미 원금의 절반이나 100%를 확보해놓은 상태에서 수익금을 가지고 장기로 베팅할 수 있는 최적의 세팅이 마련된다.

예를 들어 100만 원이 150만 원이 되어 100만 원은 팔고 50만 원을 보유 중일 때 마음이 편안하지 않겠느냐는 말이다. 잃어버린 셈 치고 전체적인 시장 분위기가 좋다면 아주 길게 가지고 가보아도 좋겠다. 혹시 아는가? 초대박이 나올지도 모르는 일이다.

3년, 5년, 10년 뒤에 보면 역사상 최저가에 잡았을 수도 있다는 말이다. 이런 것처럼 이제 W30 기법으로 정확하고 현실성 있는 목표 자리를 설정할 줄 알게 되었고, 손절을 해야 하는 자리와 매도하는 이유와 원칙을 배웠다. 무턱대고 무조건 따라 하는 것이 아닌, 시장에 순응하는 근본적인 이유를 배우고, 그것을 응용하여 자신의 스타일에 맞게 변형해보자.

위기 대처법

주식 투자를 하면 꼭 2~3년에 한 번씩 찾아오는 손님이 있다. 바로 금융 위기 또는 전쟁 소식 등의 날벼락 같은 세계 증시 악재이다. 이런 것들이 증권 시장에서는 위기라고 불린다. 아무리 기업 실적이 좋고 제품이 불티나게 팔려도 전체 시장이 하락세로 돌아서면 주가는 정상적으로 버티기가 어렵다.

이와 같은 위기의 비중이 큰 이유 가운데 하나는 우리나라 증시에 영향을 주는 세력들이 대부분 외부 자본의 외국인들의 비중이 크고, 그 외 투자 주체들도 세계 금융 위기 등에는 주식의 보유 비중을 줄이고 현금 보유 비중을 늘리기 때문이다. 따라서 실제 우리나라에 영향을 줄만큼의 하락세가 아닌, 언더 슈팅이 자주 나오고 투매가 지속하거나 그 하락폭을 더 키우는 사례가 많다. 그리고 그 과정에서 개인 투자자들은 대부분 우울한 시간을 보낸다. 대처 방법을 모르기 때문이다.

하지만 위기는 곧 기회이기도 하다. 이 말은 다시 말해 주가가 폭락하면 보유중인 사람들은 손실이겠지만, 보유하지 않은 사람들에게는 저렴하게 주식을 살 수 있는 '바겐세일'과 같다는 것이다. 본문 내용 중 환율 흐름과 국내 코스피, 선물 증시의 흐름을 자기 것으로 만들고, 잘 응용하여 지속해서 관찰한다면 이러한 위기에 큰 손실을 보지는 않을 것이고, 오히려 주식을 제때 팔고 싸게 사려고 기다릴 것이다. 하지만 적극 대처하지 않는 투자자에게는 위기는 위기요, 다음 기회는 없거나 시간이 매우 오래 걸릴 확률이 높다.

1997년 외환 위기(IMF), 2001년 미국 9·11테러, 2007년 리먼 사태(서브 프라임 모기지), 2010년 연평도 포격사건, 2011년 미국, 유로존 사태(소버린), 2012년 현재 그리스 유로존 탈퇴 등의 역사가 있다. 작게는 많은 것들이 있겠지만, 필자가 기억하는 세계적으로 이슈가 된 금융 위기, 증시 폭락 사태들을 지목하자면 이 정도다. 그 외 일본이나 중국 등의 아시아권 나라에 관련된 위기도 많았다.

하지만 이 많은 사례를 뒤로하고 개인 투자자들이 가장 알고 싶은 것은 '언제까지 떨어질까요?', '언제 오를까요?' 두 가지 중 하나 일 것이다. 이러한 궁금증에 대해 하나로 함축되는 정답은 바로 '기다리는 것'이다. 언제가 최고점이 될지, 최저점이 될지를 아주 정확히 파악하려는 의도 자체가 투기 성향이 강한 것으로 보인다. 하물며 대폭락 속에 주식을 쥐고 있는 개인 투자자들이 목매는 것은 어디까지 내려갈 것인가이고, 투자를 기다리는 사람들은 언제 오를까가 주된 관심사일 것인데, 답은 기다리는 것 말고는 없다.

코스피 지수 1포인트의 오차도 없이 매번 저점, 고점을 잡아내는 것은 불가능하다. 하지만 이 책의 본문 내용을 자신의 것으로 잘 만든 사람은 W30 기법과 증시 전체 흐름을 파악하여 대응할 수 있을 것이다. 그리고 그것을 응용한 투자의 결과는 수익은 크고 리스크는 더 작다. 이런 여러 악재 속에 발생하는 금융 위기들의 원인을 철저히 분석한다고 하여 투자에 실제로 응용할 수 있는 것은 거의 없다. 하지만 굳이 이런 위기 속에서 무언가를 찾아내려면 그 악재가 언제 해소될지 예측하는 공부를 하는 것이 현명하다.

  주식 시장에는 언제나 거품이 있다. 이 물방울 같은 거품은 '톡' 건드리면 터지지만 터지기 전까지는 그 부피가 얼마나 커질지, 언제까지 커질지는 사실 알 수 없다. 이런 거품들이 생겨나는 이유는 미래를 예측하는 사람들의 심리 때문에 일어나는 증시 선반영 현상들 때문이다. 앞서 테마 주와도 비슷하게 증시는 실제 기업의 매출이나 순이익, 또는 국가의 지표 등으로 예상치를 생각해낼 수 있다. 그리고 그것이 비록 예상치일지언정 확보된 수익금처럼 주가에 먼저 반영되는 사례가 많다. 하지만 그 어떤 지표나 발표 등이 분기마다 지속적으로 나오므로 인해 작지만, 거품들이 증시에 많이 끼어 있기 마련이다.

  그렇다면 지표 등을 자세히 분석하는 것이 주식 투자에서 정답일까? 답은 '아니오'다. 지표는 언제나 바뀔 수 있기 때문에 주식 투자에서 참고 비중을 크게 늘릴 필요는 없다. 단, 이러한 거품들의 수치 파악을 잘해야 한다. 금융 위기 직전에 항상 나오는 패턴들이 있는데, 이것은 바로 코스피 기준 총가 상위 종목들의 갑작스러운 깊은 하락세와 공매도 증가에서 찾아낼 수 있다.

  대폭락 전 삼성전자나 포스코 등 대형주들의 공매도세가 많아지고, 해당 주가들이 떨어지면서 나머지 중·소형주들이 차례로 따라가는 경우가 많다. 외국인들의 공매도 잔량은 마음만 먹으면 HTS에서도 추정치의 근사치 값을 쉽게 찾아볼 수가 있다. 유동성 현금 확보를 위한 외국인들의 매도가 아닌, 없는 주식을 빌려서 파는 공매도는 파생 상품과 연계된 경우가 많다. 단지 주식만 보고, 코스피만 봐서는 주식이 왜 내리는지 이해가 가질 않을 것이다. 하지만 주식을 움직이는 세력들은 파생 상품도 필수적으로 투자를 같이 한다. 이 파생 상품의 대표적인 부분이 선물·옵션이며, 증시를 전체적으로 핸들링하는 외국인들의 수익 구조를 보면 더욱 이해가 쉬울 것이다. 주식을 하면서 선물·옵션을 보아야 하는 이유가 여기에 있다. 그럼 지금부터 기술적으로 분석해보자.

■ 대신증권 [7212] 기능 중 기간별 집계

투자자	주식(장내)			주식(코스닥)			KSP200 선물(계약수)		
	매도	매수	순매수	매도	매수	순매수	매도	매수	순매수
개인	1,460,778	1,500,495	39,717	1,031,772	1,037,724	5,952	4,060,119	4,052,782	-7,337
외국인	694,236	661,687	-32,549	36,729	36,294	-435	4,887,415	4,873,367	-14,048
기관계	616,126	626,891	10,765	44,829	39,658	-5,171	4,114,816	4,133,366	18,550
금융투자	99,834	96,774	-3,060	4,112	3,761	-351	3,849,523	3,852,400	2,877
보험	106,093	113,432	7,339	6,815	6,466	-349	53,364	51,701	-1,663
투신	220,042	223,258	3,216	18,676	16,344	-2,332	147,013	163,631	16,518
은행	28,227	29,951	1,724	2,244	2,055	-189	58,853	59,154	301
기타금융	2,405	3,168	763	585	340	-245	1,320	1,354	34
연기금	116,849	119,155	2,306	9,013	7,691	-1,322	4,743	5,126	383
국가지자체	99,401	96,861	-2,540	1,576	2,587	1,011	58,273	64,941	6,668
기타법인	50,356	37,907	-12,449	9,266	7,961	-1,305	123,217	119,384	-3,833

위의 차트를 보면 지난 2012년 3월 8일 선물 만기일 이후 2012년 6월 1일까지 흐름 중 3개월 내 코스피 주식 순매수 주체들은 개인, 기관, 보험, 투신, 은행, 종금, 기금 등이며, 주식을 순매도한 주체들은 외국인과 증권사밖에 없다. 2012년 3월 8일이면 코스피 기준 2030~2050 횡보 박스권 내에 있을 시기인데, 그 시절부터 주식을 받쳐온 사람들과 팔아온 사람들의 그 차이는 숫자로 판명이 난다(이 책의 내용은 대형주 위주이므로 코스닥은 생략). 그 외 선물 계약수로 보자면 개인과 외국인, 보험사를 제외하곤 다른 주체들인 기관, 증권, 투신, 은행, 종금, 기금 등이 선물을 매수 중이다. 앞서 배운 주식 전략 중 하

나가 바로 헤지 전략인데 이것은 주식을 사놓고 파생 상품 하락 시에 이익을 얻는 구조로 베팅을 하여 늘 안정적인 수익을 얻는 것이었다. 하지만 이번 기간에 외국인들의 포지션은 코스피 주식과 코스닥, 선물 등을 모두 대거 매도하면서 그 폭락을 더 부추기고 있는 것을 기술적으로 파악할 수 있다.

보통의 장세에서는 주식을 사고 선물을 일부 매도하면서 헤지 전략을 가져가는 주체들이 많지만, 이번에는 호불호가 확실해져 주체들만의 '위기 대처 방법'이 따로 있다는 말이다. 단지 외국인들만이 시장 전체를 주도하는 세력은 아니지만 어림잡아 우리가 아닌 외국 사람 측면에서 보는 코스피의 위험성은 그만큼 폭락 사태 이전에 얼추 확인할 수 있다. 그렇다면 하락 속에서 수익을 내는 주체들의 포지션은 어떻게 될까? 바로 아래의 차트를 보면 어느

■ 대신증권 [9841] 기능으로 본 투자 주체별 파생 상품 포지션 분석(추정)

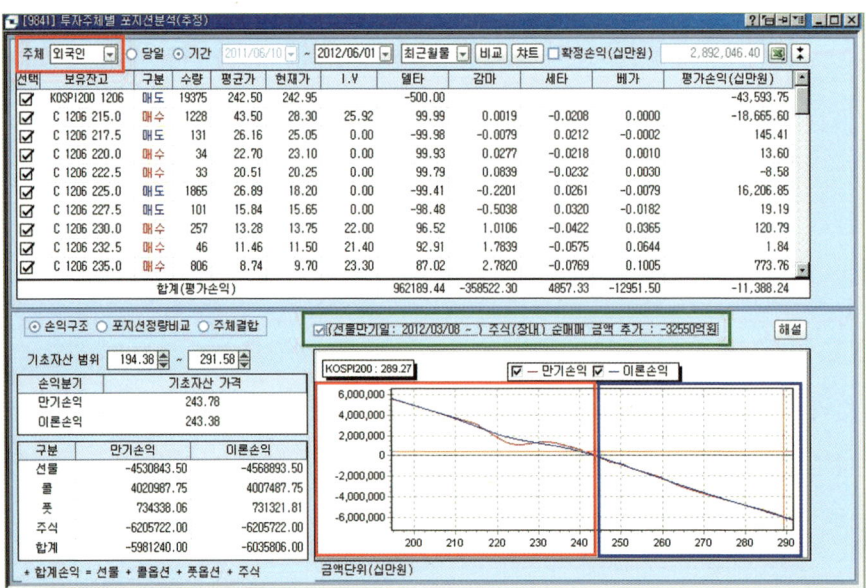

정도 확인이 가능하다.

　차트를 보았을 때 외국인들의 지난 2012년 3월 8일 이후의 포지션은 하락했을 때 수익이 나는 구조이다. 선물로는 누적 매도 수량이 약 2만 계약 가까이 보유하고 있고, 이론상으로 본 손익 현재 현황은 선물 지수로 242.00 아래로 더 떨어져야 큰 수익이 나는 구조이며(빨간색 네모), 선물 지수가 올라가면 손실을 보는 구조(파란색 네모)로 세팅되어 있다.

　시장의 큰손은 외국인임을 주식 공부를 조금이라도 해보았던 사람들이라면 대부분 알 것이다. 그 큰손인 외국인이 파생 상품에 대한 투자를 하락 시에 수익이 나는 구조로 세팅을 점점 늘린다면 기술적으로 추가 상승보다는 하락에 초점을 맞춰야 하는 시기로 판단해볼 수 있다. 이 주체별 포지션들을

■ 같은 기간 코스피 지수 차트

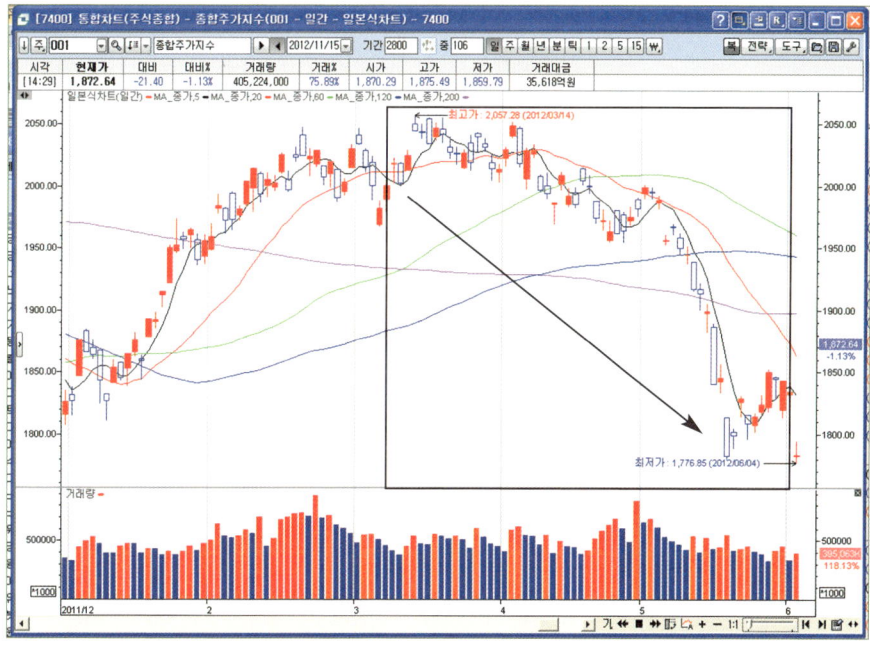

관심 삼아 평소에 장중이 아니더라도 가끔 본다면 전체적인 흐름을 누가 주도하고 있는지와 선물 지수를 보면서 추가 하락이 있을 수 있는지, 없는지 정도의 간단하지만, 매우 필요한 정보를 얻어낼 수 있다.

주식 투자에서 장기적인 안목을 가지길 원하는 사람들에게는 종목 차트와 같이 봐야 하는 것이 우리나라 전체 증시의 필수 안내 지도이다. 언제 사고, 언제 팔지를 명확히 알려고 하는 사람은 꼭 배워두자. 차트로 볼 때 기술적인 하락 구간이나 대응 가능 영역은 다음과 같다. 바로 눈치를 보는 작전인데, 예제로 2012년 전후의 차트로 분석, 심리 영향선의 관계와 실전 응용 사례를 점검해보자.

■ 일봉 코스피 분석 차트

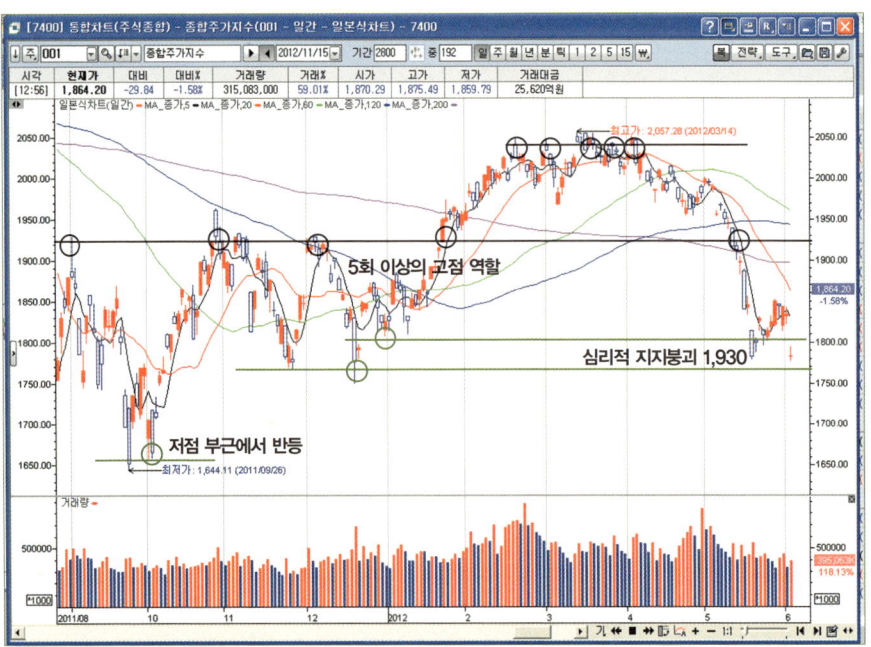

앞의 차트로 볼 때 대중적인 투자자들에게 심리적인 영향이 있는 선들은 2011년 3회 고점 역할을 했었던 1,930선, 그리고 2012년 초에 2,040~2,050 부근이다. 특히 2012년 초에 발생한 5번 이상의 고점 저항 역할은 누구나 '저 부근이 고점이 될 수 있는 자리'라는 것을 파악할 수 있다. 여기서 자주 나오는 심리적인 지수들은 앞으로 다시금 중요한 자리로서 역할을 해낼 가능성이 크다. 다시 오르더라도 저항 역할을 할 가능성이 높다. 대중들의 심리를 표현해내는 저런 선들이 과거 손절을 쳤거나 진입을 했거나 대응을 했던 자리에서 더 깨져서 내려가거나, 뚫려서 다시 올라갈 때 그 파급은 예전보다 더욱 크게 움직일 가능성이 있다. 기관들이나 큰 금액을 운용하는 사람들 또한 저런 심리선들을 손절 마지노선으로 잡거나, 추세가 변경되었다는 신호로 인식하는 사람들이 많다.

필자 역시 저렇게 생성되고 흔적이 남아 있는 심리적인 지수들을 늘 기록하고 분석한다. 심리적인 지수 아래 지수와 그 위 지수들을 언제든 움직일 수 있는 영역으로 전략상 열어두고 매매함으로써 리스크를 줄이고 언제든 위로 아래로 움직일 수 있는 코스이지만 어느 지점을 이탈하면 손절을 하거나 더 큰 수익 창출을 위해 홀딩한다는 전략 등을 세운다. 그리고 그런 것들을 종목 투자 시에 반영하면서 수익은 극대화, 손실은 최소화하려고 한다. 하지만 개인 투자자 중 코스피 일봉 차트를 자세히 분석해가면서 투자하는 사람들이 많지는 않을 것이다. 저 차트로 보아 약 3개월 동안 최상단 파란색 선인 2,040~2,050지수에서 돌파 시도를 하였으나 실패하였고, 이후 작년의 고점 역할을 했던 코스피 1,930라인마저 붕괴하면서 그때부터 큰 하락을 부추겼는데, 이런 하락과 위기 속에서 늘 대처할 수 있는 매매 전략으로는 앞서 배운 '분할 진입, 분할 매도'로 대응할 수 있다.

예를 들어 코스피 관련 종목에 투자하여 지수가 상승하면서 수익을 보았다면 언제 사든 1,930이나 2,040~2,050지수에서는 분할로 대응해야 하는 자리다. 즉 일부는 팔고 일부는 보유해보는 자리라는 말이다. 그리고 트레일링 스탑으로 일부 보유 중인 물량들을 홀딩하면서 평단에 맞춘 수익성 트레일링 스탑 로스, 또는 기술적으로 해당 종목의 매물들을 파악해가며 다음 하락 코스를 비슷하게나마 점쳐 대응하기가 쉽다.

같은 기간 LG전자(066570)의 응용 사례는 다음과 같다.

■ LG전자 [066570] 일봉 차트로 본 사례

위의 차트로 보아 W30 기법을 응용하여 진입과 정리 수식을 보자.

- W3O 파동 조건으로 2011년 9월 말 매수 진입
- 반등 목표 구간 88,000원에 일부 목표로 잡고 홀딩
- 88,000원에서 분할 익절, 나머지 보유 물량 트레일링 스탑 홀딩 (목표가 123,000원 선)
- 단기 그리스발 악재로 인해 2012년 4월 말 매물대 붕괴 조짐 현상 발견, 환율 상승 흐름 및 코스피 하락 흐름 발견으로 인해 분할 정리

결과: 61,000원대 매수 진입 이후 88,000원에 절반 익절

이후 나머지 절반은 75,000원 선에서 정리했을 때 총 수익률은 약 22%(88,000원 익절) + 11.5%(75,000원 익절) = 총 33.5%의 수익을 가졌고, 88,000원대 전량 정리했다면 44.26% 정도의 수익률을 기록했을 것이다.

■ 2012년 선물 일봉 차트

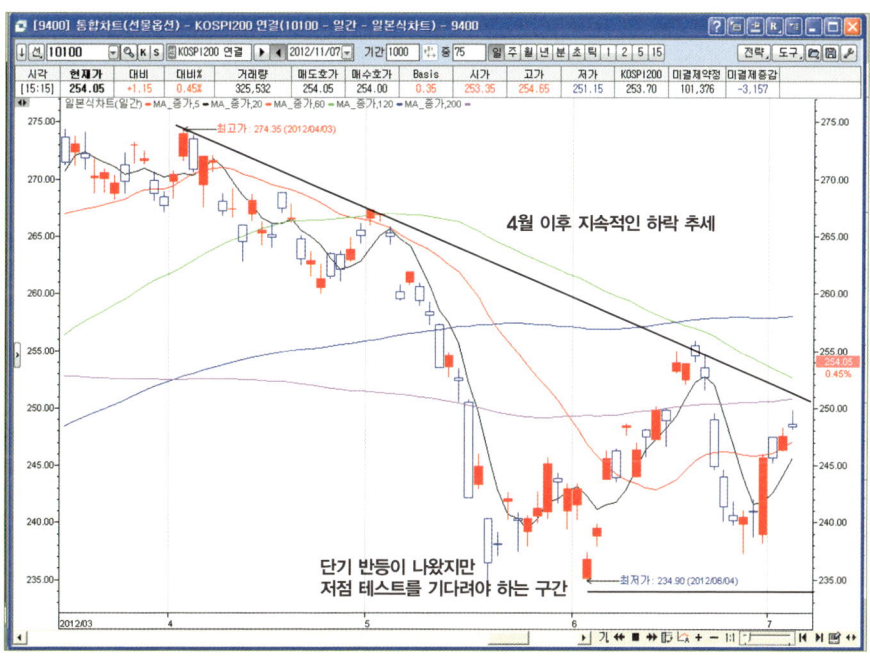

이처럼 W30 수식에 매수하여 그 이론에 근거한 전략을 수립한다면 코스피 폭락에도 매물대 분석 등으로 분할 대응을 함으로써 큰 타격이 없다. 더 큰 수익을 가져올 수도 있지만, 전체 시장의 흐름이 하락세로 돌아서는데 이 정도 수익이면 다행이다. 그렇다면 언제 다시 사야 하는가? 이것은 앞에 나와 있다. 코스피 및 선물 지수가 상승 흐름에 있고, 환율이 떨어지며 추세를 만들어가고 있을 때, 전 저점 부근을 강하게 돌파하지 못하고 반등세가 나오는 것을 확인한 후 진입한다면 발톱부터 머리카락 끝까지는 아니더라도 어느 정도 추세 역행 매매를 하는 일은 없을 것이다. 그리고 일반적으로 반등세는 일반 상승세보다 그 힘이 더 강하고 빠르다. 거기에 W30 기법과 50% 이론을 더해 분할로 대응한다면 큰 어려움 없이 매매할 수 있다. 그럼 정확히 쉬어야할 때는 언제인가? 앞서 내용에도 있지만, 다시 2012년을 기준으로 판단을 해보자면 다음과 같다.

■ 2012년 환율 흐름 차트

앞의 두 가지 사례만 보아도 현재는 코스피 관련 주식은 손을 대지 않는 것이 좋다. 선물 흐름이나 환율, 종합 주가 지수 등의 삼박자가 잘 맞을 때 들어가도 확률이 낮다. 이런 장에서는 조급함이 앞서는 투자자들은 섣불리 최저가를 잡아낸다고 접근했다가 큰 손실을 보기가 쉽다. 물론 이 책을 읽는 분들에게는 주식을 싸게 살 좋은 기회이지만 말이다. 이처럼 알고 모르는 차이는 곧 계좌 수익과 직결된다. 즉 돈을 벌고 못 벌고의 차이다.

한 가지 팁으로 더 설명하면, 통상적으로 위기는 증시가 바닥에 있을 때 나오지 않는다. 대부분 연중 고점 또는 상당히 높아진 자리에서 위기가 찾아온다. 그 위기를 이용해 메이저 세력들은 큰돈을 벌고 다시 주식을 저렴한 가격대에 재매수함으로써 수익은 배가되고 더 큰 자금으로 투자할 수 있는 구조로 만든다. 이 과정에서 울고 웃는 이들이 서로 갈림길을 탄다.

위기 대처란 한 마디로 표현하자면 '추세에 역행하지 않는 것'이라고 할 수 있다. 추세가 무엇인지 모르는 투자자들에게는 '소 귀에 경 읽기'겠지만, 어느 정도 비중을 두고 투자에 임하는 사람들은 이런 촉각을 항상 곤두세워야 시장에서 안전하고 오랫동안 살아남을 수 있다. 여기에서 배운 심리선과 추세선을 다시 복습하여 최소한 오르고 있을 때 바람 방향에 맞추어 키를 잡을 줄 아는 선장이 되어야 한다.

수익을
제대로
관리하는법

PART 10

투자를 하다 보면 주식으로 재미를 보는 것은 여러 번 있는 일이다. 하지만 그것을 잘 관리하지 못하면 계좌는 변동성이 심한 차트처럼 울긋불긋 빨간색, 파란색으로 바뀔 것이다. 필자는 기법보다 심법을 믿는다. 그리고 심법보다 미래를 생각하고 준비를 먼저 하는 자가 진정한 승자가 될 수 있다고 단연코 확신한다. 꾸준한 수익을 내면서 어떻게 돈 관리를 해야 하는지 필자의 경험을 토대로 이야기해 보겠다.

수익보다 관리가 중요하다

    필자의 뼈아픈 과거를 또 공개해야겠다. 눈물이 앞을 가리지만 독자들에게 유익한 정보를 제공하고자 약속을 한 바 있으므로 이야기하려 한다. 필자는 주식·선물·옵션을 하면서 참 재미를 자주 보았다. 그러면서 돈을 많이 벌었고 재벌 2세처럼 남부럽지 않게 펑펑 쓰며 몇 년간 살기도 했다. 하지만 마음에서 오는 병은 몸으로, 돈으로 때워야 한다는 것을 뒤늦게 깨달았다.

    늘 매매함에서 자신감과 오만함이 있었던 필자는 모든 일이 잘될 줄 알았다. 그래서 증권 투자로 재산을 모은 뒤 부동산 투자에 눈을 돌렸다.

    거만해질 대로 거만해진 필자로서는 무리하게 보유 현금의 90% 가까운 돈을 부동산 투기에 몰아넣었고 부동산 거품이 꺼지면서 필자의 부풀었던 거품도 사그라졌다. 이후 참패를 맛보며 주식에서도 잘 보지 않는 큰 손실을 부동산 투자에서 보았다. 호화로운 생활을 유지할 수 있는 현금성 투자 자금을 마련하기 위해 부동산을 담보로 돈을 빌려 매매를 한 적도 있다. 스스로 무덤을 판 격이다. 심리가 좋지 않으니 매매가 원활하게 잘될 리가 없었다. 결과는 부동산도 날아가고 매매 자금도 턱없이 줄었다. 자만에 빠져 자기 관리에 헤이해진 잘못 때문이었다.

조금 벌기 시작하면 씀씀이가 달라지고 자신을 관리함에서 품위 유지 비용이라는 것이 들어가기 마련이다. 좋은 차를 타면 좋은 옷을 입고 기름도 많이 쓰고 세금도 많이 낸다. 그 품위 유지 비용을 대기 위해 더욱 무리를 하는 환경을 자처한다.

필자는 이제는 이러한 부분에 대해서는 모든 것을 내려놓고 반 해탈에 가까운 생활을 하고 있다. 그래서 요즘은 더욱 마음이 편안하고 계좌의 수익이 날로 커지고 있다. 하지만 누군가 이렇게 자신의 경험담을 들려주었으면 지금보다는 더 편하고 재미있게 현명한 부자로 살았을 텐데 아쉬움이 남는다. 무엇보다 이렇게 시간을 낭비하지도 않았을 것이다.

필자의 경험에 빗대어 보면 수익을 내는 것도 매우 중요하지만, 수익을 낸 뒤 관리가 얼마나 중요한지 알 수 있을 것이다. 필자처럼 너무 자신감이 붙어 다른 사업에 투기 형태로 투자했다가 쓴맛을 볼 수도 있지만, 주식 투자에 비슷한 발동이 걸렸다면 그것은 심리적인 참패로 재기할 수 없었을지도 모르는 일이다.

이제는 자금을 관리하는 방법에 원칙을 하나 정하고 그것만을 지킨다. 수익금의 20% 미만은 기부도 하며, 외식도 하고, 그 어떤 일이든 관계가 없이 사용한다. 저축도 하고 쇼핑도 한다. 하지만 나머지 80% 수익금의 절반은 반드시 운용 자금에 보태어 더 큰 자금으로 운용한다. 그리고 그 나머지는 가족이 관리한다. 이렇게 정해놓고 나니 돈을 벌어도 좋고 마음도 편안하며 날이 가면 갈수록 수익은 배가 되어 다시금 재기할 수 있는 선까지 이루어냈다. 앞서 공개한 사연은 필자의 이야기일 뿐 누구나 같을 수는 없다. 그러나 아마도 비슷한 일을 당할 가능성이 높다는 것은 알아두어야 한다. 이런 것들을 사전에 명심하여 다른 사람의 경험을 거울삼아 큰 실수를 하지 않는 것, 그것만으로도 큰 수익을 창출해놓은 상태라고 조언해주고 싶다.

  수익은 영원한 것이 아니다. 항상 돌발 사태에 대비해서 자금 운용 관리 능력을 키우고 과대한 욕심을 버리는 것이 주식 세계에서 살아남는 장수 비결이다. 남에게는 권하고 싶지 않은 몹쓸 추억이지만 나에게는 무슨 일이 있어도 원칙을 지키게 해준 뼈저리게 아픈 과거이기도 하다. 겸손함과 자제심을 겸비하고 안다는 것은 완벽한 고수의 자세이다. 이 책의 내용을 근거 삼아 투자 원칙과 자신만의 투자 철학을 만들어 그것을 지키는 자세를 반드시 가져야 한다.

국도와 고속도로의 차이를 닮은
주식 투자

필자는 주식 강의나 설명을 할 때 자주 국도와 고속도로에 비유하곤 한다. 이는 주식 투자에서 단타 스윙과 중장기 투자 모두에 있어 비교적 맥락이 비슷하기 때문이다. 짧은 기간 안에 회전해야 하는 자금으로 투자한다면 국도가 신호에 자주 걸리고 속도를 별로 낼 수는 없어도 다른 지방으로 가기 위한 적절한 선택일 수 있다. 반대로 오랫동안 묵혀놓을 수 있는 성격의 자금이라면 평균 속도가 올라가고 국도와 비교하여 비교적 스트레스 없이, 더 빠르고 안전하게 목적지까지 도달할 수 있는 장점이 있는 고속도로를 선택하는 것이 효율적이다. 이는 단기적인 투자 성향과 장기적인 투자 성향을 비교한 말이다.

우리는 여러 가지 기법을 배우고 그 응용법에 대해 복습해보았다. 하지만 내면에 있는 투자 성향이라는 것은 성격과 같이 쉽게 변화시키기가 어렵다. 그러나 합리적인 조건을 알면 몰랐을 때보다 변화시키기가 수월하다.

모든 것에는 기회비용이 있다. 기회비용이란 쉽게 말해 사소한 것들을 손해 보면서 좋은 기회를 잡는 것을 뜻하는데 주식 투자에서도 마찬가지로 별반 다를 바 없다.

단기적으로 투자를 자주 하는 A씨와 장기적 투자만을 고집하는 B씨와의 차이는 많다. 양측 모두 장단점이 있겠지만, 결론적으로 간단하게 설명하자면 '자신이 현재 국도로 가야 하는지 고속도로로 가야 하는지를 아는 것이 중요하다'고 할 수 있다. 무리하게 자금을 운용하여 뻔히 상승할 것을 알고도 돈이 급해 주식을 팔아버리거나, 무턱대고 보유했는데 빠질 타이밍이 지나 손실을 보는 것이나 모두 그다음 투자에 큰 영향을 주기 마련이다.

이처럼 단기적으로 대응할 수 있는 여건이 되는지 먼저 자신에게 질문을 던져보고 혹은 장기적으로 운용하고 문제가 없을 만한 자금인지를 타진해보고 투자 전략을 수립하라는 뜻이다.

자신이 서울까지 가야 하는데 국도만 타고 가면 고속도로 통행료는 아낄 수 있다. 하지만 그보다 더 비싼 주유 비용과 시간적, 스트레스를 받으며 갈 것이다. 반대로 고속도로로 갈 수 없는 시골 외진 곳에 가는데 고속도로만을 이용해서 가려다 보면 내지 않아도 될 통행료만 내게 되고 결국은 국도로 다시 진입해야 하는 이중 부담의 사태가 나타나기도 한다. 이러한 삶의 맥을 잘 알아서 목적지에 맞는 경로 선택을 하는 것이 올바른 투자의 지름길이다.

필자 역시 주식 투자를 할 때 투자 자금이 매번 다르기 마련인데 그때마다 해당 자금을 언제까지 자유롭게 사용할 수 있는지 달력을 들춰보고 큰돈 나갈 곳은 없는지, 내가 사고자 하는 종목이 원하는 가격까지 오르는 데 소요되는 예상 시간은 얼마인지, 예상 수익은 얼마인지를 다 따져보고 책상에 메모를 해놓고 관심 종목으로 늘 지켜보곤 한다.

필자뿐만 아니라 많은 고수는 투자 자금 성향에 맞추어 매매한다. 언제 어떻게 될지 누구도 장담 못하는 증권 시장에서 만약 불가피한 사태가 일어나지 않도록 사전에 준비하는 것은 고수가 되는 첫걸음이라고 할 수 있다. 주식 투자는 컴퓨터로 하는 단순한 게임이 아니다. 고도의 전략이 필요한 늘 편안하게 하지만 어려운 투자임에 틀림없다. 그것에 맞게 자신이 갈 길을 미리 완벽히 파악하는 것은 추후 결과에 많은 차이가 난다. 이를 기억하자.

03
다른 일을
하지 않는 이유

이 부분은 전업 투자자들에게 해당하는 항목이다. 필자가 다른 일을 하지 않는 이유는? 주식이 돈을 벌어 다 주기 때문이다. 그것이 없으면 먹고살 수 없고 주식에 투자할 자금도 생기지 않는다.

여기에서 분명히 하고 싶은 말은 필자처럼 전업 투자로 생계를 이어 나갈 수 있는 확률은 매우 적다는 것이다. 만약 사업을 접고 혹은 직장을 그만두고 주식에 집중하고자 하는 분이 있다면 도시락 싸들고 따라다니며 말리고 싶다. 막대한 돈을 쓰면서 배워온 이 자리가 절대 편안하지 않고 쉽게 유지되는 것도 아니라는 뜻이다.

집에서 전업 투자한다며 모니터 열 몇 대를 쳐다보며 전자파를 온몸으로 받아낸다. 여름에는 컴퓨터 열기 때문에 땀띠가 나도 앉아 있어야 한다. 날이 가면 갈수록 차트를 보다 보니 시력이 나빠지기도 한다. 앉아서 일하다 보니 몸이 늘어지는 고통쯤 아무것도 아니다. 시간이 지나면 전자파 때문인지, 극도의 스트레스 때문인지 몸에 힘이 없고 머리카락이 빠지기도 한다. 같은 자세로 오래 앉아 있다 보니 하지 정맥류가 생기기도 하고 관절까지 무리가 가는 고통 역시 감수해야 한다. 집에서 데이트레이딩을 하는 것은 절대 쉬운 것이 아니다.

아마 전업 트레이더 중 자신의 원칙을 잘 지키기 위해 볼펜으로 손을 찌르거나 허벅지를 찌르고, 대문짝만 하게 교훈 등을 붙여놓으며 살아가는 많은 이들이 있을 것이다.

왜 다른 일을 하려 하지 않는가? 일하면서도 충분히 재테크가 가능하고 요즘 같은 이런 최첨단 시대에 필자의 경험같이 무식하게 투자하지 않고도 충분히 배우고 투자할 수 있다. 굳이 어려운 길을 가려는 사람들에게 꼭 해주고 픈 말이다.

이 모든 것이 단기간 내 대박을 노리는 것이 아닌, 기술적으로 잘 분석하면서 장기적인 안목으로 투자한다는 조건에서 필자보다 지금 이 책을 읽는 여러분이 더 빠르고 더 잘될 수 있다는 말을 하고 싶다. 스스로 이 책의 내용을 읽고 버텨낼 수 있는 삶인지, 현실적인 목표를 가지고 실천 가능한 한 매매 환경인지를 반드시 진단해보길 바란다.

분산으로
마침표를 찍다

필자는 앞서 언급한 대로 수익이 생기면 그 수익금을 분산 관리한다. 하지만 월 단위, 혹은 연 단위로 따졌을 때 절대적인 수익을 추구하고자 한다면 주식 외에 참 많은 것들을 배워야 그것이 가능해진다.

주식으로 꾸준한 수익을 창출해내서 장기간 투자로 어느 정도 자금을 부풀려가면 어느새 시장은 반드시 변한다. 영원한 수익이라는 것은 주식 투자에서 존재하지 않는다. 늘 변하고 그것에 맞게 대응을 해야 하는, 어디로 튈지 모르는 증시를 두고 지속적이고 안정적인 수익을 창출해내기 위해서는 다소 변화가 필요하다. 그것이 주식과 선물, 옵션을 병행하는 방법이라든지 혹은 FX 마진, 혹은 다른 저평가된 후진국 주식에 투자하는 방법 등이 될 수도 있다.

하지만 분산 투자의 힌트를 주자면 이 책에서 배운 여러 가지 기술로 조금만 눈을 돌리면 사람들에게 반드시 필요한 것들은 10년이고 20년이고 꾸준한 상승세를 이어오고 있음을 알 수 있다. 그리고 그 기간 단 한 번도 연도 단위로 하락한 적이 없는 것도 있음을 알 수 있다.

주식으로는 영원히 언제까지고 모니터를 노려보며 살 수 없다. 이미 어느 정도 먹고살 만해지면 주식 안에서 분산하는 것이 아닌, 조금 눈을 돌려 주식과는 다른 금융 상품에도 투자하는 것이 가장 현명한 투자자의 자세라고도 볼 수 있다. 이것이 장수하는 비법이라고도 말하고 싶다.

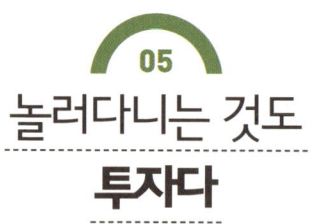

05
놀러다니는 것도 투자다

　'놀러다니자'라고 제안하는 필자에게 돌을 던지는 독자분이 있을 수도 있다. 아마 주식 투자를 하고 있는데 연속적인 손실 때문에 마음이 안 좋고 재정이 힘든 분들이 그럴 수도 있겠다는 생각이 든다. 여기에서 '놀러다니자'라는 말에는 사실 여러 가지 의미가 들어 있다. 매일 차트에 찌들어 분석이니 뭐니 하면서 세상에 대한 견문을 좁히고 머리가 굳는 것보다 기회비용의 일부라고 생각하고 밖으로 가족과 함께 놀러다니고 지출해가며 시장의 변화를 몸소 느끼는 것이 승률을 높이는 데 큰 도움이 될 수 있다.

　필자는 주말마다 놀러다녀 보니 참 재미있는 것을 많이 발견할 수 있었다. 그리고 행복하다. 요즘은 굳이 컴퓨터가 없어도 주식 매매가 쉽다. 태블릿PC나 스마트폰, 또는 증권사에 부탁하여 매매하면 된다. 중·장기적인 투자를 하면서 원칙을 세우고 전략에 맞게 대응만 하면 되는 것이다.

　투자를 시작해놓고 컴퓨터 앞에 앉아서 마음 졸일 필요가 없다. 금요일 장을 마치고 TV를 보면서 악재인지 호재인지 구분할 필요도 없고 미국 증시를 보며 '다음 주는 블랙 먼데이가 되지 않으려나?' 하는 걱정도 필요 없다. 체력을 낭비하는 일을 할 이유가 전혀 없다.

금요일 오후 3시가 넘어 매매를 종료했으면, 돈이 많든, 적든 떠나자. 가족과 함께 있으면서 투자금에 대한 소중함도 다시 한 번 느끼자. 백화점도 다니면서 요즘 젊은 사람들을 관찰하거나 혹은 뜨는 제품이 무엇인지 시장을 직접 살펴보자. 이것은 주식 투자 견해를 조금 더 진보적으로 바꿀 수도 있는 좋은 방법의 하나다. 모니터 안에서는 찾아볼 수 없는 오프라인 소비 시장을 직접 체험하고 느끼면서 그것 덕분에 느낄 수 있는 정보를 투자에 활용할 수 있다.

천 번의 컴퓨터 속, 재무제표 속 정보나 인터넷 뉴스보다 한 번의 경험으로 인해 유통 구조와 소비자 심리를 느끼는 것으로도 중장기 투자 시 큰 수익을 얻는 경험을 할 수 있다.

필자는 주말에 외국에 나가더라도, 지방에 가더라도 설령 월요일 아침 컴퓨터 앞에 앉아 있지 못하더라도 불안하지 않다. 이 책을 읽는 분들도 그랬으면 하는 바람이다. 모든 것이 전략 안에서 진행이 되고 나는 그것을 관리 감독만 하면 된다. 스스로가 편안하고 승률을 높일 수 있는 환경은 자기 자신만이 만들 수 있다.

초보-중수
투자자 질문 베스트 10

　필자가 증권 방송을 하면서 가장 많이 받고 있고, 교훈이 될 만한 질문들을 소개하려 한다. 평소 궁금한 점이 많았다면 이 문항을 잘 보길 바란다. FAQ 형식으로 질문과 그에 대해 답변을 했던 내용을 기록해보았다.

▶ **1. 왜 내가 사면 주식은 꼭 내리고, 팔면 오를까요?**

　- 주식은 다른 각도에서 보면 심리 게임이다. 그리고 질문자와 같은 상황에 있는 분도 여럿 있을 것이다. 그만큼 일정 심리선까지 밀어내면 개인들이 손절을 한다고 보는 세력들의 선이 있다. 지금 바로 옆자리에 있는 분이 같은 경험을 안 했다고 혼자서만 당했다고 생각하는가? 아닐 것이다. 같은 매수 자리, 같은 손절 자리에서 함께한 동지들이 아마 많을 것이다. 그만큼 개인 투자자들의 심리는 비슷하다. 이런 것들을 경험 삼아 기술적 분석으로 리스

크를 줄이고, 역추세 매매를 하지 않는 습관을 들여야 한다. 시장은 녹록하지 않다. 세력들은 개인들의 투자 평균 단가와 수량 등도 자세히 매일매일 파악하려고 노력한다. 하지만 그에 대응하여 그 비슷한 정보를 찾지 않고 노력하지 않으면, 누군가 잃어야 누군가 벌 수 있는 시장에서 약자가 되기 쉽다.

간단히 질문 내용에 답만 주자면, 질문자와 비슷한 시기에 누군가 많이 샀고, 누군가 많이 팔아주었기 때문에 오를 가능성도 있다. 오히려 우스갯소리로 다른 관점에서 본다면, 내가 사고 싶을 때 쉬고, 내가 팔고 싶을 때 한 번 소액으로 재미삼아 사보길 바란다.

내가 하고 싶은 투자 방향의 반대를 고집하라는 것이 아니라, 그러한 재미있는 역발상이 조금 더 섬세하게 주식을 배울 수 있는 원인 제공을 해주는 경우가 많다. "왜 내가 사면 내리고, 팔면 오를까요?"라는 질문에 대해 내가 사고 싶을 때 쉬고, 내가 팔고 싶을 때 샀더니 수익이 나더라라는 재미있는 결과를 만들어 보길 바란다. 개인들의 심리는 비슷비슷하다.

개인들의 투자 심리에 대해 조금 더 깊이 답변을 하면, 개인 투자자들이 자주 쓰는 미수신용 잔액 등의 영향도 많고, 매수 주체가 누구냐에 따라서도 차이가 많이 난다. 일반적으로 유용하게 쓰고 있는 이동 평균선에 의존한 매매들도 많다. 하지만 몇 가지 공식에 의해 매매를 하는 투자자들에게서 들려오는 말은 대부분 질문자의 질문과 같다. 이 점을 잘 판단해보고 일반적인 개인 투자자들과는 조금 다른 자신만의 매매법을 찾아내는 것이 우선이라고 말하고 싶다.

▶ 2. 주식 투자를 어떻게 배워야 할까요? 배우면 성공할까요?

— 이 질문은 필자가 이렇게 반문해보겠다. 대학교, 대학원만 졸업하면 전부 인생이 성공하나? 결과는 누구도 장담할 수 없을 것이다. 주식 투자도 마찬가지다. 배움의 깊이와 실제 자신이 응용하는 방법과 기술에 따라 천차만별이 될 수 있을 것이다. 또한, 살면서 주식 투자의 유혹을 많이 받을 것 같다면 지금 공부를 시작하라. 지금보다 늦고 급하게 배우는 것보다는 나을 것이다. 하지만 무턱대고 소문에 의한 매매나 투기 목적의 매매로 시작하지는 말길 바란다.

주식을 배우면 성공할 수 있다. 하지만 질문자가 생각하는 '성공'이라는 구체적이고 현실성 있는 목적을 먼저 알고 싶다. 예를 들어 얼마짜리 집을 산다든지, 얼마짜리 차를 산다든지 하는 등의 구체적인 목표를 말이다. 그래야 준비할 사항과 대체적인 기간, 투자 성향에 맞는 추천 매매 방법 등을 제시할 수 있다. 단순히 성공이라고 하면 한계가 없어 그 자체가 모순이 있는 질문이다.

조금 다른 방향에서 질문을 해석해서 답변하면, 주식 투자를 꼭 학교에서 공부했던 것처럼 할 필요는 없다. 사실 승부 근성이나 촉이 좋아도 승률에 나쁜 영향을 주는 경우가 있고, 열심히 수년간 공부해서 결과가 좋은 분도 있고 나쁜 분도 있다. 오히려 너무 공부를 많이 했더니 투자하기가 어렵다고 하는 분도 여럿 보았다. 이것저것 알고 나니 투자하기가 더 어렵다고 설명하기도 한다.

주식 투자에는 정석과 정답이 없다. 1+1=2라는 딱 들어맞는 공식을 찾는다면 공부하지 말라고 조언하고 싶다. 항상 변수가 존재하고 심리에 의해 좌지우지 되는 시장이기 때문에 정확한 예측이란 불가능하다. 얼추 비슷한 수준을 읽어내는 것이 주식 공부의 주된 목표라고 할 수 있다. 밥 먹고 자동차

경주 하는 전문 카레이서들도 차 사고를 낼 수 있다. 100%의 성공은 없다는 점을 미리 마음에 새기고 공부에 임하길 권한다.

▶ **3. 주식 투자를 한 지 오래되었습니다. 과거에는 많이 벌었는데 요즘은 계속 손실입니다. 슬럼프에서 빠져나오는 방법을 알려주세요.**

– 시장은 변하기 마련이다. 같은 기법으로 평생 먹고살 수는 없다. 시장이 변하는 만큼 추가적인 연구와 대응 없이는 연속적인 승률을 높이기 어렵다. 특히 증권 시장이 날로 커짐에 따라 제도적인 변화나 투자자들의 순환 등이 그 원초적인 이유가 되고, 다양한 상품이 출시되면서 기존의 주식 수급과는 다른 새로운 수급들이 생겨난 점을 반드시 파악해야 한다.

그리고 기존 투자자들 역시 나이 또는 기타 이유로 많이 바뀌는 편이다. 죽지 않고 500년 사는 사람은 없으니 말이다. 주식 세력의 교체는 자연스러운 현상이다. 그래서 장의 성격 또한 바뀌는 것이며, 날로 교묘해지고 더욱 섬세해지는 증권 시장을 만날 수 있다. 그에 대응하는 지속적인 노력과 연구만이 누적 수익을 가능케 할 것이다. 또 한 종목만을 위한 기법을 가지고 있다면, 전체 시장의 흐름 역시 같이 파악하면서 들어 가야 할 타이밍과 빠져나와야 할 타이밍을 같이 고려하면 승률이 좀 더 올라가리라 생각된다. 최소한 지금이 장맛비가 오는 계절인지, 봄날처럼 따듯한 좋은 날인지는 투자하기 전에 반드시 파악해야 한다.

그리고 종목들도 나이를 먹어가기 마련이고, 주식은 나무의 나이테처럼 흔적을 남기기 마련이다. 그것이 시간이 지나면 지날수록 다른 역할을 해내기도 하고, 더욱 시간이 흐르면 그러한 나이테와 비슷한 자리들이 더욱더 많이 생겨난다. 상장된 지 1년 된 종목과 10년 된 종목의 흐름은 다를 수밖에 없다. 같은 기법으로 다른 종목에 똑같이 대응한다는 것 자체가 원리적으로 무리수이다. 종목 선택을 지금보다 조금 더 세밀하게, 종목 성격별 대응 전략을 조금 더 세분화하여 전략을 수립해보길 바란다.

▶ 4. 손절이 힘듭니다. 이익이 날 땐 콩알같이 작게 나고, 손실이 날 땐 대박 손실입니다. 저는 어떻게 해야 할까요?

- 이런 문제는 비단 질문자 혼자 가진 문제가 아니다. 개인 투자자들 대부분이 가지고 있는 나쁜 습관이다. 하지만 손절, 손절매를 아무리 외쳐도 그것을 전략적으로 실행하기란 사람인지라 쉽지 않은 것이 사실이다. 하지만 프로와 아마추어의 차이는 그러한 감정의 기복이나 뇌동 매매를 조절할 줄 안다는 점에서 크게 차이가 난다. 그리고 불안한 매매 환경이나 항상 쫓기는 듯한 투기성 매매, 하락세 지속 중 주식을 쥐고 있다면 이번 하락이 얼마나 내려갈지 모르기 때문에 더욱 대처가 어렵다. 팔면 반등이 나올 것 같기 때문이다. 그래서 하락세 또는 상승세에 대한 목표가나 손절가가 정해지기 어렵고, 대응 가격이 정해지지 않기 때문에 전략 또한 수립할 수가 없다. 올라가도 문제고 내려가도 문제다. 그래서 환경과 기법이 준비된 것이 중요하다.

대부분 개인 투자자들이 가지고 있는 심리 문제 중 가장 큰 것이 '본전 심리'다. 대부분 손실을 보게 되면 본전까지 다시 버텨보려는 생각들을 많이 한다. 이런 오기 가득한 생각에서 큰 손실이 많이 찾아오는 편이다. 필자 역시 그런 경험이 없던 것은 아니다. 한 번, 두 번 손절매 이후 다시 다른 기회를 포착하여 지금 손실보다 더 큰 수익이 나는 전략들이 몇 번 성공하면서 스스로 손실 중일 때 버티는 것보다는 썩은 잎을 잘라내는 것과 같이 손절하는 것이 실제 '확실히 좋다'는 것을 하나씩 경험으로 배웠다. 썩은 치아나 사랑니는 뽑지 않으면 갈수록 아픈 법이다. 뽑을 때 잠시 두렵고 아플지언정 하루 이틀만 지나면 그 고통에서 벗어난 것에 감사할 것이다.

이처럼 투자자들 모두 사람인지라 글자에 불과한 이론보다는 몇 번의 실전 경험이 실천을 가능케 할 것이다. 하지만 이것도 노력 없이는 불가능하다. 반면 한두 번 긴 손실 구간에서 버텼다가 본전 이상에서 빠져나온 몇 번의 기억 때문에 쉽게 반응을 못 하는 분들도 있다. 하지만 그 유혹을 다음 기회를 포착할 수 있는 손절매 본능으로 바꾸려고 노력해보길 바란다.

이 책의 본문 중에도 나와 있지만, 개인 투자자들 대부분이 손실중이면 '나는 장기 투자자'라고 자신을 합리화하는데, 이것은 장기 투자가 아니라 장기 손실이라는 점을 기억하라. 주식 보유 시간 대비 수익률이 은행 이자보다 못하고 오히려 손실이라면 그것은 투자가 아니라 시간과 돈, 기회를 모두 버리는 굉장히 안 좋은 습관이라는 것을 반드시 기억하길 바란다.

▶ **5. 주식 초보입니다. 주식 책을 보면서 공부를 하려고 하는데, 책으로 배운 기술을 실전에서 사용할 수 있을까요?**

- 대부분의 주식 책을 쓴 사람들은 과거에 많은 투자 수익률을 올린 분이거나 그 세계에서는 인정받는 분들이 많다. 그래서 배울 것이 반드시 있을 것이다. 하지만 책으로 주식에 대한 모든 것을 100% 배운다고 생각하기보다는 책값을 투자 일부라 생각하고 간접 경험을 통해 리스크 관리 방법, 그리고 시장을 읽는 다른 사람들의 생각, 대부분 개인 투자자들이 가지고 있는 심리 등을

연구해서 자신만의 방법을 만들어야 한다. 책은 참고 자료로 자신의 매매방법을 정립하는 데 응용하여 도움을 받겠다는 생각으로 접근해야 한다. 시장이 생겨난 배경이나 수급의 원칙 등 정보를 알기 위한 목적으로 책을 이용하는 것이 좋고, 전략 수립이나 매매방법에서 직접 검증해보면서 실전 투자가 아닌 간접으로, 그 방법의 승률을 먼저 검증할 기회로 이용하는 것이 좋다.

▶ **6. 3년이나 5년 묻어둘 만한 장기 투자 종목이나 테마를 알려주세요.**

- 장기 투자를 할 만한 종목이나 테마를 알려주면 언제, 어디서, 사서 언제 어떻게 팔지 전략 수립이 불가능하지 않나? 스스로 판단할 수 있게 팁을 주자면 우리가 살아가는 주변에서 장기 투자를 할 만한 것들을 많이 접하지만 대수롭지 않게 넘기는 경우가 많다.

예를 들어 어린아이부터 할아버지, 할머니까지 들고 다니는 스마트폰이라든지, 전기료를 획기적으로 아낄 수 있는 전자 제품이나, 연료를 최소화할 수 있는 하이브리드 자동차라든지 관심만 두고 둘러보면 투자할 만한 종목이 눈에 띈다.

가면 갈수록 간편해지는 것이 인기있고 고갈 상태에 놓인 물과 연료를 아낄 수 있는 기술들이 주목받고 있다. 왜 종목 추천은 안 해주고 다른 소리를 하냐고? 지금 종목을 추천했다고 하면 3년, 5년 뒤에는 해당 종목을 어떻게 팔 것인지, 다른 종목에 어떻게 투자를 할 것인지 등 결국은 다른 사람에게 물어봐야 하는, 남에게 의존하는 매매를 해야 하기 때문이다. 그런 정보에 대해서는 절대 누군가 대신 책임져주지 않는다. 그래서 스스로 생각할 수 있도록 답변하는 것이 '물고기를 잡아서 주는 것이 아닌, 물고기를 낚아 올리는 방법'을 알려주는 것이라 생각한다.

3~5년씩 장기 투자로 할 거라면 기술적인 차트 분석보다는 해당 시장의 수요와 공급이 커질 사업 형태인지, 아닌지가 더욱 중요하다. 중간에 어중간한 차트 분석이나 기술적 분석이 오히려 장기 투자 성공을 방해할지도 모른다.

질문자의 자금이나 크기 등을 고려하여 투자하려면 먼저 3~5년 뒤 내 주변에서 많이 부각 될 물건이나 시장을 알아보는 것이 현명하다. 그것이 국제 원유 가격이 되었든, 중국 주식이 되었든, 미국의 애플 주식이든, 국내에만 국한할 것이 아니라 지금 시각에서 한층 더 높이 올라가서 아래를 한번 보길 권한다.

■ **2002~2012년까지의 금/온스 연간 차트** : 2002년부터 2012년까지 300포인트에서 1900포인트를 돌파하여 약 630% 이상의 상승률을 보여주고 있는 모습

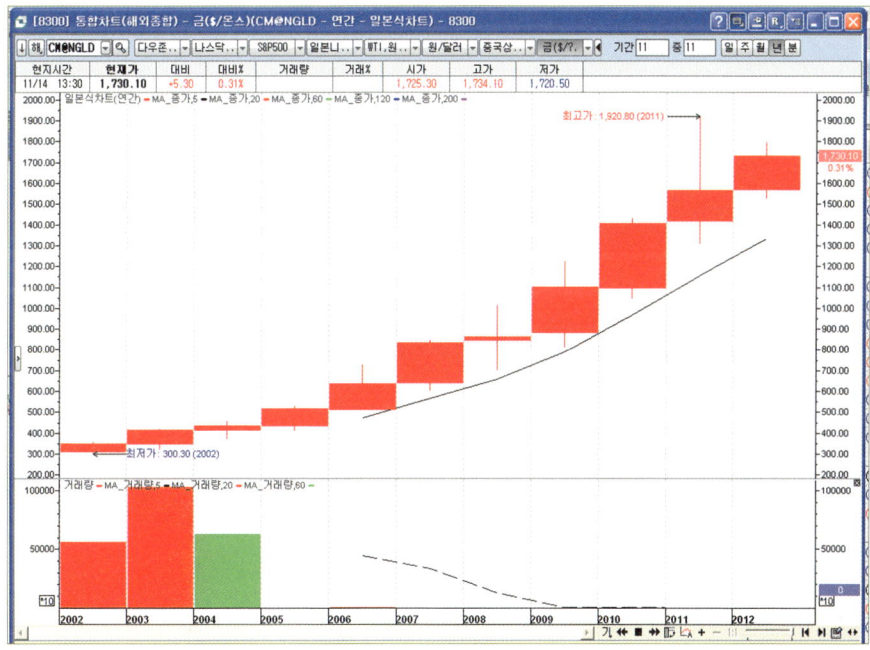

그리고 개별 주식 종목 이외에 돼지 선물, 금 선물, 원 달러 등 수많은 장기 투자 가능 상품들이 존재한다는 것 정도는 알아둬야 할 것이다. 예를 들어 2012년 이슈가 되고 있고, 각종 악재 속에 폭락하고 있는 그리스 관련 주식을 매집하는 것도 하나의 방법이기도 하다. 이것들도 3~5년이면 어느 정도 회복을 할 것이니 말이다.

다른 사례로는 만약 일본이 대지진이 나서 주가가 폭락했다고 치자. 그러면 엔화 가치가 떨어질 것이고 주식도 폭락할 것이다. 저가에 사서 3~5년 엔화 또는 주식을 사두고 오래 가져간다면 역시 훌륭한 투자 방법이 될 것이다. 필자 역시 몇 년 단위로 들려오는 일본 소식에 엔화가 떨어지면 매수하는 방식의 분산 투자를 병행하고 있다. 장기 투자는 이길 수 있는 확률이 높다. 특히 질문자가 언급했던 내용을 숙지하여 시장을 보는 눈을 조금 더 날카롭게 한다면 남에게 의존하기만 하는 매매는 하지 않아도 될 것이다.

▶ **7. 주식 고수나 전문가들은 주식 투자로 한 달에 얼마를 버나요?**

- 어려운 질문이다. 월간 단위의 수익률은 항상 다르다. 필자는 장세가 하락 중이면 1년 중 3~6개월을 쉬다 매매를 하는 일도 있고, 한 달에 3~6개의 종목을 매매하는 때도 있다.

중장기적으로 베팅했을 때는 매매가 조금 줄어들고 수익 구간에서 더 큰 수익으로 가기 위한 홀딩 단계에서는 다른 종목의 매매를 조금 쉬는 편이다.

평균적으로 종목당 30~40% 사이의 수익률을 목표로 매매하고 있으며, 일부 익절 후 1~2년을 가지고 상승 추세에 같이 따라가곤 한다. 그래서 월간 단위 또는 1년에 얼마를 번다고 정확히 말하기가 어렵다. 종목의 성격에 따라, 투자 시기, 악재, 호재 등의 리스크를 고려하여 투자 금액도 매번 다르고 주식과 선물, 옵션을 병행하는 것도 정확한 답변을 어렵게 한다.

전업 투자자라면 대부분 자신의 투자 자금 관리법을 별도 전략으로 갖고 있을 테지만 필자 역시 총자금 중 종목이나 전체 증권 시장 분위기상 투자 비율을 조절함으로써 매번 다른 수익금이 발생하는 편이다. 단, 원칙적으로 한 종목에 올인 투자나 동전 주, 테마 주 등에는 손대지 않는 것이 철칙이며, 옵션도 등가 이상의 만기일 전후 추세가 나올 때에만 매매한다.

선물은 롤오버 형태로 1년씩 장기 투자를 하곤 한다. 하루 6시간, 주 5일, 공휴일 모두 쉬는 직장치고는 상당히 많이 버는 편이지만 '내 인생에 오늘로서 주식 투자는 끝'이라고 하지 않는 이상 수익금 역시 재투자로 활용하기 때문에 얼마를 번다고 콕 집어 말하기 어렵다.

계절의 변화와 같이 계좌 역시 따듯할 때가 있고, 조금 싸늘할 때가 있다. 하지만 일 년을 평균 잡아 생활이 가능하므로 전업으로 투자해 현재 가족을 부양하며 살고 있다.

전문가들은 매일 대박 수익을 내고 테마 주와 작전 주를 가지고 수백 퍼센트의 수익률을 올릴 것 같은가? 절대 아니다. 대부분 고수나 전문가들 역시 먹고 빠져야 할 때를 아는 트레이더들이다. 한 번의 대박 수익보다는 꾸준한 복리 수익 형태로 수익 목표를 정하는 분들이 대다수이며, 평소보다 과한 수익은 좋은 일에 기부하는 분도 많다. 필자는 선물·옵션을 주로 투자하며, 주식은 선물·옵션 대비 분산 투자로 이용한다. 스윙 또는 장기 투자 형태의 매매만을 고집하는 편이다.

▶ 8. 왜 미국 주가가 하락하면 우리나라 증시도 따라 하락하나요?

- 미국 증시는 우리나라 증시뿐만 아니라 전 세계 증시에 영향을 준다. 보통 미국 증시와 우리나라 증시가 방향이 다르거나 차이를 보이는 경우를 디커플링(decoupling: 국가 대 국가, 또는 한 국가와 세계의 증시가 흐름을 보이지 않고 다르게 움직이는 현상)이라고 한다. 그만큼 평소에는 비슷한 흐름으로 같이 흘러간다는 것이다.

■ 다우존스, 코스피, 코스닥, 홍콩, 일본 증시 지수 비교 차트

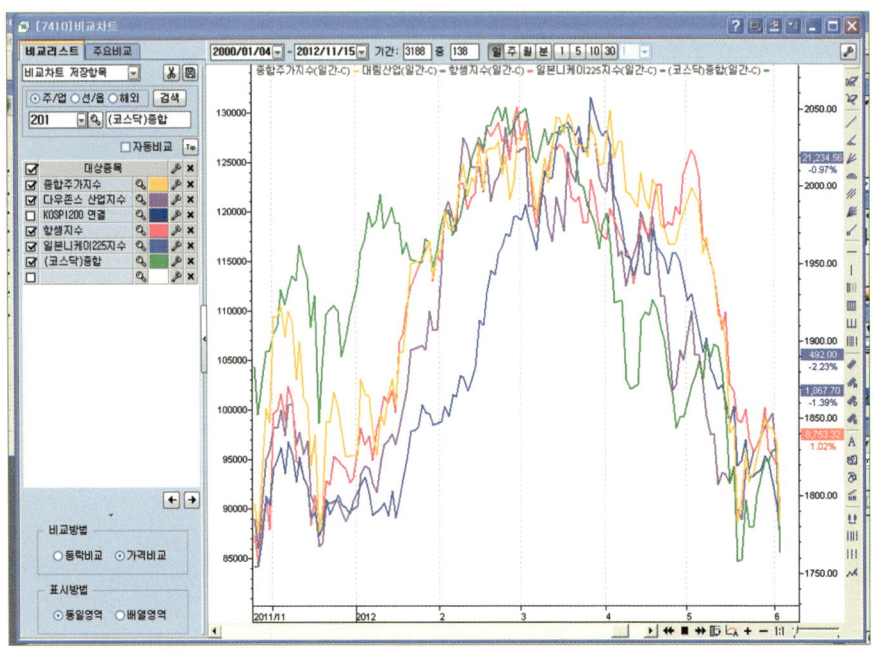

위의 차트로 보면 전 세계적으로 아시아권의 모든 국가가 미국 증시와 흐름을 같이하거나 선행 혹은 후행하는 부분이 있음을 알 수 있다. 기타 유럽 국가들이나 다른 나라들도 사정은 어느 정도 비슷하다. 단지 우리나라만 미

국 증시를 따라가고 있는 것이 아니라는 말이다.

　미국과 우리나라의 관계는 지난 역사를 보면 더 잘 알 수 있다. 미국과 우리나라는 현재 많은 도움을 주고받으면서 공통된 미래 시장을 형성해 나가고 있다. 하지만 반대로 생각한다면, 국내 증시가 미국이나 일본, 중국 등 다른 여러 나라의 증시에도 영향을 준다는 점이다. 특히 아시아권 내에서는 전문적으로 투자를 하는 외국 트레이더들 역시 항상 우리나라 증시를 열어두고 판단할 만큼 영향력이 있다는 말이다. 그리고 큰 추세 이외에 미국 증시가 하루 이틀 내렸다 하여 국내 증시가 무조건 하락을 따라가는 것은 아니며, 확률상 50% 정도 서로 디커플링이 나오는 구간 역시 존재함을 알아야 할 것이다.

　우리나라 외국 그 어떤 나라와도 서로 연관성이 있는 이유는 나라별로 서로 도움의 끈을 놓지 않기 위해 국채를 매입한다든지, 부채를 보증한다든지, 앞으로 국가 간 무역을 함에 흑자 전환될 수익금에 한해서 공동으로 어떤 사업을 추진한다든지 하는 등의 교류가 늘 있기 때문이다.

　정치적인 내용이지만 예를 들어 미국 증시가 폭락한다면 미국 현지에 사업을 확장한 국내 기업들에도 영향이 직접 있으며 그 매출 감소가 국내 기업의 순이익 감소로 작용하여 기업에 치명적일 수 있기 때문이다. 미국은 세계 최고의 판매 시장 역할을 탄탄하게 하고 있을 만큼 큰 시장이다.

　미국에서 소비가 감소하고 소비자들의 구매 심리가 위축되면 그만큼 매출이 감소하고 그 매출 감소 때문에 적극적인 제품 생산이나 연구 개발에 투자 시기가 늦춰지게 된다. 상품성 개발을 위해 빌려 쓰던 자금은 이자만 충당하게 되고 그래서 발전이 더뎌지는 연결 고리들이 있다. 그 외 원·달러 환율의 차이 같은 변동성도 원자재를 전적으로 수입해 쓰거나 수출하는 기업들에는 큰 악재나 호재로 작용할 수 있는 부분이 있다.

더욱 쉽게 풀이해보면 애플이나 삼성, LG전자 같은 회사들은 얼핏 보기에 서로 적대적인 관계 같지만 실제로 애플이 삼성의 부품들을 쓰고, LG전자와 삼성전자, LG전자와 애플 역시 상호 부품 공급이나 기술 개발에 같이 협력하여 컨소시엄 형태의 사업을 영위하고 있다. 그래서 미국발 악재는 곧 국내 증시의 악재로 표현되기도 한다. 자금력이 큰 미국, 유럽 등이지만 그들에게 문제가 생겨 현금 유동성을 높이기 위해 우리나라 증시에 투자된 금액들을 자국으로 빼 가면서 증시가 더욱 비슷하게 흘러가기도 한다. 그런 이유 말고도 각 나라에 연결된 은행권들의 대출 자금 등이 특정 국가 내 자본으로만 운용되는 것도 아니고, 우리나라에 있는 은행들 또한 순수 우리나라 내 자본으로 모두 흘러가고 있지 않은 실정이다. 리스크 발생 시 현금 보유 목적으로 자본을 회수해 가면 국내 기업이나 관련된 금융 부분은 큰 타격을 입는다.

▶ 9. 우리나라 사람들은 왜 주식에 열광하나요?

- 한 마디로 편하고 쉽게 돈을 벌기 위해 열광한다. 특히 우리나라는 국토가 좁고 정서상 매우 차분함에도 불과 단 몇 년 만에 큰 성장을 이룰 정도로 국민성이 매우 급하다. 아니, 잦은 침략 때문에 급해졌다고 표현해야 맞을 것이다. 그리고 다른 사람과 비교하여 자신이 낮은 위치에 있는 것을 배 아파하는 습성이 강하다. 어린 시절 학교에 다니면서 전혀 배우지 못했던 주식이나 금융 상품들을 사회생활을 하면서 늦게나마 알게 되면서 우리나라 속담처럼 '늦게 배운 도둑이 날 새는 줄 모른다'는 것을 실감할 수 있는 사례라고도 할 수 있다.

하지만 미국이나 유럽 쪽에는 경제나 금융, 주식에 관련하여 어릴 때부터

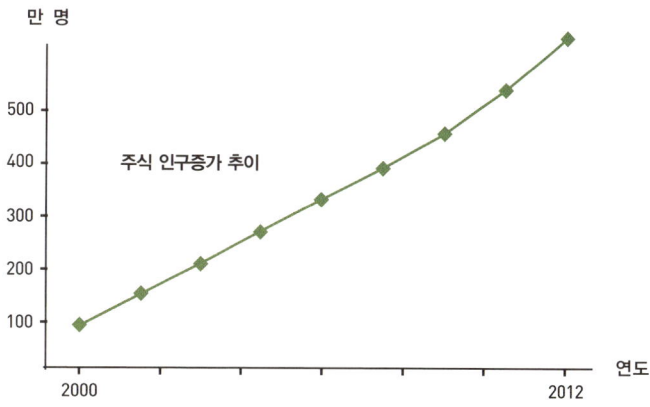

기본 교육에 포함해 투기가 아닌 투자를 할 수 있도록 교육하고 그 전문성을 키워나가고 있다. 그 이유는 바로 시간이 갈수록 단순한 숫자 놀음에 불과한 금융이 세계를 압도할 것임을 알기 때문이다.

남에게 지기를 싫어하고 큰돈을 벌고자 하는 욕심이 많은 나라, 특히나 우리나라는 상당히 빠른 속도로 발전해나가는 것은 맞지만, 실제 편안한 생활은 일부 로열 계층에 맞춰지고 그들에 의해 움직이는 경향이 많다. 빈부 격차가 심해지고 그 차이를 맞추려는 움직임 차원에서 '합법적인 도박'이라 불리는 주식에 열광한다. '본전 심리' 때문인지 손실 본 사람들은 본전을 찾기 위해 주식 시장에 계속 머물게 되고 돈을 번 사람들은 더 벌기 위해 주식 시장에 몸을 계속 담게 된다. 그래서 주식 투자 인구는 더욱 늘어나고 시장이 더욱 커지면서 증시 자체의 몸집도 커진다.

그러나 실제 재미는 점점 떨어지고 있다. 그리고 주식이나 금융 상품을 전문적으로, 제대로 교육을 받은 사람들이 극소수에 불과한 우리나라의 여건은 뒤로 한 채 '대박의 꿈', '한방의 꿈'을 노리며 앞뒤가 맞지 않은 투자를 하는 개인 투자자들이 많다. 하물며 주식이나 증권 관련 전문 학원 하나도 없고, 전문적으로 가르치는 대학도 드물며, 교육으로든 인맥으로든 평균적인 투자 결과 사례를 공유하는 일이 드물어서 직, 간접적인 경험 부족 때문인 막연한 대박 주의가 판을 치게 된다. 실제 상품의 근본과 원리, 그리고 사례 등이 교육적으로 확산한다면 지금보다는 주식 투자에 뛰어드는 사람들이 적어질 것으로 생각한다.

▶ **10. 주식 투자를 하면 망한다고 말리는 사람들이 있는데 왜 그런가요?**

- 예를 들어 어떤 사람이 어릴 때 시소를 타다 다친 기억이 있으면 그 사람은 부모가 됐을 때 자신의 자식을 시소 근처에도 못 가게 할 확률이 그렇지 않은 부모보다 높다. 그런 이치라고나 할까? 자신이 경험해본 주식 투자가 상당히 어려웠고 공부하려고 해도 막연하고, 누군가 도와주지도 않는 냉정한 세계라는 것을 느꼈기 때문에 그런 말을 할 수도 있다.

그러나 대부분의 개인 투자자들이 손실을 보는 현 상황에서 내가 주식에서 큰 손해를 본 후 누군가 주식을 하려고 든다면 주식에 대해 모든 것을 다 해본 사람처럼 조언한다. 주식은 하면 망하는 것이라고. 하지만 실제로 그렇지만은 않다.

필자 역시 처음에는 힘든 시절을 보냈지만, 현재는 주식으로 먹고사는 전업 트레이더 중 한 명이다. '자신만 잘하면 되는', '남 탓할 필요없는' 금융 창업이라고 생각한다. 사업을 하다 보면 본의 아니게 자신의 실수가 아니더라도 직원의 실수나 나라 정책에 의해서 억울하게 책임을 져야 하는 때도 있다. 직장 생활만 하더라도 상사 눈치 보랴, 되지도 않는 말에 웃어주랴, 억지로 회식하랴, 이만저만 고생하면서 쉽게 돈을 버는 것이 아니지 않나? 하지만 금융 창업인 주식 투자는 그런 것이 없다. 혼자서 공부하고 혼자서 결론을 내며 혼자서 책임지기만 하면 된다. 하지만 쉽지는 않다.

그러나 제대로 해보지도 않고 얼렁뚱땅 근거도 제시 못하면서 '주식 투자는 하면 망하는 것'이라고 표현하는 사람들은 주식에 대해 아주 무지한 사람들이 대부분이다. 그런 사람들에게 주식 투자를 안 하고 평생을 살아온 당신의 인생은 성공했느냐고 되물으면 십중팔구 흐지부지 말을 돌리곤 한다. 그것이 자기 합리화다. 자신은 못했기 때문에 남들도 못할 것이라는 편견과 오만에서 오는 근거 없는 이야기들이다.

주식 투자를 하든, 사업하든, 직장을 다니든, 언제든 리스크는 찾아온다. 그 리스크를 어떻게 극복하느냐에 따라 세상 모든 일의 결과는 천차만별로 바뀐다. 그래서 쉽게 말하면 "주식 투자를 하면 꼭 망하지는 않습니다"라고 말하겠다.

한우물을 파지 못하고 무지한 자신을 탓하지 않고 시장을 탓하며 변심한 사람들의 말을 굳이 귀 기울여 들을 필요는 없다. 하지만 꾸준하게 자신만의 매매방법을 확실하게 정비한 트레이더라면 주식으로 망하기는커녕 일반 직장인들은 꿈도 꾸지 못하는 수익을 자랑하며 살 수도 있다.

안정적 투자를 위한 지름길

　흔히들 개인 투자자들이 많이 찾아다니는 '대박 기법'이란 주식 투자자들 마음속에 가장 이상적인 꿈같은 것이다. 자신의 심리 조절이 되지 않은 상태에서 허황한 꿈을 좇아가면 연속적인 패배나 큰 손실이 나오기 마련이다. 단 한 번의 투자로 인생을 역전시키기는 누구나 매우 어렵다. 그리고 고스톱용어로 1 GO, 2 GO, 3 GO를 외치며 매번 이길 수는 없는 노릇이다. 오히려 'GO 박'이라는 리스크를 스스로 불러오게 되기 마련이다.

　안정적 투자의 꽃이라 불리는 '누적 복리 수익의 수익률'은 대박 수익에 비교해보아도 절대 적지 않다. 무조건 장기 투자라고 하여 투자 수익률이 낮은 것이 절대 아니다.

　조급함이 투기를 부르고 하루에 최고로 많이 올라봐야 15% 상승이 한계인 주식 시장을 노름판처럼 잘못 오해하고 있는 상황은 극도로 위험하다. 그 결과 또한 좋지 않을 수밖에 없다. 주식 투자에서 가장 확실하고 좋은 방법은 사람마다 옷 치수가 다르듯, 좋아하는 음식이 다르듯, 즐겨 듣는 노래가 다르듯, 자신에게 맞는 스타일을 고수하고, 자신이 통제 가능한 영역의 주식 투자를 즐기는 것이다.

필자 또한 이 책 한 권으로 만인을 먹여 살릴 수 있는 '만인의 연인'이 될 수 없음을 잘 알고 있다. 하지만 이 책에서 자신이 자리 잡고 있는 투자형별 스타일에 맞춘 매매를 찾고, 자신이 가장 편안하고 안정적으로 느끼는 정보를 추려서 응용하면 수익에 익숙한 투자자로 거듭날 것이다.

 맺음말

만 리 밖의 일을 훤하게 알고 날카로운 판단력의
명견만리明見萬里의 지혜를 위해

　개인 투자자 여러분과 통할 수 있는 매체는 무엇일까 고민 끝에 단행본으로 정했다. 개인 투자자분들을 향한 필자의 진심 어린 마음을 이 책에서 읽었는지 모르겠다. 책을 마무리 지으면서 다시금 읽어보아도 마음에 쏙 들지는 않는다. 머릿속에 있는 내용을 전부 글로 표현하기에는 한계가 있나 보다.

　하지만 그럼에도 개인 투자자들이 가장 많이 현혹되거나 쉽게 행할 수 있는 나쁜 습관들을 더욱 쉽게 고칠 수 있도록 돕고자 노력했고, 매매에서 가장 중요한 것은 비교적 긴 시간이 걸릴지라도 안정적인 수익이 우선이라는 점을 강조했다. 당장 눈앞의 투자 기법보다도 제대로 된 투자 환경과 생각, 그리고 심리조절이 반드시 우선되어야 한다는 메시지를 전달하고자 했다.

　또한, 투자자들로 하여금 자신을 한 번 더 현실적으로 되돌아보는 계기를 만들어 한층 발전된 투자자로 거듭날 수 있도록 하였다. 독자들이 책 내용의 매매 방법을 공장에서 찍어내는 물건처럼 똑같이 따라 하도록 만들고 싶지 않았다. 개인마다 특성을 가지는 '자신만의 투자 철학'을 스스로 만들고, 자신의 투자 환경에 맞출 수 있도록 하여 그것을 쉽게 현실화할 수 있도록 도와주는 역할을 하고 싶었다.

　이 책이 개인 투자자 여러분의 주식 투자에서 조금이라도 도움이 되었으면 한다.